Eberstein Mangold von

Fehde Mangold's von Eberstein zum Brandenstein gegen die Reichsstadt Nürnberg 1516-1522

Eberstein Mangold von

Fehde Mangold's von Eberstein zum Brandenstein gegen die Reichsstadt Nürnberg 1516-1522

ISBN/EAN: 9783337525897

Hergestellt in Europa, USA, Kanada, Australien, Japan

Cover: Foto ©ninafisch / pixelio.de

Weitere Bücher finden Sie auf **www.hansebooks.com**

Fehde

Mangold's von Eberstein zum Brandenstein

gegen

die Reichsstadt Nürnberg
1516–1522.

Charakterbild

der rechtlichen und wirthschaftlichen Zustände im deutschen Reiche unmittelbar vor dem grossen Bauernkriege.

Herausgegeben

von

Louis Ferdinand Freiherrn von Eberstein,

K. Pr. Ingenieur-Hauptmann a. D., des Henneberg. Alterthumsforsch. Vereins in Meiningen, des Histor. Vereins von Ober-Franken in Bamberg, des Histor. Vereins für Unter-Franken und Aschaffenburg in Würzburg, des Histor. Vereins von Ober-Franken in Bayreuth und des Vereins für hessische Geschichte und Landeskunde in Cassel Ehrenmitglied, wie auch des Thüring.-Sächs. Vereins für Erforschung des vaterl. Alterthums in Halle a. d. S. und des Histor. Vereins zu Erfurt correspond. Mitglied.

Zweite Auflage.

Zugleich enthaltend:

Zweite Folge der „Urkundlichen Nachträge etc."

1879.

Druck: Wilhelm Baensch. Dresden.

Eine der erregtesten Perioden der vaterländischen Geschichte zeichnet in den (hier in zweiter Auflage veröffentlichten) Archivalien sich selbst in einer fast handgreiflichen Unmittelbarkeit und in einer Anschaulichkeit, die an Deutlichkeit Nichts vermissen lässt. Es ist dies die Zeit der letzten Regierungsjahre Maximilian's I. und der ersten Carl's V. Damals war bei dem Gegeneinanderlaufen aller lebendigen Bestrebungen und Kräfte im deutschen Reiche ein Zustand eingetreten, dessen Anblick etwas Chaotisches hat; es herrschte ein allgemeines Streben nach Selbstständigkeit auf eigene Hand, eine allgemeine Gewaltsamkeit. Mitten in diese kreissende Zeit fällt die für die damalige Führung des kleinen Krieges zwischen Adel und Städten äusserst charakteristische Fehde Mangold's von Eberstein mit der freien Reichsstadt Nürnberg. Diese Fehde nun wird hier dem Leser vorgeführt nicht in einer Erzählung aus zweiter Hand, — in voller Ursprünglichkeit rollt sich vielmehr die Scenerie vor unsern Augen auf in einer Reihe fortlaufender protocollarischer Aussagen, welche die Gefangenen Mangold's von Eberstein in der Kriegsstube zu Nürnberg gemacht, und in Schreiben derselben an ihre Angehörigen, worin sie um Uebersendung der ihnen auferlegten Schatzung bitten. „Sie enthalten", sagt Heinrich Rückert (Blätter für liter. Unterh., Jahrg. 1868 Nr. 49), „fast nur archivalisches Material, das unsers Wissens zufällig noch von Niemand benutzt wurde; aber wäre dies auch nicht, so würde das kleine Buch doch noch immer seinen Werth als ein Unicum behalten. Die Autobiographie des Götz in ihren ersten Zweidritttheilen bietet die meisten und schlagendsten Parallelen dar, aber diese Mittheilungen übertreffen die bekanntlich weder genauen, noch parteilosen, noch auch nur klaren und anschaulichen Erinnerungen des schon etwas stumpf gewordenen Ritters in jeder Art zu ihrem Vortheil." Wie schade, dass Goethe diese prächtigen Berichte der Gefangenen nicht kannte, als er seinen Götz schrieb! Einzelne Züge hätte er sich gewiss nicht entgehen lassen, etwa da, wo die Nürnberger „Pfeffersäcke" den Kaiser Max anrufen! Und was für eine stattliche Figur neben einem Selbitz hätte dieser Mangold abgegeben. Die Einführung dieser wuchtigen Ritternatur Mangold's von Eberstein in die historische Literatur ist ausserdem geeignet, noch ein allgemeineres Interesse zu erwecken wegen der nahen Beziehungen zu Personen, die auch sonst in der Zeitgeschichte eine interessante Rolle spielen und so zu sagen mit einem poetischen Hauche umwoben sind, u. A. zu seinem Schwestersohne Ulrich von Hutten und zu seinem Fehdegenossen Franz von Sickingen. „Es liesse sich", bemerkt Professor Dr. Contzen, „aus diesem Material, das kostbares Detail enthält, unter Hinzuziehung der zeitgenössischen Quellen ein höchst interessantes historisches Cabinetstück entwerfen."

Vorrede zur zweiten Auflage.

Als im Jahre 1866 der k. bayer. Reichs-Archivrath Herr Joseph Baader sich der Aufsuchung der hier abgedruckten fortlaufenden, ein Ganzes ausmachenden Reihe von Archivalien aus dem ehemaligen Nürnberger Rathsarchive in meinem Interesse unterzog, musste mir sofort die Bedeutsamkeit derselben für die speciellste Kenntniss einer der erregtesten Perioden der vaterländischen Geschichte in die Augen springen; dazu kam die kaum zu übertreffende Plasticität der so zu sagen archaistischen Haltung in diesen protocollarischen Aussagen und Briefen. Die Veröffentlichung durch den Druck, und zwar in buchstäblicher, penibelster Wiedergabe aller Einzelheiten, selbst bezüglich der Schreibweise, erschien daher wie ein selbstverständliches Gebot für mich.

Competente Historiker und Urkundenforscher (L. v. Ranke, Duncker, Franz v. Löher, Heinr. Rückert, Graf v. Stillfried-Alcántara, Frhr. Roth v. Schreckenstein, v. Mülverstedt, v. Eye u. A.), Meister in Zeit- und Sittenschilderungen (D. F. Strauss, G. Freytag), sowie zahlreiche historische Vereine brachten dieser Publication ein äusserst lebhaftes Interesse entgegen.

Dieser Umstand rechtfertigt es, dass ich das schon seit längerer Zeit vergriffene Büchelchen der Oeffentlichkeit von Neuem zugänglich mache.

Dresden, 1879 am Tage Elisabeth.

„**O** Jahrhundert! o Wissenschaften! Es ist eine Freude zu leben, nicht aber ist sich zur Ruhe zu setzen. Es blühen die Studien, die Geister regen sich: Du, nimm den Strick, Barbarei, und mache Dich auf Verbannung gefasst!"

Wenn je durch Worte eine Geschichts-Epoche sich selbst ihre wahre Signatur aufgedrückt hat: so genügt sicherlich der vorstehende Triumphruf, freilich aber auch schon der blosse Name dessen, der denselben in die Welt ausgehen zu lassen den tiefinnersten Drang fühlte: „**Ulrich von Hutten**", um eine Zeit — von Strauss treffend die „einzige Zeit" genannt — mit wenigen aber charakteristischen Zügen zu zeichnen, welche, theils den Abschluss des Mittelalters, theils den Anfang der neuen Zeit bildend, in gährungsvollem Verein zugleich die dem Absterben verfallenen Residuen veralteter Lebensformen und die lebensvolleren Keime einer inhaltreicheren höheren, menschlicheren Entwickelung in sich barg.

Wenn Ulrich von Hutten — der so viel geschmähte und verunglimpfte und doch auch wieder mit aufmunterndster Anerkennung, ja mit Ruhm und Preis überhäufte „gelehrteste Ritter und ritterlichste Gelehrte", der kühne und erfolgreiche, dafür aber auch geächtete und bis zu seinem tragischen Ende verfolgte Kämpfer gegen die römische Fremdherrschaft in Deutschland und gegen „alle Diejenigen, welche sich der aufgehenden Sonne der Bildung als hindernde Wolken entgegenstellen, das Licht der Wahrheit in seinem Anbruche verfinstern, ja auszulöschen trachten", — wenn dieser hochbegabte und durch die Complication der für seine persönliche Behäbigkeit leider! höchst verhängnissvollen, für seine wissenschaftliche Ausbildung aber und für seine weltgeschichtliche Mission um so günstigeren Umstände auf der Höhe seiner Zeit stehende Sprössling aus den beiden der fränkischen Ritterschaft angehörigen Geschlechtern Hutten und Eberstein nicht allein die seine Zeitgenossen bewegenden Strömungen wiederspiegelt, sondern ausserdem auch der ächte Pionier der ganzen folgenden Epoche ist: —

1

so personificirt dagegen seiner Mutter (Ottile von Eberstein) Bruder: **Mangold von Eberstein** zum Brandenstein, eben so sehr wie seine Fehdegenossen Franz von Sickingen und Götz von Berlichingen in unverstelltester Naivetät das freie Reichsritterthum in dessen guten aber auch entarteten Zügen, wie dasselbe kurz vor seinem ihm von den anderen Factoren und Gewalten des deutschen Reiches vorbereiteten Untergange, die drohende Gefahr vor Augen sehend und deshalb das Princip der Genossenschaft und der Solidarität von Neuem belebend, nochmals zu der Entfaltung seiner früheren Bedeutung und Macht aufstrebte, um in gerechter Nothwehr mit allen ihm zu Gebote stehenden Mitteln anzukämpfen gegen das immer offener und unverhüllter zu Tage tretende Gelüste der in den letzten Jahrhunderten aus erblichen königlichen Beamten und Vasallen nach langem Keimen und Wachsen emporgehobenen Kurfürsten, Herzoge, Markgrafen und der die weltliche Grafschaft immer mehr verdrängenden und die geistliche und weltliche Gewalt vereinigenden Häupter der geistlichen Stifter einerseits (abwärts gegen Ritterschaft und Reichsstädte) nach Territorialherrschaft, andererseits (nach oben hin gegen das Reichsoberhaupt) nach Souverainetät. Wunder kann es daher nicht nehmen, wenn solches Streben die in ihrem Fundamente, in ihrer Unabhängigkeit angegriffene Ritterschaft, in welcher sich der Beruf: die Einheit des Reichs durch treuen thatkräftigen Anschluss an den König zu wahren, traditionell und instinctiv allein noch lauter und lebendig erhalten hatte, mit der Zeit zu den masslosesten Ausschreitungen trieb. Es müsste eben nicht die deutsche Ritterschaft gewesen sein! diese Ritterschaft, die auf den in reiner Waldesluft und „in stolzer Einsamkeit" gelegenen Burgen trotz allem Uebermasse im Trinken und anderen Ausschreitungen in naturgemässer Einfachheit hauste, zwar unberührt von gelehrter Bildung, dafür aber auch frei von dem Gifte der inhaltleeren, zu Verstellung und Heuchelei führenden raffinirten Scholastik, wie solche damals in höchster Blüthe stand! Dieser Ritterschaft und ihrer angeborenen Biederkeit musste mithin alles pfäffische und Schreiberwesen ein Gräuel sein! Mehr noch als gegen die Klöster richtete sich nun dieser Hass der Ritter gegen die Städte, welche von den geldbedürftigen Königen und Kaisern mit Privilegien überhäuft und von den nach Territorialhoheit trachtenden Fürsten in Bündnisse gegen die Ritterschaft gezogen wurden. — Um ganz diesen Antagonismus des Ritterthums und der Städte gegen einander zu begreifen, muss man sich den kläglichen politischen Zustand in dem damaligen, aller seiner früheren Herrlichkeit verlustig gegangenen deutschen Reiche vor Augen führen. Mit treffender Charakteristik schildert denselben Ranke in seiner auf genauer Durchforschung der Archive — aber auf eben so intensivem Grade historischen Urtheils fussenden „Deutschen Geschichte im Zeitalter der Reformation". Die Ergebnisse seiner Forschungen lassen sich etwa in Folgendem zusammenfassen.

Die Geburten und Hervorbringungen des Mittelalters waren allenthalben mit einander in einen Kampf gerathen, in welchem sie sich wechselseitig vernichteten. Bei dem Gegeneinanderlaufen aller lebendigen Bestrebungen und Kräfte im deutschen Reiche am Ausgange des Mittelalters, bei der Entfremdung und Machtlosigkeit des Oberhauptes und da sich auch unter den Zusammengehörenden Entzweiungen nicht vermeiden liessen, musste ein Zustand eintreten, dessen Anblick etwas Chaotisches hat: es waren die Zeiten der allgemeinen Fehde. Die Fehde ist ein Mittelding zwischen Duell und Krieg. Jede Beleidigung und Verletzung führt nach einigen Formalitäten zu der Erklärung an den Gegner, dass man sein, seiner Helfer und Helfershelfer Feind sein wolle.*) Die Reichsgewalten fühlen sich so wenig vermögend, dem zu steuern, dass sie nur Beschränkungen festzusetzen suchen und in ihren bedingten Verboten doch zugleich wieder die Erlaubniss aussprechen. Der unzählige Male angeordnete und eben so oft wieder von allen Seiten gebrochene Landfriede ward endlich 1467 zum ersten Male ernstlich, wenn auch zunächst nur auf 5 Jahre verkündigt, wonach jeder Bruch desselben als ein Verbrechen der beleidigten Majestät anzusehen und mit der Acht zu bestrafen sein sollte. Aber gleich bei dieser Erneuerung sah man ein, dass an die Behauptung desselben nicht zu denken sei. „Dem Landfrieden ist nicht zu trauen" wurde zu einem wahren Sprüchworte. Die Stiftung des schwäbischen Bundes (im Februar 1488) hatte zwar theilweise für Aufrechterhaltung des Landfriedens Erfolg; aber erst 1495 auf dem Reichstage zu Worms wurde ein ewiger Landfriede beschlossen. Für die Ausführung der Beschlüsse dieses Reichstags, auf welchem es sich für den König vor Allem um die Aufbringung einer Kriegssteuer unter dem Namen des „gemeinen Pfennigs" handelte, lag aber ein grosses Hinderniss schon in der Mangelhaftigkeit seiner Zusammensetzung. Eine ganze Anzahl mächtiger Stände war nicht zugegen gewesen. Ein noch wichtigerer organischer Mangel war, dass die Ritterschaft an dem Reichstage keinen Theil nahm. Noch im December versammelten sich die fränkischen Ritter in Schweinfurt und erklärten: sie seien freie Franken, des Reichs von Adel, verpflichtet, ihr Blut zu vergiessen auf den Kriegszügen, mit ihrer männlichen Jugend des Kaisers Kron und Scepter zu bewachen, nicht aber Auflagen zu zahlen, was ihrer Freiheit zuwiderlaufe und eine unerhörte Neuerung sei. Sie hatten hierin die Beistimmung aller ihrer Standesgenossen.

---

*) Eine bessere Belegstelle zu obiger Schilderung ist nicht beizubringen, als was der Benedictinermönch Scheckmann sagt: „Practicabatur in illis diebus lex injustitiae et violentiae, quae tandem communi principum decreto abrogata est. Haec privatis istis seditionibus et guerris fomitem et incendium subministrabat. Nam si alicui civium cujusvis civitatis, sive in rebus suis seu in corpore, illatum fuisset quodcunque nocumentum, et super hoc jure forensi non usque quaque sibi ex aequo satisfactum quereretur, hic talis cofestim ad aliquem Comitem aut Baronem, spreto ordinario judice, confugiens, et de illato sibi damno vel injuria querimoniam faciens, jus suum super eo, quod sibi competere causabatur, tali patrono vindicandum assignabat. Mox ille, hujuscemodi occasione accepta mittens nuntium, profitebatur se publicum illius civitatis hostem, nec a depraedatione cessaturum, quoadusque adversa pars in causa sibi tradita conveniret. Hinc jam nulli civium talis civitatis tuta peregrinatio supererat. Nempe tales latrunculi, vias obsidentes, praestolabantur transitum eorum, ut ipsos, rebus suis expoliatos, ad loca opportuna, multa pecunia tandem redimendos pertraherent." D. F. Strauss: Ulrich von Hutten 1858. Th. 2. S. 75 f.

War nun aber von Seiten der Stände, zu deren Gunsten die Beschlüsse lauteten, ein so starkes widerstrebendes Element vorhanden, was liess sich da von dem König (Maximilian I.) erwarten, den sie beschränkten? Kein Wunder, dass einige Jahre später im Innern die alte Unordnung wieder ausbrach. Nicht allein war der Versuch, eine haltbare Verfassung für Krieg und Frieden zu gründen, gescheitert: es gab auch kein allgemein anerkanntes Gericht mehr.

Da nun die höchste Gewalt sich so wenig geltend machen konnte, so erwachte ein allgemeines Streben nach Selbständigkeit auf eigene Hand, eine allgemeine Gewaltsamkeit, welche diese Zeiten höchst eigenthümlich charakterisirt. Erst i. J. 1517 fand wieder ein Reichstag Statt, auf welchem jedoch alle Hauptbeschwerdepunkte unerledigt blieben. Es blieb eben bei Worten: So blieb es hier, so blieb es auf dem Reichstage zu Augsburg 1518. Es gab beinah keine Landschaft, wo nicht die Fehde wieder im Schwange ging oder sich ein Angriff der Nachbarn besorgen liess. Wollte man Frieden haben, so musste man selber für sich sorgen, auf das Reich war gar nicht mehr zu zählen.

Mit Maximilian's Tode (12. Januar 1519) trat zu dem innern Zwiste die Ungewissheit der Zukunft hinsichtlich der Kaiserwahl hinzu. Wie nun eine sonderbare Mischung der verschiedenartigsten Beweggründe zu der Wahl Karl's V. zusammenwirkte, so war bei seinem Regierungsantritte Alles in Schwankung begriffen. Es war keine Form für die Regierung gefunden: kein Finanzsystem, keine Kriegseinrichtung zu Stande gebracht worden: es gab kein höchstes Gericht: der Landfriede wurde nicht beobachtet. Alle Stände im Reiche waren wider einander, Fürsten und Adel, Ritter und Städte, Weltliche und Laien, die höheren Klassen überhaupt und die Bauern, dies unbändige Element, dessen dumpfes Brausen man unaufhörlich vernimmt in der Tiefe unter dem Boden des ganzen Reiches. — Und dazu nun die alle Regionen des Geistes umfassende humanistische und religiöse Bewegung, in der Tiefe des nationalen Bewusstseins entsprungen, jetzt zu offener Empörung wider das Oberhaupt der Hierarchie gediehen! Es lebte eine gewaltsame, geistreiche, erfinderische, ernste, tiefsinnige Generation. Sie hatte ein Gefühl davon, dass in ihr eine grosse Weltveränderung beginne.

Mitten in diese kreissende Zeit fällt eine für die damalige Führung des kleinen Krieges zwischen Adel und Städten äusserst charakteristische Fehde Mangold's von Eberstein mit der freien Reichsstadt Nürnberg, dem damaligen Sitze des Kammergerichts, wie auch des wieder eingerichteten Reichsregiments. Ueber diese Fehde sind uns in Protocollen und Briefen so ins Einzelne gehende Züge aufbewahrt, durch welche ein helles Streiflicht auf die handelnden Personen und Zustände geworfen wird, dass nachfolgende Veröffentlichung jener in dem k. Archive zu Nürnberg (Codex Nr. 247 u. a. Urk.) vorhandenen Actenstücke (grösstentheils Aussagen, die die Gefangenen Mangold's v. E. in der Kriegsstube zu Nürnberg gemacht, und Schreiben derselben an ihre Angehörigen zu N., worin sie um Uebersendung der Schatzung etc. bitten) sich von selbst rechtfertigt. Das uns durch dieselben mit lebendigster Anschaulichkeit vor Augen tretende Bild ist eine in allen Einzelheiten zutreffende Illustration zu der Schilderung, welche Ranke a. a. O. I. S. 156 f. giebt:

„In Schwaben consolidirten sich die Verbindungen der Reichsritterschaft unter dem Schirm des Bundes; auch in Franken hatte man ähnliche Bestrebungen: zuweilen versammelten sich die 6 Orte der fränkischen Ritterschaft, z. B. 1511, 1515, hauptsächlich um ihre Streitsachen den fürstlichen Hofgerichten zu entreissen; aber ihre Erfolge waren nicht nachhaltig; hier und am Rhein blieb doch Alles sehr tumultuarisch. Noch immer sehen wir die kriegerischen Reitersmänner, mit Pickelhaube und Krebs geharnischt, die gespannte Armbrust vor sich her, die wohlbekannten Raine durch das Feld entlang reiten, die Haltstätten wahrnehmen, in den Wäldern Tag und Nacht lauern, bis der Feind, den sie suchen, erscheint, oder der Waarenzug der Stadt, mit der sie in Streit liegen, die Strasse daher kommt; nach einem in der Regel leichten Sieg, da ihr Angriff unerwartet geschieht, kehren sie dann von Gefangenen umgeben, mit Beute beladen zurück in die engen Behausungen ihrer Burgen, wo sie nicht eine Stunde weit reiten können, ohne hinwiederum des Feindes gewärtig zu sein, wo sie sich nicht ohne Harnisch auf die Jagd zu gehen getrauen, unaufhörlich kommen und gehen die Knappen, die heimlichen Freunde und Spiessgesellen, bringen Hülfegesuche oder Warnungen und erhalten eine ewige Unruhe: die Nacht über hört man die Wölfe im nahen Forste heulen."

Unmittelbar im Anschlusse hieran giebt Ranke den Bericht von einer Fehde, bei welcher auch unser Mangold von Eberstein thätigen Antheil genommen zu haben scheint. Götz von Berlichingen und Selbitz hatten einen Nürnberger Zug, der von der Leipziger Messe kam, zwischen Forchheim und Neusess 18. Mai 1512 angegriffen; 31 Personen wurden weggeführt, in einem Walde bei Schweinfurt wurde gefüttert und die Gefangenen wurden bei den Thüngen, Eberstein, Buchenau versteckt.

Mit der Fehde, auf welche sich die nachstehenden Actenstücke beziehen, hatte es nun folgende Bewandtniss. Leonhard Odheimer's Wittwe Agathe war in ihrem Sitze Farrenbach von Nürnberger Unterthanen überfallen und beraubt worden. Diese Agathe Odheimerin, welche überdies an verschiedene Nürnberger Angehörige nicht unbedeutende Geldforderungen hatte, begab sich nebst ihrer Tochter Helene in den Schutz Mangold's von Eberstein, welcher sie in sein unfern der Stadt Schlüchtern und der Hutten'schen gangenossenschaftlichen und Ulrich von Hutten's väterlicher Burg Steckelberg gelegenes Schloss Brandenstein als „seine verwandte Unterthanin" aufnahm. Im November 1516 — und dies ist kurze Zeit darauf, als der Herzog Ulrich von Würtemberg, den der Kaiser wegen des an Hans von Hutten begangenen Mordes in die Acht gethan, dem Dietrich Spät und dem Schwager des ermordeten Hutten, dem Zeisolf von Rosenberg, in ihre Schlösser und Dörfer gefallen war und dadurch der Hutten'schen Partei zu der Erneuerung der Rüstungen Anlass gegeben hatte*) — überschickt Mangold von Eberstein, der Gemahl von Margaretha von Rosenberg, durch seinem Neffen, einen Bruder Ulrich's von Hutten, seinen „reisigen Knaben", dem Rathe der Stadt Nürnberg eine schriftliche Aufforderung, die Ansprüche der Agathe Odheimerin binnen 4 Wochen zu befriedigen. Dieser aber behauptete: Mangold von Eberstein „lege seine Sichel in einen fremden Schnitt", weil Agathe Nürnbergs „verpflichte und ungeledigte Bürgerin" und der Rath „ihre ordentliche Obrigkeit" sei; dessen ungeachtet sei er erbötig, die Sache je nach Mangold's Belieben entweder vor dem Kaiser, dem Kammergerichte, dem Ausschusse des schwäbischen Bundes, dem Erzbischof Albrecht von Mainz, Bischof Georg zu Bamberg, Bischof Lorenz zu Würzburg, Markgraf Casimir von Brandenburg oder vor der fränkischen Ritterschaft zu schleunigem Austrag bringen zu lassen. Nachdem dies jedoch nicht zum Ziele geführt hat, erfolgt 1519 die förmliche Erklärung der Fehde von Seiten der Agathe Odheimerin durch besonderen in ihrem Namen ausgestellten Fehdebrief. Zugleich eröffnete Mangold sofort die Fehde und führte dieselbe bis 1522 mit Hülfe seiner Verbündeten: seines Vetters Georg von Eberstein zum Ginolfs, seiner Schwäger Kunz von Rosenberg auf Uttenhofen, Zeisolfs und Lorenz von Rosenberg, ferner der Hutten zum Steckelberg, der Gebrüder Wolfgang, Christoph und Reinhard von Nisika, Wolf und Joachim von der Tann, Philipp von Rüdigheim, Hector und Dietrich Beheim, Nebucadnezar und Marsilius Voit von Salzburg, Lorenz von Schaumberg zu Thundorf, Wilhelm Fuchs, Philipp Truchsess von Usleben, Joachim, Neidhard und Bernhard von Thüngen, Marcell von Weilar, Philipp Geyer jun. zu Offenheim, Hans, Georg und Fritz von Deiningen etc. Die in der Nähe von Erlangen, Bamberg, Coburg, Tann, Würzburg, Remlingen, Berching, Roth etc. gefangen genommenen Nürnberger Unterthanen wurden hauptsächlich nach dem Schlosse Brandenstein gebracht, wo sie sich auslösen mussten.

Dass wenigstens später der Rath von Nürnberg die erhobenen Ansprüche nicht für so ganz aus der Luft gegriffen hielt, beweist folgende Registrande:

Als Jorg Dietz, der der Agatha Odheymerin dochter zu der ehe gehabt, diser sachen halb gegen einem erbern rate vnd gemeiner Stat Nürnberg vordrung zuhaben vermeint vnnd Ine ein erberer Rate vff sein ansuchen zw verhore vnnd gütlicher hanndlung vergleytet, er auch erschinen, Ist die sach gütlich beygelegt vnd vertragen. Actum 29 September 1534.

Deszgleichen hat sich ein erberer Rate mit Wilhelmen kramer dieser zeit Losungschreyber, als den dieser handel zum halb teyl betroffen hat, auch vertragen, der auch alspald quitirt hat.**)

---

*) Vgl. v. E., Urknndl. Nachträge S. 10, Nr. 15.
**) Ueber die Ursache, warum Agathe Odheimer 1516 in ihrem etwa 2 Stunden von Nürnberg belegenen Sitze Farrnbach überfallen wurde, hat der Stadt-

Das in Nürnberg fungirende kaiserliche Regiment aber erklärte die Fehde für unbegründet; demgemäss wurde Mangold von Eberstein sowohl als Agathe Odheimer in die Acht gethan und dem Hauptmann des fränkischen Kreises, dem nachmals in dem grossen archivar zu Nürnberg Herr Studien-Rector Dr. Lochner folgendes Nähere aufgefunden:

Andreas Oedheim (oder Oedheimer), nach Allem ein vermöglicher Kaufmann, tritt nach einigen unerheblichen Erwähnungen seines Namens erst 1479 hervor, als er von den Erben Erasmus Schürstab's, des Genealogen seines Geschlechts, das Haus am Milchmarkt (Albrecht Dürer's Platz), jetzt S. 526, an sich brachte. Der neue Besitz wurde ihm aber bald wieder feil und er verkaufte das Haus schon 1482, findet sich aber von nun an auf dem Rossmarkt, jetzt Adlerstrasse, in L. 313 wohnhaft, wo er auch entweder 1490 oder Anfangs 1491 starb. Er hatte von seiner Frau. Elsbeth genannt, zwei Söhne, Leonhard und Hans, von denen der letztere bald verschwindet, während der erstere das Haus und das Geschäft des Vaters übernahm. Schon 1491 erscheinen die Wittwe Elsbeth und ihre zwei Söhne in einem Process mit Martin Merkel, einem Gutsbesitzer in Farrnbach, aber weder der Anlass, noch die Art der Erledigung dieses Rechtsstreites ist bekannt. Martin Merkel hatte, bereits Wittwer und Vater dreier Töchter, 1476 Barbara Schürstabin, des oben erwähnten Erasmus Schürstab's Tochter, geheirathet, mit der er wieder zwei Töchter zeugte. Merkel starb 1503 und seine Wittwe kaufte ihren Stieftöchtern ihre Antheile an dem Gute zu Farrnbach ab, so dass sie nun für sich und ihre Töchter. Barbara und Ursula, allein besass. Da die Kaufsumme 400 f. betrug (jede Tochter bekam 133 f. 84 Pfge.), so lässt sich annehmen, dass das ganze Gut 800 f. werth war, indem die andere Hälfte der Wittwe für ihren Zuschatz (mitgebrachtes Vermögen) verschrieben war. Keineswegs war das Gut von besonderer Bedeutung.

Andreas Oedheimer's Wittwe Elsbeth heirathete einen in den Dienst der Stadt getretenen Schweizer. Herrn Konrad Gehauf Ritter, zum Sigmundsee, der 1494 zuerst genannt wird und einen schon erwachsenen Sohn mitbrachte, der beim Heiligthum 1495 zum Fähndrich der LangSpiesser ernannt wurde. Die beiden Söhne, Lienhard und Hans die Oedheimer, fanden sich am 20. Juni 1497 mit ihrer Mutter dahin ab, dass sie, so lange sie lebe, jährlich 50 f. und wenn sie vor ihrem Eheherrn sterbe, dieser monatlich 25 fl. bekommen solle. Konrad Gehauf der ältere starb jedoch schon 1502, nachdem er von der Stadt einen jährlichen Sold von 300 f. bezogen hatte und nicht unbeliebt gewesen zu sein scheint. Doch wurde das Begehren seines älteren Sohnes, ihn in der Stadt Dienst zu nehmen, mit ehrbaren Worten abgelehnt, und sowohl er als der mit der Elsbeth Oedheimerin erzeugte Knabe. sein Stiefbruder, verschwinden aus den Nürnberger Aufzeichnungen. Auch die Elsbeth wird nicht weiter genannt.

Mittlerweile hatte auch Leonhard Oedheimer geheirathet, und zwar des Gerichtsschreibers Michel Kramer's Tochter Agatha. Als Kramer im Herbst 1494 an einer damals grassirenden Seuche starb, war Agatha schon vermählt und wurde nebst ihrem Manne und ein paar Freunden Testamentsvollzieherin, nicht ihr älterer Bruder Gabriel, der vielleicht untauglich war, noch der jüngere Wilhelm, der noch nicht volljährig war. Ausser Agatha waren noch zwei Schwestern da. Kunigunde, die unvermählt geblieben sein mag, und Barbara, die am 30. September 1505 Lienhard Pömer, aus rathsfähigem Geschlecht, späterhin Amtmann des Waldes Sebalds, heirathete. Aus der Ehe des Lienhard Odheimer und der Agatha ging nur ein Kind — wenigstens von dem man weiss — hervor, die in den Urkunden oft genannte Helena. Lienhard Odheimer starb im Winter 1503 auf 1504, denn schon am 20. März 1504, als Wilhelm Kramer mit Bewilligung Jacob Kopfinger's, seines Curators, bekannte, dass Heinrich Bauer, der Silberschmelzer, der seines Vaters seligen Geschäftsvormund und nebst Agatha. Lienhard Odhaimer's Wittib, und Kunigund Kramerin, seinen, Wilhelm's, beiden Schwestern, auch sein Tutor gewesen sei.

Bauernkriege bekannt gewordenen Grafen Georg von Wertheim, der Befehl gegeben, Mangold zu bekriegen und dessen Habe und Güter einzuziehen. In der Charwoche 1522 brachte der Graf diesen Befehl zur Ausführung und bemächtigte sich am 17. April des Brandensteins, von dem sich jedoch Tags vorher Mangold mit Reinhard und Christoph von Nisika, Wilhelm Fuchs und einem Edelknaben nach dem Steckelberg zurückgezogen hatte, auf welche Burg ihm durch Einkauf seines Vaters 25. Februar 1453 (Näheres in meiner Geschichte 502 f.) das Recht zustand, sich derselben in seinen

ihm vollkommen Rechnung abgelegt habe, erscheint er als verstorben. Zugleich brachen nun Geldanforderungen von allen Seiten über die Wittwe herein. Metzgersrechnungen von ungewöhnlich hohem Belauf — 34½ f. —, Ungeldsforderungen, Auszahlung des Erbguts an ihre Schwester, die Barbara Leonhard Pömerin, rückständige Eigengelder, eine Geldschuld an den Abt zu Kloster Heilsbronn, an einzelne Kaufleute machten sich geltend, und es scheint der Wittwe entweder Niemand zur Seite gestanden, oder sie aus Eigensinn jeden Beistand verschmäht zu haben. Ein Antrag an den Rath, ihrem Kinde Vormünder zu geben, wurde am 15. Januar 1506 abgelehnt, weil sie das durch Verstreichenlassen der Zeit selbst verschuldet habe. Indessen muss Helena damals schon erwachsen gewesen sein, denn in dem am 10. März 1506 mit dem Abt Sebald vom Kloster Heilsbronn abgeschlossenen Vertrage erscheint neben Agatha, Leonhard Odhaimer's verlassner Wittib, auch Jungfrau Helena, ihre Tochter, allerdings mit Rath Johann Mülstetter's, ihres Curators. Sie sträubte sich lange gegen den Verkauf ihres Hauses, wollte, in ihrer Rechtsunwissenheit, gegen die schon auf Andringen der Gläubiger verhängte Execution appelliren, und der Rath musste ihr wiederholt erklären lassen, dass in einem solchen Falle eine Appellation nicht zulässig sei. Da fügte sie sich endlich, verliess mit ihrer Tochter die Stadt und zog nach Farrnbach, ohne jedoch aus dem Bürgerrechte zu treten. In Farrnbach scheint sie auf dem Merklischen Gute gewohnt zu haben, auf welches sie vielleicht auch Ansprüche hatte. Das Haus in der Stadt kaufte Hans Schütz, später war es lange Zeit im Besitze einer Linie der Haradorffer, namentlich als 1626 Kurfürst Max von Bayern daselbst auf ein paar Tage sein Logis nahm. Durch das am Eck angebrachte Marienbild weist es noch heute auf eine vorreformatorische Existenz zurück.

Nun scheint über den Besitz des Gutes in Farrnbach zwischen ihr, der Agatha, und den Töchtern der mittlerweile verstorbenen Barbara Merklin, gebornen Schürstabin, ein Hader entstanden zu sein. Beide Schwestern, Barbara, verheirathet mit Matthes Preuss, und Ursula, übergaben urkundlich am 17. August 1509 ihre Rechtsansprüche gegen die Oedheimerin mit ausgedehntester Vollmacht einem Juristen, Namens Doctor Johann Drack. Wer die Sache der Agatha vertrat, ist zur Zeit nicht bekannt. So mag es nun gekommen sein, dass endlich 1516 Matthes Preuss mit einigen verwegenen Gesellen das Gut zu Farrnbach überfiel und die Agatha mit ihrer Tochter zu flüchten zwang. Auffallend ist, dass in den Rathsbüchern von nun an nur wenig dieses Handels gedacht wird. Als nach Mangold's Tode 1522 Agatha wiederum verlassen von Beschützern war, wandte sie sich an das Reichsregiment, aber die Vermittlung desselben wurde am 30. März 1523 unter Hinweisung auf früher schon angezeigte Ursachen abgelehnt. Mittlerweile hatte sie ihre Tochter Helena, die lange Zeit als Köder gedient haben mag, wie denn schon Kunz von Rosenberg (nicht Mangold von Eberstein, vergl. Nr. 21) im Sinne hatte, wenn seine Frau sterbe, sie zu heirathen, an den Jorg Dietz angebracht. Dieser trat nun in ihre Ansprüche ein, und am 1. Juni 1526 liess der Rath an die von Schweinfurt schreiben, weil Jorg Keller, ihr Mitbürger, für Jorgen Flock gegen Jorgen Diez Bürge gestanden sei und nun von diesem bedroht werde, sie, die von Schweinfurt, möchten mit dem Diez in Kellers Namen so leidlich als möglich sich abfinden, der Rath wolle dafür

Fehden zu einem Waffenplatze zu bedienen. Am 26. April 1522 gebot **Kaiser Karl V.** dem Bischof Konrad zu Würzburg, erforderlichen Falls dem Grafen gegen Mangold zur Hülfe zu kommen (vgl. Aschbach, Gesch. d. Gr. v. Werth. II. 320 u. meine Gesch. der Frhrn. v. E. 529):

Wir Karl der Fuufft von gottes genaden Erwelter Romischer Kayser zu allen zeiten merer des Reichs etc. in Germanien zu Hispanien baider Sicilien zu Jherusalem Hungern Dalmatien Croatien etc. kunig Ertzherzog zu Oesterreich Hertzog zu Burgund etc. Graue zu Habspurg, Flandern vnd Tyrol etc. Entbieten dem Erwirdigen Cunraden Bischouen zu Würtzburg vnsern fursten vnd lieben Andechtigen vnnser gnad vnnd alles gut. Erwirdiger furst lieber Andechtiger Wiewol wir auf jungst gehaltenem Reichstag zu Worms neben andern die schwinden vnd aufsetzigen beschedigungen Raubereyen vnd plackereyen so hin vnd wider Im heilgen Reich beswerlich erscheinen, sunderlich betracht wie denen mit notturftiger ansehung vnd statthafter abwendung begegnet werden mochte, Vnd darauf vunder anndern fursehungen den gemeinen voraufgerichten vnd erklertn Landfride sammbt den Reichs Stennden mit ettlichen zuesetzen vnd erwelterungen gebessert **von newen aufgericht** beslossen vnd den ernnstlich vnd vesstigklich zu halten vnd zu uoltziehen vuns gegeneinander verpunden vnd verphlicht So haben wir doch scheinbarlich befunden das sollichs vnangesehen ettliche frenel vnd aigen gewaltige Tatter awsz posser gewonheit vnd verstopffung Irer vngehorsam Nemlich **Mangg. von Eberstein** vnd seine Helffer on vnderlasz auf vnser vnd des heiligen Reichs strassen mit angreiffen, Niderwerffen, Rauben, vahen, schetzen enthalten vnd in annder grausam wege berurten **Landfriden** vnd allen andern Erbarn gesatzen vnnd ordnungen stracks zuwiderhandlen Durch welliche trutzliche schedliche vnd vnleidliche beswarden seyen wir als Romischer kayser aws aigenschaft vnsers Ambts hochlich genrsacht vnd gedrungen gegen genanntem **Mangen von Eberstein** vnd seinen Helffern als **Landfridbrechern** beschedigern vnd Tattern zu

einstehen. Am 8. October folgte, da sich das Reichsregiment der Sache abermals annahm, ein weiterer Beschluss in demselben Sinne. Im folgenden Jahre verwendete sich der Kurfürst von Mainz für gütliche Behandlung der Sache, was aber 12. März 1527 abgelehnt wurde, es sei denn, dass den beschädigten Bürgern Ker und Abtrag geschehe. Agatha starb bekanntlich 1529, und einige Jahre nachher fand die Sache ihren endlichen Austrag.

Andreas Oedheimer († 1490) kauft 1479 von den Erben des Erasmus Schürstab das Haus S. 526 am Albrecht Dürers Platz zu Nürnberg, verkauft dasselbe 1482 wieder und wohnt dann Adlerstr. L. 313. Gem. **Elsbeth** (wiederverm. in 2r Ehe mit Konrad Gehauf. 1502 abermals Wittwe).

Leonhard, † im Winter 1503 auf 1504. Gem. **Agatha** († 1529), des Gerichtsschreibers Michael Kramer († im Herbst 1494) Tochter, Schwester von **Gabriel, Wilhelm** (1534. s. S. 6), **Kunigunde** und **Barbara** (verm. 30. Sept. 1505 mit Lienhard Pömer) Kramer. Agathe verlässt mit ihrer Tochter die Stadt Nürnberg und zieht nach Farrnbach (auf das Merkel'sche Gut?).	**Hans**, 1491, 1497.

Helena, „eine schöne, gerade Tochter", verm. mit **Georg Dietz**.

voltziehung desselben vmsers voraufgerichten Landfridens ernstliche Execution wie sich gebnrt furzunehmen als wir auch durch Deiner Andacht vnd anderer Hilf vnterstanden haben Dweil aber gemelter Manng. von Eberstein mit seinen Helffern awsz dem Slosz Braudenstein entwichen vnd dasselb Slosz durch den Edlen vnnsern vnd des Reichs lieben getrewen Georgen Grauen zu Werthain In vnserm vnd vnsers kayserlichen Regiments Namen erobert vnd eingenomen Ist wohl zu vermueten, dass sich derselb von Eberstein vnnd seine Helffer Irer gewonheit nach weitter mutwillens vnd aigen gewaltiger Handlung nit enthalten werden Demnach so gebieten wir dir von Romischer kayserlicher macht bey den phlichten damit Du vnns vnd dem heiligen Reich verwandt bist vnd bey den peenen In mergedachtem vnserm vnd des Reichs Lanndfriden vnd ordnunge begriffen Ob durch denselben von Eberstein seine Helffer oder yemandt anndern von Iren wegen gegen dem Slosz Braudenstein desselben zugehorungen vnd sunderlich gegen vnserm Haubtman Graf Georgen von Werthain vnd den seinen mit gewaltiger thatte furgenomen vnnd gehanndlt werden wolte oder wurde das Du dasselb auf sein Graf Georgen ersuchen auch für Dich selbs In Deiner Lanndschafft vnnd gebiet vnd ausserhalb getrewlich furkumen vnd denselben Landfridbrechern vnnerzogenlichen on einich einred vnd waygerung zu Rosz vnd Fusz widerstaund vnd abbruch thun helffest vnd Dich also hierInn nit vngehorsam erzaigest, als lieb Dir sei obgemelt peen zu uermeiden. Daran thuet auch Dein Andacht vnnser ernstlich maynung Geben in vnnser vnd des Reichs Statt Nürnberg am Sechsundzwaintzigisten tag des Monats Apprilis Nach Cristi geburde funftzehenhundert vnd Im zway und zwaintzigisten vnnser Reiche des Romischen im Dritten vnd der anndern aller Im Sibenden Jaren.

Von dem Steckelberg begab sich Mangold zu Franz von Sickingen, welcher — nach Straussens Schilderung in seinem „Ulrich von Hutten" II. 227 bis 235 — seine schwankende Stellung zwischen ritterlichem Besitz und beinah fürstlicher Macht fester begründen und zu diesem Ende mit Hülfe seiner Standesgenossen in die sich immer fester schliessende Kette deutscher Fürstenthümer eine Lücke brechen wollte. Der Feind, den sein erster Angriff treffen sollte, war der Erzbischof und Kurfürst von Trier. Am 27. August 1522 kündigte er diesem die Fehde an. Zwar erliess auf des Kurfürsten Anrufen das Reichsregiment zu Nürnberg unter dem 1. September ein Mandat an Sickingen, in welchem dieser unter Androhung der Acht und überdies einer Pön von 2000 Mark löth. Goldes aufgefordert wurde, sein Gewerb gegen Trier, als der goldenen Bulle und dem Landfrieden zuwider, von Stund an abzustellen: allein als dies Mandat einlief, war Sickingen bereits in das kurfürstliche Gebiet eingefallen, hatte Bliescastel genommen und lagerte vor St. Wendel. Auch auf Franzens Schaaren, an welche ähnliche Abmahnungen von Seiten des Regiments ergingen, machten diese wenig Eindruck, und so fiel, nach wiederholter Bestürmung, auch St. Wendel durch Uebergabe in die Hände des Siegers.

Jedoch wie der spätere für Sickingen verhängnissvolle Ausgang dieses zu übereilt unternommenen Feldzuges über seine, wie nicht minder über die höher gehenden Entwürfe und Schicksale seines Freundes Ulrich von Hutten entschieden hat: so beschloss während desselben auch sein Kampfgenosse und Hutten's Oheim Mangold von Eberstein vor erreichtem Ziele seinen Lauf, — er, dem ebenso wie Sickingen in seinem „männlich, ehrlich und trutzigem Gemüthe" nach seiner Aechtung der unternommene Kampf als ein Krieg auf Leben und Tod für die Errettung des gesammten mit dem Untergange bedrohten Ritterstandes galt, fiel, durch einen Schuss getroffen, bei der Belagerung von St. Wendel.

So fremdartig das in nachstehenden Actenstücken sich aufrollende Bild des öffentlichen Rechtszustandes jener Zeit, gegenüber unseren fast bis in das Minutiöse fest geordneten, für uns sich wie von selbst verstehenden und zur Gewohnheit gewordenen staatlichen und socialen Verhältnissen, auf den ersten Eindruck hin uns auch erscheinen muss: so sind wir jedoch auch wieder vermöge der uns zu Gebote stehenden umfassenderen Ueberschau über den Entwickelungsgang, welchen die deutsche Nation genommen hat, wohl im Stande, jenen keineswegs in einer vorgezeichneten Bahn rationeller Entfaltung sich bewegenden Culturzuständen eine unbefangene und unparteiische Beurtheilung angedeihen zu lassen. Aber auch nur erst durch derartige anschauliche Detail-Kenntniss des damaligen öffentlichen und privaten Lebens, wie sich dasselbe, einem Farrenkraut-Abdrucke in Kohlenflötzschichten gleich, in obigen und ähnlichen Documenten sprechend abzeichnet, verstehen wir jene an sich interessante und für den heutigen Stand der Entwickelung der gesammten Menschheit so folgenreiche Epoche in den Grundrichtungen ihrer Regungen und treibenden Kräfte. Ist auch wohl in Ulrich von Hutten, als dem Repräsentanten und der wahren Charakterfigur dieser Epoche, dessen unaustilgbarer Drang nach Erleuchtung und nach Erringung geistiger Unabhängigkeit — nicht für sich etwa nur, sondern für die gesammte Menschheit, für welche allein er forschte, „schrieb, ausgehen liess und verfocht, was der des Wahren sich bewusste Sinn nicht länger im Verborgenen lassen mag", ist der die höchsten menschlichen Ziele erstrebende Flug seines Geistes, sein „welthistorisches Pathos" unmittelbar wohl verständlich und legt er auch selbst durch seine Schriften dar, „was er als Mensch, als Privatcharakter sonst noch gewesen ist, wie Neigung und Beruf, Grösse und Schwachheit, Stoicismus und Lebenslust in ihm sich bekämpften, capitulirten und doch nicht ganz ins Reine kamen, dieses Ganze eines lebensvollen, liebenswürdigen, ächt menschlichen Naturells", welches den feingebildeten Erzbischof von Mainz nicht minder stark wie den biedern Franz von Sickingen anzog: — so gewinnt seine Gestalt dennoch erst für uns volles Leben durch einen unmittelbaren Einblick in seine besondere Lebensstellung seinen nächsten Verwandten und Standesgenossen gegenüber. So erst wird uns ganz durchsichtig und klar, aus welcher natürlichen Unterlage sein fränkischer Muth und angestammter Freisinn, die Ausgelassenheit seines Talentes, sein jugendlicher, oft über das Ziel hinausschiessender Ungestüm hervorkeimt. Und wie brauste das Gähren der seine Zeit bewegenden Interessen in ihm auf! wie schäumte es fast über! mit welcher Lauterkeit aber auch arbeitete sich dasselbe in ihm empor zu der bereits nicht bloss in Vorahndung durchblickenden, sondern in Klarheit als die neue Weltmacht erkannten Weltanschauung der freien Forschung! Wie führt er mit leidenschaftlichstem Hasse einerseits den erbittertsten Kampf gegen den von ihm nicht ohne starke rhetorische Uebertreibung als Auswurf der Menschheit geschilderten Herzog Ulrich von Würtemberg, andererseits aber auch gegen die Kölner Dunkelmänner und deren saubere Genossen! wie ist er in einseitigem Standesvorurtheile und zugleich in staatswirthschaftlichem Irrthume ein abgesagter Feind der Städte als der Brutstätten kleinlichen Krämergeistes, des Luxus und der Verweichlichung, der Verderbniss und des Abfalls von altdeutscher Sitte! wie sogar sucht er ihnen gegenüber das Fehdewesen und das Wegelagern des Ritterthums als einen „mannhaften Frevel" zu rechtfertigen! Wie aber sieht er später in unbefangener Würdigung der wirklichen Zustände die Städte „gewaltig sich zur Freiheit aufrichten und der schmählichen Knechtschaft sich schämen wie kein anderer Stand"; wie bezwingt er seinen anerzogenen Widerwillen durch bessere Erkenntniss dessen, was beiden Ständen frommt, und wie eifrig wirkt er für einen Bund beider „mit Beiseitesetzung früherer Zerwürfnisse und Feindseligkeiten"! Mit welch kühnem Freimuthe endlich deckt er, ein geschworener Feind aller Gleissnerei, dem Papste, dem Kaiser, den Fürsten, seinen Feinden wie seinen Gönnern und Freunden alle Schäden in Kirche und Staat auf, mit welch keckem Eifer wirft er sich zu ihrem Berather auf, wie eindringlich weist er sie auf den allein heilsamen Weg hin, mit welch männlichem, edlem Freisinne ist er ein Verfechter der Wahrheit, ein Mahner zum Besten, wie stachelt, wie spornt, wie reizt, wie drängt er zur Freiheit der Gesinnung, der Forschung, der That! Mit welcher Liebenswürdigkeit benutzt er in dieser Beziehung seinen Einfluss auf **Franz von Sickingen** zu ernster Unterweisung, und welch herrlicher Freundschaftsbund beider Männer blüht hieraus hervor — ein Bild, welches Hutten's ebenbürtigster Biograph so schön eines der schönsten in der deutschen Geschichte nennt!

Solch musterhaftem Freundschaftsverhältnisse entsprechend ist Hutten's Stellung zu seiner Mutter: **Ottilie von Eberstein**, welche er, so oft er ihrer gedenkt — gegenüber dem Charakter des Vaters als eines „harten, verschlossenen Mannes, dessen starrsinniges Beharren auf dem einmal gefassten Vorsatze für den Sohn verhängnissvoll geworden" — „im Lichte zarter Weiblichkeit und Mütterlichkeit" erscheinen lässt:

> Die Wahrheit ist von Neuem geborn,
> Und hat der Btrug sein Schein verlorn.
> Des sag Gott Jeder Lob und Ehr,
> Und acht nit fürder Lugen mehr.
> Ja, sag ich, Wahrheit war verdruckt,
> Ist wieder nun herfür geruckt.
> Des soll man billig gniessen lon,
> Die dazu haben Arbeit gthon ...
> Ach, fromme Teutschen, halt ein Rath,
> Da's nun so weit gegangen hat,
> Dass nit geh wieder hinter sich.
> Mit Treuen hab's gefordert ich,
> Und begehr des weiter kein Gniess,
> Dann, wo mir gschäh deshalb verdriess,
> Dass man mit Hilf mich nit verlass;
> So will ich auch geloben, dass
> Von Wahrheit ich will nimmer lan,
> Das soll mir bitten ab kein Mann,
> Auch schafft, zu stillen mich, kein Wehr,
> Kein Bann, kein Acht, wie fast und sehr
> Man mich damit zu schrecken meint;
> Wiewohl mein fromme Mutter weint,
> Da ich die Sach hätt gfangen an:
> Gott wöll sie trösten, es muss gahn;
> Und sollt es brechen auch vorm End,
> Wills Gott, so mags nit werden gwendt,
> Darum will brauchen Füss und Händ.
> Ich habs gewagt!

Gleicherweise aber wie aus seinen individuellen Beziehungen Hutten's Gestalt in scharfen Contouren uns entgegen tritt, so heben sich auch erst im Contrast zu ihm wieder die Figuren seines Freundes Franz von Sickingen nicht minder wie die seines in den vorliegenden Documenten die Hauptrolle spielenden Oheims Mangold von Eberstein in voller Plasticität ab. — Verfocht Hutten die höchsten menschlichen Angelegenheiten freilich nicht allein mit seiner Feder, sondern zugleich mit seinem ungeduldigen Schwerte, so war es aber „keine Privatsache, die er betrieb, kein eigener Handel, kein persönliches Geschäft"; dagegen wirkten in seinem weniger schwärmerischen Freunde Sickingen, nach Straussens treffendem Ausdrucke, persönlicher Ehrgeiz, ritterlicher Standesgeist und frommer Eifer für die Reformation, deren Ideen er eingesogen hatte, recht menschlich durcheinander.

„Den ritterlichen Gestalten jener Zeit, einem Franz von Sickingen, Götz von Berlichingen und ihresgleichen, ist für uns, die wir in einem ganz andern Weltzustande leben, nicht leicht, in unserm Urtheile gerecht zu werden. Entweder wir nehmen sie zu hoch, oder zu niedrig. Ersteres begegnet uns insgemein, so lange wir nur Allgemeines und Unbestimmtes, Letzteres, wenn wir einmal das Einzelne von ihnen wissen. Denn der Wahn verschwindet in diesem Falle gründlich, als hätten jene Ritter ihr Schwert in der Regel zum Besten der Unterdrückten, aus uneigennütziger Liebe zu Recht und Freiheit, gezogen. Sie erscheinen nicht allein roh, sondern auch mit Berechnung eigennützig. An ihren Fehden empört uns nicht bloss die Unbarmherzigkeit, mit der Einer des Andern arme Leute plündert, ihre Dörfer anzündet, ihre Felder verwüstet; sondern fast mehr noch die Beobachtung, dass das alles wie ein Gewerbe betrieben wird, bei dem der Gewinn an Beute oder Lösegeld der Zweck, das Recht aber, die angebliche Beleidigung durch einen andern Edelmann, eine Stadt etc., meistens nur ein Vorwand ist, um die Bauern des Einen brandschatzen, die Kaufleute der Andern niederwerfen oder berauben zu können. Dies wird aus Götzens naiven Selbstbekenntnissen zum Greifen deutlich, und auch Franz von Sickingen, den man nicht mit Unrecht einen Götz in höherm Style genannt hat, war doch aus demselben Holze geschnitzt." (Strauss a. a. O. II. 73 ff.)

Aus diesem selben Holze in der That war unser Mangold von Eberstein geschnitzt, ohne dass indessen der höhere ideale Anflug, der Sickingen zu einer der interessantesten historischen Figuren adelt, irgend wie an ihm zu bemerken ist. Das Treiben dieses wie jenes war sonst „einfach das eines Ritters, der mit und wider seinesgleichen, neben und auf Kosten der städtischen und Fürsten-Macht, wenn auch nach Umständen an die letztere gelehnt, sich emporzubringen sucht, dazu, ohne viel Bedenklichkeit über den Rechtspunkt, jeden tauglichen Vorwand ergreift, und seiner Ritterehre genügt zu haben glaubt, wenn er seinem Angriff einen ordentlichen Fehdebrief vorausgehen liess". Dies Treiben, wie es uns hier actenmässig vorliegt, motivirt zur Genüge das schon unter König Maximilian I. so tief empfundene Bedürfniss und das laute Verlangen nach einem einheitlichen und kräftigen „Reichsregimente". Wie ein solches zwar 1500 zu Nürnberg eingesetzt wurde, aber nur bis 1502 bestand: so konnte sich indessen auch das 1521 von Karl V. — nicht aus eigenem Antriebe, sondern mehr durch Zwang der Wahlcapitulation — wieder hergestellte leider nur bis 1531 behaupten und erlangte nie rechtes Ansehen, geschweige denn ausreichende und durchgreifende Gewalt. Man vergleiche nur in dieser Hinsicht folgende Aeusserungen:

> der Kaiser, sein Bruder und der Bund wäre ein Ding . . . das! ist der Landfried, den der Kaiser zu Wurms gemacht hat . . . er wollt, dass er den Kaiser im Stock hätt (s. Nr. 27).
>
> „Sein weiteres Absehen gehe darauf, ein besseres Recht in Deutschland zu machen, als das Regiment bisher gethan habe. Was die Aufforderung betreffe, seinen Handel (mit Trier) dem Kammergericht zu überlassen, so habe er ein Gericht um sich, das mit Reisigen besetzt sei, und mit Büchsen und Karthaunen distinguire" (Sickingen's Antwort an die das abmahnende Mandat des Reichsregiments in das Lager vor St. Wendel überbringenden Sendboten).

Wenn der Ausgang von Mangold's Fehde im Gegentheil den Beweis von der dem Reichsregimente für die Durchführung seiner Entscheidungen und Befehle zu Gebote stehenden Macht zu liefern scheint, so ist zu bedenken, dass die Execution gegen jenen eine der ersten — und darum nachdrucksvolleren — Thätigkeitsäusserungen des Reichsregiments war, und dann auch, dass das Letztere seinen Sitz an dem Wohnorte der siegenden Partei, des Nürnberger Rathes, hatte und so dessen Einflüssen unmittelbar zugänglich war.

Ebenso wie Sickingen, dessen Unternehmen gegen Trier freilich nicht lediglich darauf gerichtet war, „dem Worte Gottes die Thüre zu öffnen", doch mit gutem Gewissen in seiner Ansprache an seine Truppen und Verbündeten sagen konnte, wie sein Zug „nicht seine Bereicherung an Gut oder Macht, deren er für einen Edeln vorhin genug besitze", zum Zweck habe: so war dies auch bei Mangold nicht der Fall. Denn wie aus der Aussage Stephan Geyger's und Siegmund Heckel's (s. S. 24) erhellt, scheint er es in der That auf den Schutz der nach seiner Ueberzeugung bedrängten Unschuld und zunächst nicht auf „Schatzung" abgesehen gehabt zu haben. Auch war er durch seinen für einen Reichsritter glänzenden Besitzstand (vgl. meine Geschichte S. 515—528) nicht gerade darauf angewiesen.

Nach den Streiflichtern zu urtheilen, welche durch mehre Stellen der uns vorliegenden Schriftstücke auf seinen persönlichen Charakter fallen,*) sticht er nicht nur vor einem Kunz von Rosenberg, sondern selbst vor seiner eigenen Hausfrau Margarethe vortheilhaft ab, deren fast männliches Wesen das vollkommne Gegenbild ihrer Schwägerin Ottilie von Hutten ist. — Mangold von Eberstein war seinem Vater Philipp hinsichtlich des Charakters sicher nicht ganz unähnlich; diese aber wurde ein freiwilliges Opfer seiner Pflichttreue:

Als er nämlich aus Anlass einer Fehde der Hutten und Thüngen gegen den Grafen Otto von Henneberg, in welcher zuletzt die Henneberger die Bewohner des Jossgrundes überfallen und ihres Viehes beraubt hatten, das im Namen des Grafen von Hanau aufgebotene Landvolk den Jossgrund hinunter geführt, die Feinde bis über die Sinn in das Thal der Saale verfolgt und bei Frankenborn die Hennebergsche Gränze erreicht hatte, mahnte er von einer weiteren Verfolgung ab: „Ihr Nachbarn", sagte er, „lasst uns nun umwenden, denn wir ziehen jetzt einem andern Herrn ins Land!" Aber die Bauern, die so wenig den Verlust des Ihren verschmerzen, als die Hoffnung, es wieder zu gewinnen, aufgeben konnten, riefen zürnend: „Nun muss es Gott erbarmen, dass wir von dem Unsern lassen sollen, der Adel will nicht vorrücken!" Als das Philipp hörte, rief er: „Nun wohlan und dran, einem Andern ist der Bauch so weich als mir, so will ich Leib und Leben bei euch wagen!" und liess den Adel vor das Fussvolk rücken. Die Henneberger, welche eine Höhle bei Frankenborn zum Hinterhalte benutzt, empfingen sie aber mit so wohl gerichteten Schüssen, dass dem Fussvolke der eben noch

---

*) Der Gefangene Hans Rumer sagt über ihn: „Der edelman sey ein langer geronieger man, ernstlich mit einer schneidenden Red vnd wol beredt." Ueber Mangold's Frau dagegen berichtet Ruprecht Zürcher: „Allso sagt die fraw offt am tisch zu den Reuttern: wann Euch ein kauffmann nit halt, was er Euch zusagt, so haut Im hend vnd fusz ab, last In ligen."

so kecke Muth bald entsank und es in der Flucht seine Rettung suchte. Philipp von Eberstein erhielt einen Schuss in den Schenkel, an dessen Folgen er bald verschied.

Vervollständigen wir uns dadurch das Bild von Mangold, dass wir es mit dem seines Vaters zusammenhalten: so können wir uns eines immerhin Achtung gebietenden Eindrucks nicht erwehren von dem zwar straffen, dabei aber nicht rohen, vielmehr im Ganzen biederen Wesen dieses letzten „Landfriedensbrechers".*)

I.

1516. Mangolt von Eberstein zw Brandenstein hat einem erbern Rate alhie der stat Nürmberg einen verschlossen versigleten brief geleich einem veindts brief, darjnnen er sein Err verwart, bey einem Jungen Edelman, vlrich von Hutten Sune, zugeschickt, welcher brief mit seinem Namen nit vnter schriben, allein was der Junge angezaigt hat, das solcher brieff von mangolten von eberstain ausgangen sey. Der ist einem Burgermeister vberanttwordt am Samstag nach presentationis marie den 22 Nofembris anno vt Supra vnd Lautt der brief wie hernach volgt:

Mein dienst zuuor. Lieben freundt, Agatha odemeryn, mein verwante vntertheniin, hat mir vnter andern ann vnd fürbracht, wie sie durch die Euern aus Nürmberg zw Farnnbach In Irem Sytz freuenlich vnd gewaltiglich vberfallen, mercklich beschedigt, Ir freunt einer vber alle Rechtgebott, So sy gethann, erwürgt, Sy vnd Ir bruder geuerlich verwundt, darzw Ir hausratt, varennt hab, pferdt vnd anders genomen, hynen gen Nürnberg gefürt vnd gebeutt worden etc. Darzu so sollen Ir ettlich Ewer mittbürger, wie die in eingelegtem verzaichnus verleibt, mercklich hab vnd gut zubezalen schuldig seyn, die sy bisher vber vill freuntlichs vnd güttlichs ansuchen von euch nit hab Erlangen noch bringen megen etc. Dieweil aber Ir solche beschedigung, an der meinen zu Farnbach geübt von den Ewern, bestadt die selben besthe das so vor vnd nach euer diener gewest In euer statt deshalb vngestrafft geliden vnd bey solcher freuenlichenn gewaltsamer that gehandelt fest, Auch die andern Ewer mittburger, So die meinen schuldig, zw keiner bezalung habt gehalten, derhalben hab vnd gut eins tails aus Nürnberg komen lassen, das alles meiner armen vnderthanen zw verderblichem schaden geraicht vnd gedient vnd Ir von Rechtswegen woll hett verkomen megen, es auch zuthun schuldig gewest etc.: Ist darumb an Euch mein begern vnd gesynen, das Ir nochmals der Frawen des halben nach pillichen dingen wie angezaigt wollt karung vnd abtrag thun, auch euer vnderthanen, In eingelegtem zettell begriffen, darzw halten vnd mit ernst vermegen, Sy angezaigt schulden an verrer behelfff vnd auszug zeutrichten vnd

---

*) In Maugold von Eberstein, dieser durch die „Fehde etc." in die historische Literatur eingeführten wuchtigen Ritternatur, spiegelt sich ein gut Theil der Zeitgeschichte ab. Es liesse sich aus diesem Material, das kostbares Detail enthält, unter Hinzuziehung der zeitgenössischen Quellen, ein höchst interessantes historisches Cabinetstück entwerfen (Prof. Dr. Contzen).

zubezalen vnd der Ihenen schuldt, So Ir von euch aus Nürmberg habt khomen
lassen. In hanngende vordrung selbst bezallen alles mit ablegung Empfangner
scheden. Dan wo das In vier wochen den negsten nit geschee, nach dem Ich
mit euch in ferrer schrifft zubegeben vnd zw komen nit gedenck noch vorhab
vnd ich den mein, hern vnd Freundt Rat dartzu wirtt haben vnd auff wege gedencken. damit ich der meinen zu einbringnus Irer gerechtikait meg behillfflich
sein, will ich mich gegen Euch ytzo einiche zeit vnuerwartt haben. Darnach
wist euch zw hallten. Datum vnter mein Insigl etc. Datum vff Freitag nach
marthini (14. Nov.) Im xvj Jar.

Vberschrifft des briefs:

Den Ersamen weysen Burgermeistern vnd Rate der
Statt Nürmberg, meinen gutten Freunden etc.

Zedula Im brief.

Item Michel Baumgarttner $\frac{1}{2}$· viij½ ^{C} gulden vnd iiij gulden mit vrtell
vnd recht erlangt.

Item Heintz Wofflnern $\frac{1}{2}$ v^C gulden vngerisch Sambt andern, was In
trewen gewest.

Item Hanns Meckenloern $\frac{1}{2}$ lvj fl. Laut seines vatters hantschrifft.

Item Hanns Bayr Lochauser genantt $\frac{1}{2}$ xxxvj marck viij lott vnd j.
quintta Silbers, mere xxxx gulden, So Endres odemer zw solchem Silber dar-
gelihen hott.

Auch hat vlrich Rottmundt ein brief. trifft an die kartheuser zw
Ertffurt vmb M (?) gulden Silber geschirr, ist hintter Sy zw getreuer handt gelegt worden von thomas merckels wegen, stett mir auch zw. ist Im worden.
da wir die taylung zw Erttfurt tetten, weis er woll, wie er Im In sein handt
worden ist. hab ich auch nit von Im bekomen mügen vnd Er doch woll wais.
das er mir zustett.

Item vmb die grossen gewaltsame thatt. die Ir mir Inn Farrnbach
habt gethann vnd widerfarn ist durch die Euern, Nemlich den totschlag vnd ander
gewalt acht ich auf xij^M gulden.

Item das ander, das ich (sic) mich von henszlichen eren habt getriben vnd
In das ellentt bracht, das yderman wissalich ist, wie ich vnd mein fornerder gesessen Sein, Das achtt ich auff viij ^{M} gulden etc.

II.

Auff Solch mangolt von Eberstains schreiben, Dieweil vnd
das Selbig mit seinen Namen vnd Zunamen nit vntterschriben ist
gewest, hatt ein Erber Rate ein Jungen puben aus dem marstall.
stoffel . . . . . genant, mit gemelts von Eberstains Jungen Edell-
man reitten lassen vnd ein schrifft mit anzaigung, was vor mit andern vom adel durch die odhaimerin gehandelt ist, vnd auch, nach
dem der brief nit vntterschriben, des wissen zw empfahen, ob solcher brief von Im, dem eberstain, ausgangen sey, vnd lautt der
selbig eines Rats brief wie hernach vorgt. Das ist gescheen am
Samstag nach presentationis marie anno etc. vt supra:

Erber vnd vester, bey zaigern diſs briefs, der sich für Ewern Raisigen knaben angezaigt hat, ist vns ein schrifft, darvnter doch kein Namen verzaichnet, zu komen laut Inligender Copey; wie wol vns Nun der knab darumben müntlich bericht, das solche schrifft von euch ausgangen vnd Ime von euch mit disem beuelch, vns die zuzubringen, behendigt sey, haben wir doch darauf aus mangel der vnterschrifft ainichen gewisen grundt nit stellen mogen. Sonnder vns entschlossen, zuuor bey euch aigentlichs beschaids zuerholn. Dan solt dise schrifft In euern namen vnd aus euerm beuelch an vns gefertigt sein, So bewegen wir die sachen dermassen, das Ir durch vnser burgerin Agatham Odhaimerin zu angezaigtem schreiben mit vngrundt neben der warheit seyt bewegt, vngezweiffelt, wo Ir gedachter Odhaimerin fordrung bestendig erfarung gehabt, Ir hett euch enthalten, der gestalt an vnns zw schreiben, wir wern auch als dan vrpfüttig, Euch solche vnterrichtung vnd anttwurt zuthun, der Ir vnsers achtens aus pillikait wert gesettigt sein, vnd ist darauf an euch vnser dinstlich bitt, vns zuuerstendigen, ob dise schrifft In euerm Namen vnd aus euerm beuellch ausgangen, vnd so ferne dem also were, darauf vnser anttwort vnd vnterrichtigung zwgewartten. Das wollen wir vmb euch mit willen verdienen. Datum Samstag nach presentationis Marie (22. Nov.) Im xvj Jar.

Burgermeister vnd Rate der stat Nürnberg.
Dem Erbern vnd vesten Mangolten von Eberstain zu Brandenstain.

Zedula In dem verleibten Brief:

Erber vnd vester, wir geben euch demnach dabey gutter maynung zuuersteen, wie woll vns hieuor der gestrenge, Erber vnd veste her Marx von Berlichen zw Rottelsee, Ritter, Sambt etlichen andern, die sich vnserer burger der odhaimerin angenomen, Ireuthalben schrifftlich ersucht, haben wir Inen doch der odhaimerin fürgeben im widerwertigen vnd souil grunds angezaigt, das Sy Irer vordrung abgestanden, sich auch derselben frauen gentzlich entschlagen haben. Datum vt In Literis.

Solche eins Erbern Rats vnterricht vnd anttwort hat der von Eberstain In seinem schlos Brandenstain nit annemen wollen vnd derhalben kein anttwort geben. Sunder Sein hausfraw dem knaben Im Marstall, Jorglein, so bey her Endres tucher gewest, durch dem Ime der brief wie oblaut zugeschickt ist, anttwurt geben lassen. Sy wisse Im kein anttwurt zugeben, Es habe Ir Edelman vor geschrieben, das er einem Rate In diser sachen weitter nit schreiben wolle. Vnd ist darauf der pub Im stall, Jorglein vorgemelt, an Ein anttwort wider anhaims komen vnd kein beschaidt erlangt.

III.

1517. Am Samstag Nach Oculi Sanndt Benedicten tag (21. März) hat Mangelt von Eberstain bey Einem puben, der ein edelman vnd ein Junger von Miltz sein soll, einem erbern Rate abermals ein brief zugeschickt, darjnnen er sein hieuor gethane schrifft bekentt vnd bekreftigt, auch die Bitt derselben vernewet vnd der selben ferrer verursachung etc., dabey alspalb mit eingezogen der odhaimerin tochter, als ein erben Ires Vatters Linhart odhaimer. Vnd laut dieselbig schrifft wie hernach volgt:

Mein Dienst zuuor. Lieben Freundt, ich hab euch Jüngst ein schrifft, belangendt Agatha Odhaimerin, zugesendet der Inhalt Ir an zweyffl vernomen. Nun habt Ir mir In anttwurt begegnet, das vnntter Solcher schrifft kein Namen bezaychnet sey, danon Ir keinen grund auf solch schrifft habt mögen stellen. Dan solt die schrifft In meinem namen gefertigt sein, so bewegt Ir die sachen dermassen, das durch Agatha anbegründt neben der warheit angeben solch geschehen mit fernerm anhangk, So die schrifft In meinem namen ausgangen, mich dermassen zuberichten, das ich gesettiget Sein Sollt etc. Nun ist die warheit, das die schrifft vonn mir ausgangen vnd aus Irthum die vnderschrifft vnderlassen. Ich hab aber euer ferner schreiben nit wenig noch klein geachtet, das mich, Agatha aws vnwarheit zw solchem schreiben gegen vnd an euch bewegen solt, vnd darauf alle Ir gerechtigkait, Erbschaft, testament, vbergeben Cammergerichts, euere vnd andere vrttel mit Eunssigen fleis berathschlagen vnd ersehen lassen vnd befunden, wo die fordrung allein Ire zustunden, das Sy der gutten grundt vnd fug het; Aber nachdem Linhart odhaimer mit derselben Agatha ein Leibplich vnd Eliche Dochter, Helena genant, verlassen vnd khein testament oder letzten willen gemacht, das derselben Helena die Erbschaft, fordrung vnd gerechtigkait Leonhart, Ires vaters seligen, haimgefallen, doch darjnn der mutter Agatha Ire mütterlich heyrattgut vnd gerechtigkait fürbehalten. Dieweil mich Nun die selb Helena geleich Irer mutter anlangt, will ich Sy In alle fordrung gezogen vnd hiemit mein vor vberschickten schrift wider erholet haben mit erneuerung angeheffter Bitt vnd der Selben ferner veruvrsachung. Das hab ich euch auf euer letztes schreiben zu anttwurt nit wollen verhalten, darnach haben zw richten. Geben auf Samstag Nach Reminisere (sic) (14. März) anno etc. xvij.

Manngolt von Eberstain.

Den Ersamen Forsichtigen vnd weisen Burgermeistern vnd Ratt der Statt Nürnberg, meinen gutten Freunden.

IV.

Eins Rats antwurt auf Mangolt von Eberstains schreiben:

Erbar vnd vester, ewer widerschrifft, belanget vnnser verpflichte vnd vngeledigte burgerin Agathan Odhamerin, vnns yetzund zugesannt mit anzaig, das Ir vnnser Jüngstes schreiben nit klain geachtet vnd darauf gedachter Odhamerin gerechtigkait, Erbschafft, Testament, vbergeben Camergerichts, vnnser vnd ander vrtel mit emsigen vleys berathschlagen vnd ersehen lassen vnd besunnder, das dise der odhamerin fordrung nit allain auf Sy, sonnder auch Helena Irer tochter, nach absterben Ires vaters erwachsen sey, die Ir auch auf Ir anlangen in alle fordrung gezogen vnd damit ewer vor vberschickte schrifft wider erholet haben wollet mit erneurung angeheffter bit vnd derselben ferrer verursachung etc. haben wir alles Innhalts horn lesen vnd anfenngklich nit vnpillich angezogen, das Ir von bemelter Odhamerin neben der warhait bericht vnd mit vngrund In angezaigtem ewrm schreiben verursacht seyt, dann sich wirdet der Odhamerin vnd Ir tochter fordrung, zuuor dhweil sie die gegen vnns als dem Comnun vndersteen zustellen, mit der zeit gnnutz on grund vnd vnpillich fürgenomen erfunden. Vnd das dem also vnd Ir augenscheinlich mocht befinden, was fug oder vnfug die Odhamerin vnd Ir tochter gegen vnns haben vnd suchen mog: So hat der gestrenng, Erbar vnd vest her Marx von Berlingen, Ritter, zu Rottelsee vergangnen Jar der odhamerin halben auch an vnns geschriben, sich einer vbergab der odhaymerin fordrung, beronbt vnd gelegner weis abtrags begert. Wir haben aber her Marxen laut Inligender copej antwort vnd souil vnderrichtung gethan. das er der sachen bis her Rw gegeben hat, wie Ir volligen bericht diser handlung aus solcher vnnser antwort geleicher weyse habt zunemen, gutter zuuersicht, Ir werden euch frembde sachen der maszen nit lieben, auch dise weibspersonen, die vnnser verpflichte vntertthanen sein, dohin nit bewegen lassen, gegen vnns laut ewrs anfenngklichen bedrolichen schreibens thatlich zuhanndeln, sonnder diser vnser antwort vnnd vnderrichtigung gesettigt sein; wo aber nit, so sein wir vrpflltig, wöllen euch auch hiemit zugeschriben haben, das wir euch auch der odhamerin vnd Irer tochter aller Irer vordrung halben Rechtens wie Recht ist sein vnd pflegen wollen vor Romischer kayserlicher Mayestat, vnnsern allergnedigsten herrn, Irer Mayestat Camergericht, den Stennden des Bunds Im lannd zu Swaben, auch den hochwirdigsten, hochwirdigen, durchleuchtigen, hochgebornen fürsten vnd herrn herrn Albrechten Ertzbischone zu Mentz vnd Magdenburg Churfürsten etc., Georgen zu Bamberg etc., herr L. zu Württzburg Bischone, herrn Casimirn Marggraf zu Branndenburg oder gemeiner Ritterschafft Im lannde zu Francken, vnser gnedigsten, gnedigen vnd günstigen herrn. wecher (sic) ende euch das gelieben wyll, vnd darzu der odhamerin oder euch zu den vnsern, zu den sy zuspruch haben vermainen, oder Iren Erben schleinigs Rechtens zuerhellfen, verhofflich, euch solle dises vnser vbermessigs erpieten dohin bewegen, des settigung zutragen oder vber das der Odhamerin vnd Irer tochter nit mer anzunemen, sonder die von euch zu weysen, dester geneigter beleyben wir euch, Dinstparknit vnnd guten willen zuerzaigen. Datum Sambstag nach oenlj (21. März) 1517.

V.

Herrn Laurentzen Bischouen zu Württzburg.

Gnediger herr, Mangolt von Eberstain hat vor disen tagen an vnns geschriben vnd sich ainer vnnser verpflichten vngehorsamen Burgerin, Agatha Odheimerin, vnd Irer tochter, Auch derselben vnbillichen vordrungen, So sy an vnns gestellt habe, vnderzogen mit ainem bedrolichen anhang. Darauf wir vnns auff darinn verleibte verwarung thättlicher handlung müssen besorgen, vnd wiewol wir Ime darauf gar vollige vnderrichtung gethan vnd vnns vmb alle solche vordrungen gegen Inen vff Romisch kaiserliche Mayestat, vnsern allergnedigsten herrn, Ir Mayestat loblichen Camergericht, gemeine stende des punds zu Schwaben, auch die hochwirdigsten, hochwirdigen, durchlenchtigen, hochgepornen fürsten vnd herrn herrn Albrechten, Ertzbischouen zu Mentz vnd Magdenburg Churfürsten etc., herrn Georgen Bischoffen zu Bamberg. Ewer fürstliche gnaden.

herrn Cazimirn Marggraf zu Brandenburg vnd gemaine Ritterschafft Im land zu Francken, vnnser gnedigst, gnedig vnd günstig herrn. zu Rechtlichem ausztrag erpotten haben. seyen wir doch desz von Eberstains bedroelichen schreiben vnd verwarnung nach sorgfeltig. Er werde vngeachtet desz alles gegen den vnnsern vnd Iren güttern. zunor die zu diser franckfurter mesz vnd wider darausz ewer fürstlichen gnaden glait berürn. vndersteen, was thuttlichs vnd beschwerlichs fürzunemen. dhweil er doch kein schewhen tregt. sich vnnser verpflichten vnderthanen wider vns anzunemen vnd Ime ganntz fremde vordrnngen dermassen leben zulassen. Zaigen wir euern fürstlichen gnaden vndertheniger mainung an. vnterthenigs vlaisz bittend. Die geruchen Irer fürstlichen gnaden glait ytzo vnd an der vnnsern vnd Irer gütter haymwege mit guter gewarsam vnd solcher gestallt zubestellen, damit die vnsern mit Irn haben vnd personen sicher durchgepracht werden mögen; dann wir achten dafür, das es mit vortail von dem von Eberstain fürgenomen sey, diser zeit der franckfurter mesz zuerwarten. Das wollen wir vmb euer fürstliche gnaden In vndertheniket verdienen. Datum Samstag nach oculj (21. März) 1517.

In eadem forma

Herrn Albrechten Ertzbischouen zu Meutz In abwesen
 seiner fürstlichen gnaden Statthaltern zu Aschaffenburg,

Vnsern gnedigen herrn Marggraf Cazimirn. In abwesen
 seiner fürstlichen gnaden hofmeister, Statthaltern vnd
 Räten zu Onoltzbach.

VI.

Volgt hernach Agatha Odhamerin Veindsbrief.

 Ich Agatha vnnd Helena Odhamerin thun Euch Burgermaister vnnd Rate vnnd ganntz gamin der Stat Nürmberg kunth zuwissen, nachdem Ir vnnser hab vnnd gut ein launge zeit wider got, ere vnnd Recht genomen vnnd Innhabt, das nu auf den heutigen tag vber vnnser erlanngte Recht von euch nit bekomen mogen, das wir als arm wittbe vnd wais got clagen vnnd anruffen, vnns vnd vnnser gut freundt vnd guter gesellen gnad zuerleyhen, die vnns darjnn beholffen sein, vnnser habe vnnd gut von euch einzupringen, das wir frey einem yeden gestenndig sein wollen, von vnnsern wegen tettlich gegen euch, ewrn verwanten leib, habe vnd gut zu haunndeln so lanng wir vnnser anforderung von euch gestattung erlanngen vnnd euch deszhalben für vns, vnnser helffer vnnd Irer helffers — vnser vnnd Ir aller ern hiemit nach noturfft zubewarn geschriben haben. Vnd wes Ir oder ewer verwannten also von vnnsern wegen schaden erlanngt, wie der gethon oder gehaissen wirt, nichts ausgenomen, das wollen wir einem yeden von vnnsern wegen euch gethon gestendig sein vnnd weiter zu antworten nit schuldig sein. Des wollen wir euch vnd verwannten zugeschriben haben zu Richten. Des vnser aigen hantschrifft. Zu vrkundth haben wir vnnser Innsigel zu ende diser schrifft getruckht. Geben auf montag Im Neunzehenden Jare.

Diser brif ist durch Marthin Bernecker ain Burger hie geantwort den 15 Imo. Ist Ime, zu Würtzburg behendigt.

VII.

1519. Schreiben Georg's v. Eberstein des Aeltern zu Ginolfs oder Georg's v. E. des Jüngern zum Brandenstein an Mangold's v. E. Frau Marg. geb. v. Rosenberg.

Freuntliche libe geschwey, ich lasz euch wissen, das ich Ein von adel nider geworffen hab vnd verstein auch, das er ganz reich sein. Dar vmb, so sich mein vetter mangolt recht gechen mir wolt halten mit der schazach, wer ich des willes, im den vor ander zuvergunden, dan er sich von stundt schaczen werdt; ich wil leut genudt finde, dy in gern von mir an nemen, ich wils aber im gunden for ander. Last mich wissen, wey dy sach stein, wil er in an nemen, wil ich im den vmb xij or vberantwordten. Mein hant schrifft eyls an. xviiij. *J. v. E.*

Der erbern vnd thugenhafftigen frauben margredt von eberstein geborn von rossenbergk, mein freuntlig liben geschwey, der gehordt zw dysser breyff.

Orig. Es ist das wahrscheinlich der Brief, den Richter und Schwenttendorffer in einer Stube auf dem Schlosse Brandenstein gefunden.

VIII.

1519. Volgt hernach Steffan Geygers messerers vnd Sygmund Heckels gefencknus vnd derselben ansage etc.

Sigmundt Heckel vnnd Steffan geyger haben samentlich vnd vnnerschaidenlich angesagt, als sy am Negsten tag nach Johannis baptiste Samstags (25. Juni) von Bamberg aus gein der Nennburg auff den marckt reitten wollen vnd des selben tags als sy vber den mayn bey Raickelsdorff komen, da sich das bambergisch glait geeudet, weren Inen 4 Reutter, darunter ein pub gewest, vntter augen komen, die Ir harnisch geflirt vnd Ire armbrüst In den hüllftern. Dieselben 4 Reutter haben sy, saget, am ersten angeritten vnd gefragt, von wannen sy weren, den sy geanttwort: von Nürnberg, hetten sy Inen auch sagen müszen wie sy hiessen vnd Ire namen benennen. Als das beschehen, hetten die Reutter zw Inen gesagt: „wol dar! Ir müst mit vns zw vnserm hauptman reitten", vnd von stundan mit dem pratspis den geyger sere geschlagen anzureytten. Hett er, Sigmundt heckel, zum Reutter gesagt: „Lieber, far schon, schlag In nit so hartt, wollen wir doch gern mit euch reitten wohin Ir wolt", vnd also mit Inen angeritten. Vnd do haben sy die Reutter am ersten durch ein wasser, die ytsch genaut, fleust für Koburg herab, gefürt vnd Iren weg auf Pannaw zw genomen. Vnd als sy auf ein pilchsen schus gein Pawnaw kömen, haben sy den fus abgeworffen vnd auf die Rechten hand mit Inen In gros holtz getzogen, In dem selben holtz bey 4 stunden vmbgeritten, ein weil hiutter sich ein weil für sich, vnd nachuolgent In dem holtz 3 stunden stil gelegen, Sy vnd die gewl gerut, vnd haben do ein wenig prots, so die Reutter mit In gefürt, gessen, aber nichts zu trincken gehabt. Des orts haben die Reutter Sie, sagere, benettigt, das sie schweren musten, nit von Inen zureitten. Vnd als es vngeuerlich des selben tag 2 stund nach mittag worden, habe der Reutter einer, den sy für hector pehaim, als man Inen seyt her gesagt, einen brief herfür getzogen vnd angezaigt, das Solcher brief der odlhaimerin hantschrifft were, darumb wolt er sy nit schutzen, sunder was die odlhaimerin mit Inen haudlet, das wolt er geschehen lassen, vnd also von dem gemeltem holtz mit Inen, sagern, augeritten durch andere holtzer vnd felder auch dorffer, die sy nit wissen zunennen, vnnerholn vnd sy auch vngepunden gefürt pis In 10 vr In die nacht. Weren sy auff ein alt prochen perckschlos, Ires bedunckens an der sal gelegen, dan das wasser die sal darunttter hin fleust, aber sy wissen das schlos nit zunennen. Auf dem selben schlos seyen gewest bey 6 oder 8 Jung edellent mit Iren knechten, haben aber der selben keinen gekent noch nennen horen. Man hab sy von stundan nit In das schlos wollen einlassen, derhalben sy wol 2 stund heraussen In dem holtz gelegen. Vnd do sy, sager, In das schlos komen, haben sy die Reutter, so sy gefangen, „vetter" vnd „ohaim" müszen haissen vnd also In ein stuben gefürt, darjnnen die andern vom adel gewest, sich abgezogen vnd mit Inen vber tisch gessen vnd truncken, auch mit den edell Leuten zu tancken müszen vnd des nachts In gutte pett gelegt, weren die 4 Rewtter als tetter bey Inen In der kamern gelegen. Des andern tags Suntags (26. Jnni) vmb 2 stund auf den tag weren sy wider auf gewest vnd an schewen vber die felder vnd strassen geritten vnd In ein dorff, Ires achtens 2 meil wegs von Fül gelegen, komen. daselbst In wirtshaus gezogen, da geessen vnd gefüttert, auch bey 2 stunden darjnnen gerutt, nach dem sy den ersten bey 15 meil wegs geritten warn, als dan dem geyger sein pferd Im veld tod bliben was vnd sy Ire pferd In dem vorigen pergschlos haben steen lassen vnd andere gerutte pferd genomen. Vnd vor dem bemelten wirtshaus Im dorff weren vngeuerlich bey 40 pauern vntter einer Linttten gesessen, aber nichts darzu thun, vnd der wirt were nit anhaims gewest, Sunder seine tochter, vnd heten auch dem wirt nichts für die zerung geben vnd nachmittag widerumb aufgewest vnd an schewhen durch dorffer vnd strassen geritten, als In dan ein pfaff In einem dorff zutrincken geben vnd vngeuerlich vmb 10 vr In die Nacht gein Prandenstain komen, daselbst ein stund In einem holtz gelegen, ee man sy ein gelassen, vnd nachmaln In das schlos Prandenstain durch drey thor gefürt In ein stuben, da sy sich abgezogen, das nachtmal geessen vnd nachmaln In ein kammer gelegt zuschlaffen vnd die 4 Reutter mit Inen In der selben kamer, sy, sager, aber schwern müszen nit heraus zukomen pis anff weittern beschaid. Also weren sy des andern tags (27. Juni) mit der odhaimerin komen, sy zubesichtigen, ob sys kennte, sagt die odhaimerin. Sy kennet Ir nit. Do were nachmittag Mangolt von Eberstain vnd Ires achtens hector Behaim vnd noch einer, den sy Junckher michl nennten, komen vnd Ine, sagern, angezaigt, das sy kein schatzung noch gelt von In begerten, allein solten sy Iren hern von Nürnberg schreiben, damit die odhaimerin zw einem vertrag komen möcht vnd Ir das Ir volgen. Darauff die gefangen die odhaimerin anch gepetten zuhelffen, damit sy von statten kemen, den sy geanttwort, es stund In Ir macht nitt. Vnd als sy, sager, dem von Eberstain angezaigt, das In Ir Macht nit stund, die herrn von Nürnberg zuuermegen, die odhaimerin zunertragen, hett Mangolt schatzung an sy begert, darauff sy geanttwurt, sy wern arm gesellen vnd heten nichts, het mangolt gesagt, sy solten sich selbs schatzen vnd was erpietten. Das hetten sy thun müssen. Do hetten sy 100 fl. zugeben erpoten, das hett den Reuttern hoch versehmacht vnd also den selben tag ligen lassen. Des andern tags (28. Juni) were mangolt von eberstain wider komen vnd 1000 fl. vnd nichts minder zu schatzen wollen haben vnd also hinweg gein Franckfurt auf des königs erwelung (28. Juni 1519) geritten. Vnd als er vber 6 tag her wider komen, hat mangolt der schatzung halb aber mit In. sagern, gehandelt vnd Im ende die schatzung vmb 600 fl. beschlossen vnd golt wolt haben oder aber In die gefencknns geen. Also haben sy, sager, aber mit Im der schatzung halb gehandelt, das er auff 550 fl. an golt komen. Haben sy, sager, vnter andern gehört, das die odhaimerin In einer andern kamer seer gewaint vnd zu Irer tochter gesagt: „Das es got erparm, das die gutten leutt sovil gelts geben müszen vnd mir noch Dir kains davon wirt!" Also hetten sy Sigmundt heckel nach der schatzung zu fus hin weg geen lassen, der gein Franckfurt solch gelt vnter den Juden aufpracht 600 fl. darfür ein walch pilrg worden, vnd solche schatzung für sich vnd den geyger 550 fl. bey gailnhausen In Einem holtz bezalt, die 4 Reutter von Inen empfangen, darunter Hector Pehaim vnd sein knecht gewest vnd Mangolt von Eberstains knecht, die gesagt: „es ist euch allein vmb gelt zuthun vnd vns ein kappen vol flaisch." Die Reutter, so sy, sager, gefangen, haben alle angehabt schwartz ainfach kitl, rot kappen, grob hutt vnd geritten ein praun langschwantz mit ein maulkorg (sic), Das ist hector behaim gewest; der pub ein weissen langschwantz, die ander 2 Reutter appellgrab schimel gemutzt vnd armprnst In den hulfftern. Vnd der ein knecht, Wolff genannt, sey lang bey den von erfurt gewest vnd offt nach mathes melber gefragt, der In. sager, gesagt, das sy auf den melber gehalten.

IX.

Sebastian von Lautter, amptman zu Lor, schreiben an einen Erbarn Rat gütlicher hanndlung halb.

Mein freuntlichen dinst zuuor. Erbarn, fürsichtigen, günstigen herrn, mir ist fürkommen, wie der ernnest mangolt von Eberstain, der mir frnntschafft vnd nachparschafft halben verwant, mit euch einer eurer mitburgerin halben, die des Irn durch euch oder die ewern vnpilliche vergeweltigt sey, In Irrung stee, deszhalb gegen euch ein verwarung gethan, auch ettliche der ewrn darob gefangen vnd geschatzt haben solle. Dhweil ich dann dieselb Irrung vnnd solchen widerwyll zwischen euch, als meinen günstigen herrn, vnnd Ime Mangolten, als meinem In sunder guten frundt vnd nachparn, nit gern sehe vnd dieselb Irrung ye gern hingelegt sehen wolt: Wu Ir dann hierjnnen gutlich vnuerpüntlich hanndlung fürzunemen leyden mocht, wolt Ich meines tayls mit andern, so der sachen verstenndig, egedachten Mangolten meines versehens zu solchem auch vermogen vnd alsdann vndersteen, müglichen fleys fürzuwennden, domit dieselb Irrung nach pillichen dingen bey vnd hingelegt werdt vnnd weitterung, so daraus mag ervolgen, vermitten plybe; begere hinon bey gegenwertigem boten ewer beschriben antwort. Datum vff den Suntag Cantate (6. Mai) Anno etc. xx.

Bastian von Lautter, Amptman zu Lor.

Den Erbarn fürsichtigen vnnd weysen herrn Burgermeistern
vnd Rate der Stat zu Nürmberg, Meinen günstigen herrn.

X.

Eins Erbarn Rats antwurt auf Sebastian von Lauter schreiben vnd ausuchen gütlicher handlung.

Erbar und vester, bey gegenwertigem briefszaiger, ewrem poten, Ist vnns ewer schreiben, betreffendt Mangolten von Eberstain, geantwort, darjnn Ir euch neben andern zwischen gedachtem Mangolten von Eberstain vnnd vnnser gütliche vnnerpundene handlung fürzunemen anbietet, das haben wir seins Innhalts vernomen, vnnd ist war, gedachter Mangolt von Eberstain hat sich ainer vnnser verpflichten vnd vngeledigten Burgerin, Agatha Odhamerin genannt, sambt Irer tochter, die gegen vnns, als dem Commun. ettlich weytleufftig vngeschickt vnd gantz vngegründt vordrung, von sundern personen herrürende, geschopfft, angenommen vnd mer dann zu ainem mal Irn halben bedrölich geschriben. Wir haben auch alle mal darfür geacht, wo gemelter vom Eberstain nit sunst genaigt gewest, sein sichel in ainen fremblden schnit zulegen, Ime were aus Rechtmessigen, vernünfftigen vrsachen pillich vbrig gestanden, sich derselben vnnser Burgerin wider vnns, als Ir ordenlich oberkait, zu vnderziehen vnnd anzunemen. Wiewol wir nun dem von Eberstain auf sein Jüngstes schrifftlichs an vnns gethanes ansuchen mit warhaffter antwort vnnd vnderrichtung begegnet, vnns auch nit allain gegen Ime, sonnder auch der Odhamerin vnd Irer tochter, der er sich angenomen, umb alle Ire sprach vnnd fordrung zu völligen vbermessigen anstrag, vnnd nemlich für weyland Römische kayserliche Mayestat vnsers Allergnedigsten herrn hochloblicher gedechtnus selbs person, Irer Mayestat Camergericht, die Stennde des Bunds Im lannd zu Schwaben. Auch die hochwirdigsten, hochwirdigen, durchlenchtigen, hochgebornen fürsten vnnd herrn herrn Albrechten des Stuls zu Rom Cardinal Ertzbischouen zu Mentz vnnd Magdenburg etc., herrn Georgen zu Bamberg vnd weyland herrn Laurentzen zu Würtzburg Bischoue, herrn Cazimirn Marggrafen zu Brandenburg etc. oder gemeine Ritterschafft Im lannde zu Francken, vnnser gnedigst, gnedig vnd günstig herrn, angepotten haben: Ist vnns doch darauf von genanntem von Eberstain nit allain kain ferrer antwort zugesanndt, sonnder vber das ain offne abclag, In Agatha vnnd Helena der Odhamerin, mutter vnd tochter, namen ausgangen, geantwort, dieselben personen durch Mangolten von Eberstain offennlich enthalten, vndergeschlaifft vnd gefürdert, vnnd darauf gegen etlichen vnnsern Burgern mit fancknuss, schatzung vnd ander beschedigung gehanndelt, wie wir dess wissen tragen. Mit was scheinlichem pillichem grundt solch thattlich hanndlungen vber vnnser so statlich mer dann gnugsam rechtlich erpieten fürgenommen sind, stellen wir in ewer vnnd ains yeden vernünfftigen bedencken: zaigen euch aber solchs dinstlicher guter maynung vnd darumb an, das Ir aus dem allem bey euch selbs on zweyfel befinden vnd vrtailn mogt, das Mangolt von Eberstain gantz nit vrsach gehabt oder noch hat, sich der gestalt vnnd in ainer so vngeschickten sach wider vnns zunolgen. Auch warzu den vom Eberstain sein geübte handlung gegen vnns dem rechten vnd aller pillichait nach verpflichtet. So ferr Ir nun ainchen trost haben sollet, dass dise Irrungen zwischen dem vom Eberstain vnnd vnnser mit gleichen mitteln, Ans denen wir vnns bey demselben vom Eberstain ains zimlichen widerlegens der vnnsern erlittner beschedigung halben mochten vermuten, gefunden vnd beygelegt werden mog, wollen wir euch wo wir desz verstendigt werden vor andern gütlicher vnnerpuntener vnderhandlung euch zugefallen verfolgen. vff das menigklich spürn mag, wie auch desz vnsere vbermessige Rechtgebot anzaigung geben, das wir gantz nit genaigt, vyl Irrungen, darzu wir doch nit vrsacher sein. Im anhang oder die vom adel in fare zuhalten, wolten wir euch mit fleyssiger daucksagung ewres gethanen anpietens guter maynung nit pergen. Datum Donerstag nach Johannis ante portam latinam 10 May 1520.

XI.

Solich eins Erbarn Rats antwort hat Sebastian von Lautter, amptman zu Lor, Mangolten von Eberstain laut hernach uolgends missifs zugeschickt vnnd antwort empfangen wie hernachstet:

Mein dinst zuuor. Erbarn, fürsichtigen, günstigen herrn, In kurtz uerschinen tagen hab ich für mich selbst aus guter maynung ein schrifft, Mangolten von Eberstain betreffen, euch gethan, vff welche mir von euch widerumb antwort enstanden, die Ich gemeltem von Eberstain vberschickt; vnd wiewol ich dieselben Irrung ye gern hingelegt gesehen: So ist mir doch diszmals kein ander wider antwort von Ime Mangolten zukommen, dann wie Ir ab derselben hierjnnen verleybt zuuernemen habt. Das wolt Ich euch hinwider vneroffent nit lassen. Datum vff Vitj et modestj (15. Juni) Anno etc. xx°.

Bastian von Lautter, Amptman zu Lore.

XII.

Die eingeschlossen antwort Mangolten von Eberstains volgt hernach:

Mein freuntlichen dinst zunoran. Lieber Swager, Ich hab dein schreiben, so du den von Nürmberg meinthalb gethan, vnd wes dir darauf für antwort worden alles verlesen vnnd wiewol solchs ausserhalb meins entpfelhs, wissens vnnd anregens villeicht aus deiner wol- vnnd guten maynung geschehen, Darauf Ich wyderumb vnnd früntlich anregens deiner schrifft zuerkennen gib, das Ich nicht gestenndig meiner person halb einer verwarunge, oder auch, das Ich In meinem hauss der Nürmberger burger In gefengknuss gehabt. Das ist aber die warhait, das bey mir ein zeitlang Agatha Odhamerin vnd Helena ir tochter gewest vnd noch sind, die dann In fordrung launge zeit gegen den von Nürmberg gestannden vnd noch, aber nye mogen gütlichen, fruntlichen oder sunst Sy zur pillichait oder gütigkait bewegen; hab ich Sie, dhweil sie sich zu mir gethan, zu mermaln beschriben, Auch ettliche tröliche schrifft lassen ausgeen, so kein milterung sich hat begeben wellen, alles der sachen zu gut vnd fürdrung, Ist aber alles vnfruchtpar vnd vergeblich mühe vff gelegt, das die arm trostlos obgemelt für sich vnnd Ir helffers helffer haben müssen den ernst aus grosser noturfft prauchen vnnd mit der that zu manung vnnd Innderung antassten lassen, darumb das Sy also gewaltigklich vffgehalten vnb gefürt vnnd Irs erstannden vnnd erlangten Rechtens nye hat mogen zu Rw vnnd fryden kommen sonnder In grosse geschwinde vnuermögliche vnansztregliche lanngkwirige verlengerung mit Rechtgeboten sich vernemen lassen den armen oder doch eim andern vast grossern vnnd hohers stannds damit zu vberlegen vormals auch mer vmbgeführt vnnd also in die lenge gesetzt das Ir mit nichts zuenden, glaub auch nit schuldig zuthun Sy hab aber der sachen alzeit zu gut vnnd fordrung souil mir ymmer moglich vffgehalten bis so lanug die gedacht Odhamerin ye nicht lennger hat wollen dulden. Vnnd ob sy schon bey mir nicht were, so wurd sy dannocht nicht verlassen werden. Vnnd als vyl ich der von Nürmberg schreiben so der zugeschickt vernomen So wollen sy nicht mit Ir vertragen So musz die arm eganges (sic) begegnts beschehen vnnd an

Ir geübts mit vnschuld Ires fugs vnnd gelegenhait pleyben lassen, hat ich dir Innthalb vsz guter fruntlicher maynnng nicht wollen verhalten mit bedanckung guts willens bin ich zunerdienen willig. Geben vff Samstag nach Corporis Christi (9. Juni) Anno etc. xvcvnd xx.

Mangolt von Eberstain.

Dem Ernuesten Bastian von Lauter, Amptman
  zu Lor, meinem fruntlichen lieben Swager.

XIII.

1520. Volgt nun hernach dreyer burger hie zu Nürmberg gefengknus. Mit Namen **Endres Koler, Hanns Schwentendorffer vnnd Hanns Richter.** In Mangolten von Eberstains vnnd der Odhaimerin Namen bescheen, vnnd derselben Burger vnnd kaufleut ansag, hie nachmaln gethan; deszgleichen ein ansag eines Schulers **Sebastian Marquart,** so mit obbemelten dreyen Burgern ganngen, vnnd solche that ist bescheen am freytag In der goltfasten Im herbst (21. Sept.) Anno 1520.

  Endres koler. Ringmacher, burger zu Nürmberg. In der graser gassen gesessen, Sagt bey seinem Bürgerlichen aid vnd pflicht, damit er ainem Erbarn Rat verwanndt ist, Nemlich vergangner tag Sey er von hynnen ausgaungen, wollen gein Ach zu vnser lieben Frawen vnnd am anff herziehen gein Franckfurt in die Mesz zu Hannsen Schwenttendorffer vnd Hannsen Richter, bede messerer vnd burger zu Nürmberg, komen und sie bede gefragt, wann Sie auffsein vnd gen Nürmberg wollen ziehen, So woll Er mit Ine dohin gen vnd gutter gesell mit Inen sein; darauf Sy im geantwort: „gern, lieber Endres Koler, vnd wollen, ein got will, morgen anff sein etc." Also seyen sie drey am guldin mitwoch oder quottember (19. Sept.) zu Franckfurt miteinander ausgaungen vnd denselben tag bis gein Aschenburg komen. Item von Aschennburg am pfintztag (20. Sept.) In ein dorff komen mit namen Lenngenfelt vnd doselbst vber nacht alle drey beyeinander pliben. Vnd am Freitag frü (21. Sept.) Sey er, Sager, der Schwenttendorffer vnd Richter vorgemelt ausgaungen vnd gen Remyngen komen vnd doselbst einen paurn vnd karren bestelt, Sie alle drey an die staig gein Würtzburg zefüren. Vnd als sie auf dem karren vngeuarlich bey ainer halben meyl von Remyngen vber ein wisen gefarn sein, dabey ist ain fliessender prun Im wysgrundt. vnd doselbst ain klain staiglein gen Würtzburg zu auffgefarn, vnd als sie schier zum ende der staig gefarn warn, Spricht der paner, der sie fürt, zu Inen: „Es Reytten Reutter doher." Also sahen wir vns vmb vnd sprachen zneinander: „wer mügen die sein", Im selben Ritten die Renter zu Inen zu. Warn vier Reuter, Nemlich ainer, der sich für ain edelman dargab, aber sich nit nennet (war nach Nro. 17 Joachim von Thüngen), het ein swartz praun pferd mit ainem lanngen schwantz vnd het ein kemlein Reyt Rock bis vber die knye. Ain kappen vber die Nasen, ein groen zerschnitten hut mit gepunten federn, winten vnd Arm Brost vnd ain schwert mit zweyen schneiden. Mer ain **kuecht** mit ainem schwartzen muntzen praun farb vnd geklaidt wie der Edelman, Auch Armbrost, winten, pfeyl vnd schwert, hett die kappen vor der nasen vnd ist ain Ranige person. Mer ain kuecht mit aim liechten kemlein Reyt Rockh, het auch hut vnd kappen für die nasen. Winten. Armbrost vnd schwert vnd ain weys gemutzen schimel. Mer ain knab, ain starcker Junger, mit einem praun schwartzen klain pferd vnd geklaid wie der Edelman. der fürt am Sattel ain tuseeken vnd die hülffter von den Armbrosten. Sagt der paur, so sy fürt: „warlich! die Reuter haben dj nacht gehalten. steigt vom karren herab!" Vnd alspald sie abgestigen warn vom karren, da waren die vier vorgemelten Reyter mit Iren gespanten Armbrosten da vnd sagten: „wer seyt Ir?" Sagten wir: „von Nürmberg vnd farn von Franckfurt." Sagt der Edelman: „Ir seyt die Rechten. gebt euch gefangen!" Antworten wir Im: „ach, lieber Junckher, was wolt Ir vns zeyhen? wir sein gut arm hantwercks leut." Sagt der edelman: „kurtz vmb, Rürt an! Ir müst gefangen sein." Also rürten wir Im an vnd gaben vns gefangen. Also must der pauer, so sy gefürt, auch aufürn vnd hinweg farn vnd in zweyen tagen nichts dauon sagen. vnd must der paur von stundan mit dem leren karren hinweg vnbelonet farn. Vnd namen die vier Reuter sie all drey vngepunden zwischen sie vnd die pferd vnd musten also ledig so seer mit Inen geen, als sy Ritten durch zwey kleine tal vnd kamen an ein klein streuszholzlein in ain geackerts felt. Da huben Sy an zusagen: „Nun schautzt auf, was ewer yeder hab", vnd namen zum ersten dem Schwenttendorffer seinen wetschka. Darnach sagten Sy zum Hanns Richter: „gib her, was du hast"; also gab der Richter ain wenig gelt von Im, das thetten Sy In Schwenttendorffers wetschkan. Darnach sagten Sy zu Im, dem koler: „gib her, was hastu?" Sagt ich: „lieben Herrn, ich hab kain gelt, bin ein armer weller vnd kom von vnser lieben frauen zu Ach vnd bin erst zu Franckfurt zu meinen gesellen kommen vnd hab mein gelt als verzert vnd hab euch nichtz zugeben." Also gaben die Reutter dem puben des Schwenttendorffers wetschkan. Sagt der edelman zum ainen knecht: „steig ab vnd pindt sy zusamen"; also staig der knecht ab vnd paud sy all drey zusamen an ain halffter, ain yeden bey einer haundt. vnd Rytten zwen vor vnd zwen nach. vnd musten alle drey gepunden mit lauffen zwischen pferden vber die felder vnd durch holtz vngenarlich bey 1½ meyl, vnd prachten sie also gepunden wider in ain dickh holtz. Also stund der edelman ab vnd pund sein pferd an ain stauden vnd legt sein armbrost in ain paum vnd schickt den puben vnd den ain knecht hinweg. gieng der Edelman hin vnd wider bey vns. Der ander knecht sucht Im wetschka das gelt. Item sy namen die brief, prachen dieselben auf vnd lasen die. deszgleichen der Edelman las auch brief. Vnd funden ain brief, den stund an ein appotecker zu Nürmberg, wie der haist. Ist Ime, dem Sager, yetzo nit wissen. Vnd fragt der Edelman vnd sein knecht: „Wo ist der Appotecker? kumbt er nit pald hernach. vnd seind der kaufflent noch vyl dauyden oder hintten hernach?" Sagt Schwenttendorffer, der H. Richter vnd Ich: „Das wissen wir nit." Also nam der knecht ain silbrin Rinckh aus dem wetschka, der was Schwentendorffers. vnd sagt zu Im: „wes ist der Rinck vnd das petschir?" Darauf antwort Schwentendorffer: „Es ist mein." Nam der knecht den Rinck vnd steckt In an ein finger. In demselbigen kam der ander knecht widerumb zu Inen In das holtz geritten: vnd alspald der knecht kam, da sasz der Edelman widerumb auf sein pferd vnd ritten die zwen miteinander vnd namen sy all drey gepunden an der halffter vnd fürten Sy wider ain weyl zu Ruck Im holtz hin vnd wider vnd fürten Sy in ein klain vorhen weldlein, vnd als sie darjnnen ain klain Ritten, hielten sy styll vnd stunden alle drey ab vnd punden die pferd an die paumen vnd hiessen sie all drey gepunden nyder sitzen vnd fieung der Edelman an, Sagt: „Nun gebt her, was Ir habt, dann welcher das nit thut, so wird sein sach nit Recht steen, wann wir ettwas darüber bey Im finden. das sag ich euch für war, darumb so gebts als von euch, was Ir habt." Also warf Schwenttendorffer ain klain secklein mit gelt dara vnd sagt: „lieben Herrn, ich hab fürwar nit mer, Ich wyll mich gern besuchen lassen." Sagten sie zum Hanns Richter: „zeuch dein Rock ab!" Also zug der Richter den Rock ab, namen sy den Rock vnd praitten den auf vnd sagten zum Richter: „Nun gib auch her, was Du hast." Da gürtet der Richter sein wetscher auch ab vnd gab In den, darjnnen was gelt, vnd must sy darnach gar anfthun vnd abziehen, also funden sy nichts mehr bey Im dem Richter. Darnach sagten sie zu Ime, dem koler: „gib her, was du hast." Antwort er, der koler, vnd sagt: „Ich hab euch vor gesagt, das ich nichts hab, vnd bin ein armer weller." Sagten sie: „gib her dein wetschker auch." Also namen sie den von Im; was darjnnen bei 1½ fl. an müntz. Also namen sie des Schwenttendorffers, des Richters vnd sein, des kolers, wetschker vnd das secklein, Auch sie alle drey hetten, vnd schütten das auf des Richters Rock vnd klanbten das gelt auseinander, vnd seins beduncken vngeuarlich ist des gelts bey 10 oder 12 fl. gewest. Vnd funden darunder ain guldin, der des Schwenttendorfers gewest ist, gilt bey xij lb. geltz, vnd fragt der Edelman: „was gilt der guldin." Sagt Schwenttendorffer: „xij lb." Also taylten sy das gelt in fünff tail. Im selben kam der pub widerumb gerytten, dem gaben sy auch ettlich pfennig davon. Also pald nach dem puben kamen zwen zu fusz, hett Ir yeder ein geschwertzten kittel an, der ain groe kemlein kappen vnd groe zuschnitten hut auf. Es hat auch ain yeder leyen hosen vnd nyder schuch an gehabt vnd haben ain schweinspies vnd ain lang messer gehabt. Der ain was ain schwartz, kurtz knecht vnd het kain lanngen part; der ander was ein Junger weysser gesell. Vnd dieselben zwen brachten mit Inen ain zyne flaschen mit wein bey dreyen maszen vnd ain klain plechen fleschlein mit wein bei 2 drittail, ain protfisch In ain tüchlein vnd ain layb prots vnd gaben das den Reuttern. Also nam der Edelman den protfisch vnd prach In voneinander vnd der knecht zerschnit den layb. Also gaben Sy Inen drey gefanngen den protfisch halb, das klein fleschlein mit wein vnd brot darzu zuessen. Vnd das ander truncken vnd assen die Reutter vnd fuszknecht zum tayl miteinander. Nachuolgend stunden die Reuter auf vnd sprach der Edelman zum zweyen fuszknechten: „thut strick her vnd pyndt die gefanngen!" Also zog der ain fuszknecht ein pfeningstrick aus dem pusen vnd paundt den Schwenttendorffer an ain paumen In gemeltem holtz. Darnach haben sie den Hanns Richter mit ainer grossen Rebschnur an ein pawmen gepunden. Nachuolgend namen sie In, den koler, vnd punden In auch an ein paumen, vnd der Edelman stach In selbs durch den Rockh vnd paundt In mit ainer halffter selbs. Vnd musten alle drey also gepunden an den pawmen sitzen vnd giengen die Reutter vnd fuszknecht ain klain von vuns vnd plyben nit lang ausz vnd kamen wider; was sie thetten, ist Im, dem sager, nit wissend. Also kamen sie all pald herwider vnd sassen die vorgemelten vier Reutter auf vnd ritten hinwegk vnd blyben die zwen fuszknecht bey Inen. Vnd als sie den tag also wie vorstet gefanngen warn vnd mit Inen also gehanndelt was worden, plyben dj zwen vorgemelten fuszknecht bis die nacht her gieng allain bei Inen Im holtz vnd tryben viel vnnützer Rede mit Inen. Sonnderlich sagten sie vom tetzel, der gefanngen ist gelegen, ob er tod were oder noch lebte;

Item von Herr Endres tucher vnd wolten, das sy In für vnns hetten, So muszt er Inen ain tausent guldin oder zwey geben, wer Ine Nutzer dann wir; Item „was seyt Ir haundtwercker für thoret leut, das Ir In der gemain mit ains miteinander wert vnd schlacht die herrn im Rat zu tod, dann Ir seyt mer dann sie, vnd faht ein ander Regiment an, dann es kann sich nyemanndt vor Irem grossen gewalt vnd gut geregen vnd wollen alle menschen einthun." Also nach den Reden als es nacht wurd, da puuten dj zwen fuszknecht vnns alle drey von paumen vnd puuten vnns erst alle zusamen vnd fürten vnns durch zwerch holtz ain klaine weyl vnd setzten vnns alle drey zusamen auf ein abgefallen paumen vnd liessen vnns bey ainer viertel stund sitzen, vnd gienng der ain fuszknecht vnd klaubt nuss vnd gab vnns die zu essen. Darnach da es gar dunckel ward, da namen vnns die zwen fuszknecht vnd fürten vnns vber ain weit zwerch felt, vnd als sie bey einer stund gaungen warn, kamen sie vber ain hohe zu einem dorff, darjnnen sie vyl liecht sahen scheinen; was oder wie die haist wisz er, der sager, nit, dorfften auch solchs nit fragen noch Reden, vrsach, dann die zwen fuszknecht zu einannder sagten: „welcher schreit oder Redt, so stosz den spies In sy!" Vnd als sie für solch dorf bey der nacht kamen, fürten sy vnns wider vber zwerch felt vngeuarlich bey ainer halben meyl vnd kamen wider zu einem klain dorfflein vnd lag zu der rechten hanndt ain kirchlein vnd ein henslein, wie es aber gestalt was, konnten bey der nacht nit aigentlich sehen. Vnd als sie doselbst vnns vber ain auger fürten, vngeuarlich bey ainer halben stund, da kamen sie zu ainer wachalter standen vnd hiessen Sy nyder sitzen. Da sassen sy bey ainer viertel stund vnd gieng der ain knecht von Inn vnd plyb der auder bey vnns, vnd der knecht, der von vnns gienng, fienng an zuschwigeln. Also kamen gar pald die vorigen zwen oder drey Reutter, vnd sprach der fuszknecht, der bey vnns, den gefanngen, plyb: „stet auf vnd get mit vnns!" Also gienngen wir zwu ackerleung mit den Reuttern vnd fuszknechten. In dem fienng der Edelman an vnd sagt zum knechten: „fluchs! nem yeder ain auf das Rosz hintter In." Also lösten die zwen fuszknecht vnns von einander vnd huben vnns hinter die Reutter vnd warn dannocht yeder gepunden vnnd Raytten mit vnns danon, Also das wir nit wusten, wo die zwen fuszknecht hin kommen, vnd der Edelman Rayt vor an mit seinen gesellen ainen, Item er, der Coler, In der mitt mit dem knecht auf dem mutzen Vnd der aunder sein gesell mit dem andern knecht hinten hernach. Fürten Sy vber zwerch felt bey ainer stund vnd kamen an ain holtz vnd fürten sie ain stainigen weg auch wol ain stund lanng. Also kamen sie an ain staig vnd perg vnd fürten sie hinauf vnd musten vnter wegen styll halten, das die pferd Ruten vnd verschnauten. Nachuolgend kamen sie an ein tieffen weg, alles noch In der nahent, do musten wir drey gefanngen absitzen vnd wissten nit, wo wir warn, dann allain ain schein von wasser sahe ich, der sager. Also musten wir all drey gepunden yeder mit Ir aym nach geen vnd lauffen. Vnd als wir also gepunden vngeuarlich bey einem viertel einer stund gienngen, da kamen wir zu ainem kloster oder Schlos (war nach Nr. 17 das Thüngen'sche Schlosz „zum Zeitloffs genaudt, ein Wasserhaus"), do stunden die thor offenn vnd pullen die hundt, vnd fürten vnns durch ein offenn thor vnd Rayten zu der Rechten haund In einem zirckel durch den hof aus vnd raysz der Edelman ain hultzen gatter auf vnd kamen wider an ein tieffen weg an ain holtz zu beden seytten vnd was fast vmb mitternacht. Also fürten sy vnns bey ainer halben viertelstund, Im selben tieffen weg vnd bey der nach

loset sich koler auf mit den zenen vnd hennden vnd fiel im holtz vber ein Raungen gegen dem Mayn In die stauden, vnd ward der Reuter sein nit gewar, vrsach,
das er den strick, daran er gepunden was vnd den der Reuter In hennden hett,
bandt er durch das gerayd auf dem pferd an, das er nit lotter sunder gestracks
was. Vnd als Sy vngeuarlich als weyt als von predigern an die fleischprucken
gerytten warn seins bedunckens, kruch er, der sager, vnder den Raungen hinauf
vnd lieff die nacht das holtz ein. Vnd als sie, die Reutter, des gewar wurden,
das sy In verlorn hetten, fienngen sie an zuschreyen: „Hoscha! hoscha! etc.".
Aber er ducket sich in dem holtz, dann es Regnet vnd was wintig, vnd setzet
sich in ain aichen stauden bis es tag ward. Also da es tag ward, stuud er auf
vnd sach sich vmb vnd gienng ain weyl Im holtz vnd sach ain klain Stetlein am
Mayn, vnd ligt ain weys Schlosslein ob dem Stetlein vnd das Schloslein hat ain
hohen thurn. Item bey dem Stetlein Im grundt fliessen vier wasser yedes besunder vnd kommen alle In Mayn. Seins bedunckens haist das Stetlein Gemyn
oder Gmynaw vnd ist des Bischofs von Würtzburg. Also kam er In ein klein
dorfflein am Mayn vnd fragt wye weit noch gen Würtzburg were, sagt Im ain
paur vier meyl. Doselbst Im dorfflein, des namen er nit wais bat er ain paurn,
In gen Würtzburg zufürn vnd Im ain kittel anzuleyhen, dann er besorgte sich,
die Reuter kemen Im nach vnd kenntten In bey seinem schwartzen Rock, vnd
bracht ainen pawrn zuwege, der Im ain kittel lyhe vnd mit Im am Main hinauf
gienng ain meyl wegs. Also furn Sy bey ein klain Stetlein des Bischofs von
Würtzburg vber, wie das haist Ist Im empfallen. Vnd am guldin Suntag
(23. Sept.) kam Er gein Würtzburg vnd gab dem paurn ain halben guldin zw
lon. Item Er, der Sager, wysz nit, wesz gefanngner er gewest sey; Aber ain
mal hort er vnter andern Reden den von Rüdickhain nennen. Item Er, der
Sager, glaub gütlich vnd vermut sich gentzlich, der Schwenttendorffer vnd Richter
ligen auff dem Reyssenberg, dann der paur, der mit Im gienng, sagt, es legen
vyl schnapphenlein doselbst (sie lagen aber auf dem Brandenstein).

XIV.

Sebastian Marquart, eins schulers, ansag Montag nach Mauricy (24. Sept.) 1520.

Sagt am Freitag yetzund verganngen (21. Sept.) sey er, sager, mit sambt
einem messerer, der bey thoma Felnstain arbait der wehe genannt, von Franckfurt herauf gein Nürnberg ganngen; Deszgleichen wer der Endres Koler. Hanns
Schwenttendorffer vnd Hanns Richter auch mit Inen ganngen. Vnd als sie gein
Remlingen kommen, haben sich die yetzbenannten Koler, Schwenttendorffer
vnd Richter auf ainen karren, den sie doselbst gemyet, gesetzt vnd darauf
bis an die staig bey Würtzburg füren wollen. Aber er, sager, vnd der messerer
seyen nit gefarn, sonnder hinden gemach nach dem karren ganngen. Vnd als sie
vngeuarlich ein meyl wegs von Ramlingen, Im Habichtal genannt kommen, hetten
doselbst drey Reutter, die gespannte armbrost vnd pfeyl vor der sennen gehabt,
sambt einem puben sie zwen hinter dem karren angesprengt vnd gefragt, wer die
wern, so dauorn auf dem karren furen; denen sie geantwort, sie weren weller vnd
von Ach herauf gezogen. Alspald hetten sie von Inen beden gelassen vnd wern

fürohin zum karren gerytten vnd ee er, sager, vnd sein gesell hinzu zum karren komen, wern Ir zwen schon vom karren gestigeu, deszgleichen were der dritt auch herab gestigen. Die hetten sie nachmals mit Inen in das holtz gefürt; Was sie weiter mit Inen gehandelt, wisz er nit. Vnd der karren man hab wider vmb kert vnd haym gefarn. Vnd wiewol er, sager, vnd sein gesell doselbst in ainem dorff, nit weit von Remlingen auf einem perg gelegen, solchs den paum angesagt, hab doch nyemaund wollen nacheyln vnd gesagt, wann sie glait hetten, so wolten sie nacheyln. Item die drey haben alle gro Rockh gefürt, Deszgleichen der knab vnd klain gelb strich in den ermeln, Einer ein schimel vnd die andern drey schwartz praun gerytten. Er hat auch angezaigt, Er, sager, hab dazumal wol gewist, das Ir mer von Franckfurt hernach giengen, darumb hab er dem karrenman gesagt vnd gebeten, wann sie Im begegneten, das er Inen solchs solt ansagen; der hab aber dasselbig, wie sy Ime hernach gesagt, nit thun vnd einich meldung diser ding gar nit angesagt.

XV.

1520 ad 29 october.

Hanns Richter, Hanns Schwenttendorffer sagen, das sy gefürt hintter Remling vnd denselben tag nit hoch perg, aber darnach den andern tag gros perg vnd tal gefürt vnd In allen dreyen genomen bey 15 fl. vnd vnter sich Im feld geteilt vnd In essen pracht vnd alle bey nacht gezogen vnd die gantzen nacht gerytten haben, wissen nit wohin vnd sollen zwen vom adel (Joachim von Thüngen und ein Rüdigheim, s. oben Nr. 13) vnter den vier Reuttern gewest. Vnd als man sie In das haus (d. i. in das Schlosz Brandenstein; s. Nr. 17) pracht., hab man dem einen ein Rydenpannt angelegt vnd dem andern hennd vnd fusz zusamen in eysen geschlossen. Vnd sagen, das haus lig an einem perg vnd sein In der Odhamerin namen geschatzt. Vnd am Eritag nach dem guldin Suntag (25. Sept.) do hab man den schweitzer (Jacob Grübel, vgl. Nr. 19) auch zu In pracht. Vnd als sie darnach alle In ainem stüblein gelegen, haben Sy einen brief gefunden, der laut mit der vberschrifft: „an Mangolten von Eberstain." Hanns Schwentendorfer sagt, das kein wasser Im Schlos sey, sunder man für das auf kerren vnd Eseln hinauf. Vnd Schwentendorfer hab nach dem gelt gein Leiptzigk geritten. Der hat 250 fl. aufpracht für sie bede. Als er am Eritag zu abent (25. Sept.) auszgelassen vnd nach dem gelt solt, ist er von einem alten mann gefürt vnd kommen in ain dorf, soll vuten daran ligen vnd ein herrnsitzlein darjnn. Ist darnach In ein dorf kommen, wisz aber nit wo, es sey ein Schulthais darjnn, ein Rot man In ein Roten part, vnd nit weit vom Rockenstul ein Schlos vber ein gewenndt vnd kotten ist ein herrnsitz vnd dorf, vnd haben bey eim hufschmid benacht. Vnd zwischen den beden Schlossen ligt ein müll, die opffelmül, do hat man die schatzunig genomen vnd ligt bey einem dorff, haist mürtz, vnter dem Rockenstul, vnd ein halbe meyl dauon ligt ein stetlein haist geisz.

XVI.

Die drey Kauffleut, so von Franckfort gezogen, mit namen Endres Koler, Hanns schwenttendorffer vnd Hanns Richter, sein zu fussen gaungen bis gen

Remling. Doselbst haben Sy ainen karren gemüt, bis gein Würtzburg sy zufüren an die staig. Vnd als sy vngenarlich ain meyl von Remling gefarn In das Habichtal, do haben drey Reuter vnd ein pub sie angesprengt vnd von dem karren genotigt vnd sie gefenngklich angenomen, hinwegk gefürt vnd bey den Rossen lauffen müssen, der karrman zu Ruckh gefarn vnd also zwen tag vnd nacht gefürt. Vnd vnter wegen, als sy bey den Rossen lauffen müssen, hat sich Endres Koler mit den zenen den strick, damit er gepnuden gewest, auffgelost vnd bey der nacht In ainem holtz an einem perg entloffen; die andern zwen weiter gefürt In ain haus, des namen Sy nit wissen, vnd doselbst erstlich dem einen ein Rydenpand angelegt, dem andern hendt vnd fusz in ain eysen gefenngknus zusamen geschlossen, das der krnpfft hat müssen sitzen, In darnach, so sie sich geschatzt, aus den panuden in ain stuben gethan, In vnd den Hanns Schwenttendorffer ausgelassen nach dem gelt gein Leiptzigk vnd den Hanns Richter zu pfannd behalten. Derselbig Schwenttendorffer hat die 250 fl. pracht seinem zusagen nach zu einer Mül, die opffelmüll genannt, ligt bey einem dorff, haist mllenz (?) vnd das Schlos Rockenstal, vnd ligt ein Stetlein danon ein halb meyl, haist geys. Die Reutter hat einer ein schwartzen Rockh, die andern grob mit gelben kodern. der ein einen schimel vnd die andern drey schwartze pranne pferdt. Als sie gefanngen, Ist In allen dreyen genomen bey 15 fl., das die Reuter Im veld tailt.

XVII.

Handlung bey Graf Jorgen von Wertheym bescheen. Item an einen Erbarn Rat hat gelanngt, das graf Jorg von Werthaym ettlich Reutter ernyder worffen vnd In fenngknus haben solt, so Endresen Koler, Hanns Richter vnd Hanns Schwenttendorffer getanngen, derhalben Ein Erbar Rat gemeltem grafen darumb geschrieben mit bit, Rechtens gegen den gefanngen zuuerhelffen; Aber einem Erbarn Rat ist dazumal schimpflich antwort derhalben worden. Darauf ein Erbar Rat verursacht, Hannsen pfannmussen mit einer Credentz zu gemeltem graf Jorgen von Werthaym müntlich zuschicken, der gefangen halben Rechts zubegern. Der hat einem Erbarn Rat widerumb geschrieben, was Ime derhalben begegent vnd darnach seinem schreiben gemesz sein Relation vnd ansag auch gethan:

Fürsichtigen Erbarn vnd weysen, Mein gantz gehorsam willig dinst sind ewer Erbarkeit alzeit mit gantzem fleis zuuor. Günstigen lieben herrn! Als ich von e. f. w. zu meinem gnedigen herrn graf Jorgen von Werthaim zu Reiten abgefertigt, füg ich ewer Erbarkeit zu wissen, das ich auf die Credentz bey seinen gnaden der gefanngen theter halben hab gehandelt, Aber vor vnd ehe ich zu seinen gnaden kommen, vnd nachuolgent auf seiner gnaden bericht, das er dieselben gefangen auf widerstallung ledig gelassen mit diesem anhang, das er sie furter in kainen weg gedenck ledig zulassen, sie geben dann die schatzung vnd was sie den dreyen burgern genomen wider, des versicht sich der graf In ainem monat zugescheen. Wiewol ich erstlich von dem grafen zu den gefanngen frag vnd Rechtens zugestatten begeret, als ob ich kein wissen het, das sie ledig gelassen. ist mir solchs vom grafen abgelaint vnd dise antwort worden, das er e. f. w. kains Rechten oder frag. wo er die noch bey hannden hett, vorgehabt zugestatten aus disen vrsachen, dann der gemain adel, zuuor die vmbligenden fürsten. trügen sunst vngnad vnd vngunst zu Ime, als wolt er der sein, der alle sachen wolt vnsz Reutten. Man hett vor hundert Jarn den leutten auch genomen, es wurd Im an der letz schwer vnd vyl adels auf sich laden, das an Ime ausgeen wurd, wie Ime dann von ettlichen vom adel offennlich vnter augen gesagt sey worden. Vnnd ob er gleich e. f. w. Rechts gestatt het, so were doch e. f. w. nit so gar wol beholffen. Wo er aber die hanndlung dohin mocht bringen, das sie die schatzung wie obgemelt wider geben, gedencht In nach gelegenhait der sachen nit vbel gefochten sein. Wie man dann teglich derhalben taydingt, darjnn er dann gar kein fleis wyll sparen, des sich e. f. w. gentzlich zu Ime versehen sollen.

Ferrer hat mich mein gnediger herr graf Jorg bericht des Jungen gesellen (Jacob grübel, s. Nr. 19) halben, der dem Jacob krumen zu Sanud Gallen oder Hannsen Henssen zustet, der noch gefanngen ligt, das gedachtem grafen die kuntschafft worden, das ein edelman, Philips truchsass von Vszleben genannt, denselben Jungen bei einem schlos than genannt gefanngen, den nachmaln gein Prandenstain gefürt, des ende er noch gefanngen lige. Derselb Philip truchsass hab ein bruder, paulus truchsass genannt, der sey am Würtzburgischen hof. Solchs hab der Bischof von Würtzburg erfarn vnd entlich lassen verschaffen, das der Jung von Sanud Gallen on ainich schatzung ledig soll gelassen werden; Aber nichts desto weniger haben sie den Jungen vmb 5 oder 6 hundert guldin (waren nur 200 fl., vgl. Nr. 19) haimlich geschatzt vnnd vermeinen doch dem Bischof anzuzaigen, er were on schatzung ledig gelassen. Mogen e. f. w. dem Heussen (der später, im Decbr., dem Schweizer die 200 fl. Lösegeld zuschickte, vgl. Nr. 19) solchs anzaigen, wo sie die schatzung nit geben, das sie verziehen; dann der graf acht darfür, wo man nit eyl, er werd ledig. Ob aber Philips truchsass Würtzburgisch oder ander Würtzburgisch bey diser that gewest, das ist mir verporgen, aber es gibt ein grosse vermuttung, das sich der Bischof darein schlecht, dem villeucht die sorg auf dem Ruckh ligt. Darauf hat mir der graf benohlhen. Ich soll ain tag zu Würtzburg verziehen vnd mich desz bey dem Camermaister oder andern, do ich bekannt sey, horn lassen, versehe er sich gentzlich, sy werden solchs Irem gnedigen herrn zuwissen thun; dann es ist ein gros geschray Im Laundt zu Francken, das diser kaiser den Raubern veind sey vnd das er vyl Schlosser vnd Raubhenser woll zerstorn, das die Francken eins tails nit gern horn. Auf solchs bin ich willens, morgen zuuerziehen vnd mich bey dem Camermeister anzuzaigen, der mich ausserhalb des am hinab Reiten wider zu Ime hat beschiden.

Ferrner so hat mich graf Jorg bericht, das er kuntschaft hab, das man 2 von Nürmberg (M. Haller und St. Seusinger können es nicht gewesen sein, da diese erst viel später aus der Gefangenschaft befreit wurden) bey Koburg hab gefanngen vnd die gein Brandenstain gefürt. Die hab man geschatzt, dieselben schatzung haben die theter bey Hanaw zu einer ziegelhütten eingenomen.

Die drey kauffleut, so von Franckfurter mesz herauf gefangen worden, die sind die ersten nacht In ein Schloss zum Zeitloffs genannt von Joachim von thüngen dahin gefürt worden. ein wasser haus, herr Neythart von Thüngen der halbtail angehörig, vnd nachuolgend gein Brandenstein gefürt worden, des orts gefenngklich enthalten.

Die thetter oder verwanuten der sachen, die der graf gefengklich gehabt, haissen wie hernach stet: Marcel von Weiler hat ain pferd darbey gehabt, Nabuckodonosor Voyt auch ein pferd, wiewol als der graf sagt, das Ir person nit dabey gewest, er hab aber zeichen, meins achtens ein Ring vnd ein lanng messer, das der kaufleut gewest, bey In funden; Mer ein knecht bey dem von eberstain, der soll auch nit bey dem angriff der kauffleut gewest sein; Mer ein knecht Hanns Schau, der sey der rechten theter ainer gewest, der ist dem grafen, als er sich hat sollen stellen, treielos worden. Die hat er Im Wirtshaus zu vrsprung, ein wasserhaus, den Voyten angehörig, betretten; Aber ain Edelman: marsilius Voyt, der ist enttrauen, acht ich, er sey der rechten ouch ainer gewest, der bey den andern Im Wirtzhaus gewest, vnnd Iu das Schlos entloffen. Als aber der graf das Schlos erobert, ist er In der nacht danor danon komen.

Solchs alles wie angezaigt hab ich auf vnderrichtung meins gnedigen herrn von Wertheim e. f. g. (sic) gehorsamlichs fleis nit wollen verhalten, zu der dinst ich mich alzeit gautz gehorsamlich vnd willig erpeut. Datum Würtzburg am Montag nach Sanndt Martins tag (12. Nov.) vier stund in dj nacht Anno etc. xx.

E. f. W. gehorsamer Diener *Hanns pfanmus.*

Den Fürsichtigen Erbarn vnnd weisen Burgermaister vnd Rate der Stat Nürmberg, meinen günstigen lieben herrn.

XVIII.

Mates Hallers, wilhelm Hallers Sun, gefengknus vnd desselben ansage.

Mathes Haller, wilhelm Hallers Sun, Burger hie, hat am Eritag nach Inuocuait den 19 Febrer (1521) angesagt, des sein gefenncknus, an Ime bescheen, ergangen sey wie hernach volgt.

XIX.

Die gefengknus eines schweitzers, Jacob grübel von Sand Gallen genannt, In Mangolten von Eberstains vnnd der Odhamerin hanndt bescheen vnnd zum Brandenstain gefenngklich gelegen vnnd doselbst geschatzt, auch desselben Schweitzers Jacob grübels ansag.

Am Suntag vor Michaelis nechstuergannngen (23. Sept.) sey er mit sambt Valentin kerb von Posen, des voglwaiders diener von Kracka, des Ludwig Engelhardts Son von Dorn vnd des Lanndschreibers Son von Marggraf Bada von Franckfurt am Mayn ausgeritten vnnd In maynung gewest, gein Leiptzig zu Reyten. Als nun alle fünff zu Franckfurt herausz geritten auf hemau zu vnnd kein glait gehabt, hetten sie vier Reuter gesehen vnd sie sich gen Hena zuge-

---
Anmerk. Die Aussage Haller's ist im Codex nicht eingetragen. Derselbe befand sich als Gefangener bereits im September 1520 auf dem Brandenstein, vgl. Nr. 19.

nahent. Vnd als sie doselbst hinkommen, hetten er, sager, vnd sein gesellen gern glait vnd einen glaitsman gehabt, aber des nit bekommen mögen vnd also on glait hin Reuten müssen vnd auf geylhausen geritten. Vnd als sie zu geylhausen heraus geritten auf Salminster zu bey einer prucken, do wern die vier Reuter Inen entgegen kommen vnd sie alle angeredt wer sie wern. Das het nun Iweyglicher sonnderhait angezaigt. Also hetten sie In, sager, vnd sein gesellen alle gefanngen genomen vnd doch Ime, dem Sager, zuuersteen geben, er solt ein weyl mit Reyten, Sie wolten In, dhweil er ein schweitzer were, widerumb reiten lassen. Also hett er sager vngeuarlich vff ein stund mit Reyten müssen. Do hetten sie Ine, sager, vnd des Lanndschreibers Sun von Paden, der dann ein poten püchsen bey Ime gehabt, reyten lassen vnd die andern drey hingefürt. Wohin vnd wie mit denselben gehanndelt, sey Ime nit grüntlich wissend. Also were er, sager, vnd sein gesell von den Renttern hingerytten gen Schlichtern vnd were Inen eingepunden worden, nichts dauon zusagen bis sie In die herberg kommen. Als sie nun zu schlüchtern gewest vnnd das mittag mal gessen, do hetten sie Im wirtshausz von der ergangnen hanndlung vnd das man Inen drey gesellen gefanngen, gesagt; aber do het nyemandt kein mitleyden gehabt vnd allain gelacht. Vnd als sie am tisch gesessen, do were ein knecht In die herberg kommen, Lanng Hanns genannt, des Mangolt von Eberstains knecht, vnd sey der knech, der zu Wertheym mit des Marsilius (Voit) pruder sey nyder gelegen vnd het Ine, sager, vnd sein gesellen gegrüszt, darauf Sy Ime gedanckt. Vnd als derselb knecht hinkommen, het er, sager, die wirtin gefragt, wer der knecht were. Die hett Im das angezaigt, das er Mangolten von Eberstain zustund, dann Brandenstain leg vff ein viertel meyl wegs von schlüchtern. Vnd wie man Im, sager, anzaigt, hab derselb Hanns Ine, sager, verraten vnd angeben; dann ee er, sager, vnd sein gesell geessen, were derselb Hanns eylennd vff das Schlos Prandenstain geritten. Also hett er, sager, vnnd sein gesell einen glaitsman von Schlüchtern aus genomen vnnd gen füll. Vnd als sie doselbsthin gen füll kommen, do weren sie zu nachts zu einem Edelman, den er sager nit gekennt, selb dritt vnd einem poten des hochmeisters aus Preuszen In die herberg kommen, vnd er sager vnd sein gesell zu morgens, dhweil man doselbst nit gewonlich glait zunemen pfleg, mit dem Edelman vnd hochmaisters poten von füll ausgeritten vff eysennach zu. Vnd do sie vff annderhalb meyl kommen von füll ausz, do wern Inen vier Reuter In den Ruck nachgeritten, gerennt vnd sie angeschrien, alle gefanngen zusein. Also hett der Edelman sich genennt vnd für Ine, sager, globen wollen, er were sein knecht. Aber einer vnter den vier Reuttern hette gesagt zum Edelman, er Redet nit war vnd er wolt hinfüro nichts von Ime mer halten. Vnd wiewol der Edelman ein schlahennd püchsen gehabt vnd schiessen wollen, hette die doch nit wollen fenern. Also hetten sie den Edelman, seine knecht vnd hochmaisters poten reyten lassen vnd Ine, sager, vnd des Lanndschreibers sone mit Ine fürn wolt. Do het des Lanndschreibers Sun gesagt, wes sie In wolten zeyhen, Er were des Marggrafen von Baden pot vnd sie sähen die püchsen. Also hetten sie denselben auch Reyten lassen vnd Ine, sager (der also von Philipp Truchsesz von Usleben [vgl. Nr. 17] und von Marsilius Voit [s. unten] bei Tann gefangen worden) genomen vnd mit Inen gefürt vnd bis an die nacht gerytten In ein holtz vff ein viertel meyl wegs vom Prandenstain. Do hetten sie Im sager bey einem Rubenacker alle sein hab genomen: 16 fl. an gold vnnd müntz, ein kronen, drey pater noster vff 12 fl. wert, 11 elln damaschkat vnd ein pferd vff 24 fl., vnd hetten von stundan die hab alle getailt in viertail vnd Im sein kappen am hals gezogen vnd geplennt, vff das pferd gepunden vnd gen **Prandenstain** gefürt.

Vnd als sie In gein Prandenstain pracht, hetten sie In In ein padstuben gefürt; dann sie hetten sunst kein lere gefenngknus gehabt, dann **Mathes Haller** were oben vnd weren die zwen **Hanns Richter** vnd **Hanns Schwenttendorffer** In einem stüblein gelegen, darein man Ine, sager, nachuolgend gelegt. In der bemelten padstuben hetten sie Ine vff 2 stund ligen lassen, darnach hetten sie den **Schwenttendorffer** geen lassen (Dienstag den 25. Sept. Abends, s. oben Nr. 15) vnd einen knecht mit Inen, Kilian genant, die schatzung zu Leiptzigk zuholen. Vnd were der **Lanng Hanns**, der zu Wertheym sey gefanngen gelegen (ist dem Anschein nach der Knecht **Hans Schau**, der sich dem Grafen Georg von Wertheim nicht wieder gestellt. vgl. Nr. 17), zu Ime sager kommen vnd er sager einen aid schwern müssen; nemlich man wolt In sager zu dem Richter legen, dem solt er weder sagen, deutten noch wincken, wie er gefanngen sey worden. Do were er den abent gelegen vnd zu morgens wern einer, der **Marsilius (Voit)** genannt, vnd noch ein Junger Edelman (nach Nr. 17 **Philipp Truchsesz**), hab ein kraus har vnd sey In yfflanndt vor einem Jar gewesen, der mit dem pucher von Leiptzigk heraus gerytten, zu Ime komen vnd Im anzaigt Er wer Ir gefanngner vnd er hette ein leger zu Nürmberg vnd darumb, dhweil er mit den von Nürmberg hanndlet, so must er sich schatzen. Vnd wiewol er sager vyl entschuldigung darthun vnd angezaigt hette, er were ein schweitzer vnd mit Nürmberg nichtz verwanndt noch dann, so hetten sy Ine vmb 1500 fl. geschatzt, nachuolgend vff 1100 fl. komen vnd nachuolgend so weit komen, das es vff 200 fl. kommen sey.

Als nun er sager gelegen von Dinstag vor Michaelis an bis vff Donerstag nach Martini (25. Sept. bis 15. Nov.), hett mitler weyl In der gefenngknus nach wegen gedacht, wie er doch mocht erledigt werden. Vnd het mit ainem knecht, **Kilian** genannt, der bey dem von **Eberstain** gedient vnd von Ime In das Lanndt zu Hessen kommen, souil gehanndelt vnd Ime ye sein not geclagt, des Ime derselb zugesagt, dhweil er sehe, das er vmb vnschuld gefanngen lege vnd nit von Nürmberg were, so wolt er Im noch zaigen, wie er ledig wurd. Vnd hett Ine sager aus der gefenngknus gefürt vnd Im angezaigt, wie er solt auszkommen, vnd het Im angezaigt vnd vberantwort ein fischer sayl. Vnd were derselb knecht desselben abents von dem von Eberstain hingezogen vnd auszgedient gehabt. Vnd desselben abents, als die wechter vnd yederman hett geessen, hett er sager sich an dem sayl herab gelassen vnd danon kommen. Vff anderhalb meyl von Prandenstain hetten sie Ine vmb das Schlos mit fackeln vnd liecht gesucht, vnd als sy In nit gefunden von stundan dieselben nacht 12 paurn Im dorff Melbing (Bellings?) aufgeboten vnd allwegen 4 an ein ort geschickt, vff Ine sager achtung haben lassen. Vnnd zu morgens wern er gegen tag vff dem feld zu einem feur ganngen vnd gemeint, es were ein hirt doselbst. Do wern der auszgeschickten paurn 4 do gewesen vnd Ine angenomen vnd wider gein **Prandenstain** gefürt. Do were **Mangolt von Eberstain** gleich auffgestannden gewesen vnnd geschrien, sie solten Im, den poszwicht, hinauf fürn, vnd Er, Mangolt von Eberstain, hab gelauffen vnter die thür vnd Ine wider die erden zewerfen (sic) vnd geschlagen In das angesicht vnd sunst vbel. Vnd hetten Ine sager In einen Rostal gefürt, vnd hetten 6 paurn einen grossen stock aufgehebt vnd Ine sager von stundan In die engsten locher mit hennden vnd füszen eingeschlossen. Do were er den ganntzen tag vngeessen gesessen vnd sie Ime stets gedroet, die hennd abzuhauen. Vnd zu abents do were der Marsilius kommen vnd zwen knecht, auch Mangolt von Eberstain vnd hetten das sayl, daran er sager sich hab gelassen, bräcbt vnd Ine sager also Im stock sitzenndt die hennd vff den Rucken punden vnd mit ainer layttern vorm stock gestannden vnd Ine auffgezogen vnd dannoch Im stock sitzen lassen. Vnd were Mangolt von Eberstain ye hinzu ganngen vnd einen zug an dem sayl vnd laittern thun, das Ine die achsel fornen am hertzen gestannden, vnd also genott, das er hett sagen müssen, wer Ime Rat vnd that darzu geben hette, das er auszgefallen were. Das hett er sagen müssen, nemlich das Ime Kilian het anweysen geben. Aber er sager hette dem Kylian ein klayd vnd 10 fl. verhaissen, er solt Im raten, wie er ledig wurd; Aber er hets Mangolten vom Eberstain nit sagen wellen. Sagt auch, wann die frauen Im Schlos nit erbeten, so hetten sie Ine mermals aufgezogen. Also sey er zwen tag vnd ein nacht also Im stock gesessen. Nachnolgennd durch bit der Odhamerin, irer tochter vnd ander Edeln frauen sey er widerumb In die ersten gefenngknus in das ober stüblein fürt worden vnd Ine In ein eysen an den füssen gespannt, das er nit hab geen mügen. Vnd were einer, haisz Peter, sey ein kuntschaffter, hab ein gelbs kraus har vnd hab den Haller helffen verraten vnd Nyder werffen, zu Ime sager kommen vnd mit Ime gerett, Er sager solt seinem Junckherrn vnnderricht thun vnnd auffzaichnen, wie er zu einem Reichen kauffman mocht kommen, vnd solt Ime anzaigung thun, so wolt er In helffen furdern, das er dester gnediger ausgelassen vnd der herten gefenngknus geringert wurde. Vnd er sager het auch Mangolten von Eberstain müssen aufzaichen, wie die kauffleut hiessen vnd wann sie gein Leiptzigk Rytten. Das hette er sager thun, aber demselben alle mal vnkundig leut, die hie nit doheym vnd nyemanndt bekant sein, angezaigt. Item der obgemelt Peter, so ein kuntschaffter sey, kome ye zu zeiten, wie er gehort, gein Franckfurt vnd andere ort vnd ende vnnd macht kuntschafft. Item als er sager das eysen bey acht tagen an den füssen gehabt, were Mangolt vom Eberstain daselbst an vnser lieben frauen tag conceptionis (8. Dec.) kommen vnd Ine das eysen von den füssen thun vnnd an die hennd gelegt. Darnach het er dem Mangolten von Eberstain müssen kauffleut zaichen machen vnd auffzaichnen. Dieselbigen het er sager alle einer solchen maynnng aufgezaichennt, das die nyemanndt kundig. Damit hett er sager verursacht, das Ine Mangolt von Eberstain die eysen an den heunden vnd füssen het abthun. Mittler zeit het er sager hin vnd wider geschriben auf des von Eberstain angeben. Vnd Im ende het er sager an Hanns Heussen (vgl. Nr. 17) geschriben, der hette Ime sager bey einem pallnpinter, Jacob genannt, vnd Jorg, Heussen knecht einer, 200 fl. zugeschickt. Vnd als die zwen geschickten das gelt bracht, do het Mangolt von Eberstain Ine sager mit zweyen knechten, nemlich Peter, dem kuntschaffter, vnd Clausen geschickt vff schliechtern zu; vnd nahend dabey vff einem perglein hetten die zwen Ime das gelt pracht, das er angenomen vnd widerumb gein Brandenstain ganngen vnd Mangolten von Eberstain das gelt geben vnd damit erledigt worden. Derselb Mangolt von Eberstain het Ime der frauen zeltner gelyhen vnd vff dritthalb meyl wegs lassen Reyten. Nachuolgennd wer er noch zwo meyl wegs gangen bis gein Gmund, do hett er seine gesellen, die er doselbsthin hette beschieden, gefunden. Die geschickten zwen haben auch Prandenstain gesehen vnd gantz naheund dabey gewest.

Item die Odhamerin vnd Ir tochter sitzen Im Schlos vnd haben zu offtmaln mit Ime geessen, Im auch Ir gerechtigkait anzaigt vnd ein brief an einen grafen Im Schwitzerlaund geben, dabey sie sich beclagt. Item In der gefenngknus hab er sager einen brief gefunden, von einem Hanns knopff genannt ausgangen, der hab an Mangolten von Eberstain geschriben von wegen 20 fl. lidlons. Er sager hab aber denselben brief zerrissen. Item Mangolt von Eberstain hab alle mal neben der Odhamerin anzaigt, mit den Schweitzern nichts zuthun zuhaben, sonnder sie wolten Ine sager darumb schatzen vnd gefenngklich halten, das er mit den von Nürmberg hanntiret vnd hanndlet.

Sagt, die Odhamerin hab Ime sager gesagt, es het Ir ein reicher ein Rays gedienut vnd were mit namen Cuntz von Rosenburg (der sich übrigens für Mangold von Eberstein ausgab, vgl. Nr. 21 u. 22) vnd hab nyder geworffen Caspar von München, einen Soldner (30. Nov. 1520 bei Berching, vgl. Nr. 20), vnd einen schreiber (Johann Graf 8. Dec. 1520 bei Roth, vgl. Nr. 21 u. 22), die solten sich gein Brandenstain stellen.

Item die vrsach seins wissens, das er vff Brandenstain sey gefanngen gelegen, sey die, das er aus dem Schlos geschen, do lig ain Schlos dobey, sey eins von Hutten, vff ein viertel meyl dauon. Item Im hab auch Kilian, der knecht, solchs angezaigt. So hab er desz in dem Brief, den er In der gefenngknus gefunden, anzaige. Item Im hab auch der von Eberstain angezaigt vnd gesagt, Er haisz Mangolt von Eberstain. So geb Im das die Vermutung, do er die schatzung geholt, do hab Im der Mangolt von Eberstain zwen knecht zugeben, mit Ime von Brandenstain vff schlüchtern zu geen, das gelt zu empfahen.

Item er sagt auch, das Ime Clans, ein Junger knecht, so bey dem von Eberstain dient vnd hab kaum ein Jar harnisch gefürt, gesagt, Mangolt von Eberstein muge vmb sich bis In 30 pferd In der nehet auffbringen.

Testes: Johann Kirchamer, Jorg Herl. Actum vt supra In der kriegstuben.

XX.

Kaspar Kettels von München genannt gefenngknus vnd Niderlag, bey Perching durch zwen Reuter (darunter Kunz v. Rosenberg [der Reiter mit dem Kolben], s. Nr. 19) an Ime geübt, vnd desselben ansag hernachuermelts lauts.

Caspar Kettel von München genannt hat am Freitag nach Nicolaj den sibenuden decembris Anno 1520 bey seinen pflichten, damit er einem Erbarn Rat verwannt, angesagt, als er sager am Freitag Sanud Andres tag (30. Nov.) nachstuergangen on harnisch mit Jacob Welsers hausfrauen vnd fünff kinden, die gen Perching haben farn wollen, ausgeritten, vnnd als er sager desselben freitags vmb zwu stund nach mittags gegen Perching warts mit dem wagen zu dem thiettenacker kommen vnd vor dem wagen vor her zogen, weren Ir zwen zu Ros aus dem halt gewischt, der einer ein Arubrust vnd der ander einen kolben an dem

Sattelpogen gefürt vnd von stundan Inen sager vmb gefenngknus angeschrien, die er Inen het geloben müssen, Sey (sic) auch gebeten, schon zufarn, es were nyemanndt do, denn sy suchen mochten, allain ein frau mit Iren kinden, die gen Perching farn wolten, so wer er ein armer gesell. Vnnd vber den beschaid alspald zu dem wagen zugeeylt, denselben anzugreiffen, vnd mit den henden in den wagen gefallen, villeucht zusehen, was darjnnen were. Als er sager solchs ersehen, hett er dem wagen wider zugeeylt, den furman vnd welsers knecht angeschriren, Ime zuhelffen; aber Ir kainer het sich geregt oder zu der were gestelt. Also hett der ein Reuter die welserin gefragt, wann sy were vnd wo sy hin wolt vnd von wann sy fur, dem sy geantwort, Sy wer von Saltzburg vnd fur mit Iren kinden von einem Schloslein vnd wolt gen Perching farn. Hette derselbig Reuter gesagt: „Du leugst, dein pund ist Nürmbergisch vnd ich bin der von Nürmberg abgesagter veind", des die frau vernaint. In solchen worten hab er sager sein schwert gewonnen vnd damit zwischen den wagen vnd Reutter gesprenngt, damit er sy von dem wagen bringen mocht. Do weren Inen alspald drey furmenner enttgegen gezogen, die er sager angeschrien, dem wagen zu hilff zukomen; da gegen die Reuter geschrien, wo sich der furmenner einer Reget, wolten sy In erwürgen, also das die furlent, auch der frawen furman, vnd welsers knecht gar nichts darzu gethan. Als er sager solchs ersehen, hab er sich gewennt, zunersuchen als er vermaint den Reuttern mit gewalt zu enttreyten vnd ein geschray zumachen. Vnnd vor den dreyen wagen, so Im enttgegen gefarn, ans dem weg setzen müssen, derhalben er sich verhindert vnd nit eylennds Rennen mogen. Do solchs die zwen Reutter ersehen, hetten sy Im sager widerumb nachgetracht vnd villeucht gemeint, er were der Recht vnd hette gelt bey Im. In solchen hette In der eine Reuter mit dem armprust erritten, den protspisz gewonnen vnnd Im sager den an die prust gesetzt Im willen, Inen zuerstechen. Hette er sager sich mit seinem gaul von Im gewennt vnd nach Im gehauen In maynung, sich von Im zu Reissen. In solchem were der ander Reuter, nach dem vnd sy bede von, dem wagen gelassen, auch hinderwertz komen, Inen sager mit dem kolben hintten In den Ruckhen geschlagen, das er schier von dem gaul gefallen, vnd gesagt: „wie! du poszwicht! woltestu vnns enttreyten? die frau hat ein schone gerade tochter bey Ir, du bist gefangen, darumb Reyt forderlich mit vnns!" Das er also thun müssen. Also weren die zwen Reutter mit Im sager gein holtz zugeritten vnd den wagen verlassen. Vnnd als er sager fornen In den halt vnd holtz kommen, hab er dannoch vermaint, dauon zukomen, vnd frey von seinem pferd gefallen Im willen, Inen In dem holtz zuentlauffen. Aber der Reutter, so den kolben gfürt, Ime Im holtz nachkommen vnd vbereylt vnd mit dem kolben sere vnd hart vber den kopf vnnd leyb geschlagen, als das sein peckelhauben noch anzaigt, vnnd der ander Reuter sein, sagers. gaul die weyl wider gefanngen. Vnd als die zwen Reuter In sager widerumb erobert, hetten sy Im sein taschen genomen vnd der ein Reuter gesagt: „Wir kennen dich wol vnd du pist ein knecht von Nürmberg vnd pist vor auch ein mal Im sack bey Erlanng geschossen worden vnd darumb mustu mit vnns Reiten." Den er geantwort: „Ja", er were aber ain armer knecht, het 6 klaine kind, vermocht nichts zugeben mit bit, wes sy Inen zeyhen wolten, sunder solten In Reyten lassen. Darzu der Reuter gesagt: „ich kenn dich wol, du hast ein zimliche Narung, da mustu dich schatzen." Darfür er sy gebeten, Also were der ein Reuter mit dem armprust eylents voran gezogen vnd der mit dem kolben mit Im sager hintten nach gerytten. Der hab zu Im sager gesagt, den er stets gebeten, Ine als einen armen knecht reiten zulassen: „Was soll ich dich Reuten lassen vnd tegen, du wurdest doch nit halten; wenn ich dich schon teg, so weren dich alsdann deine herrn von stundan widerumb abfahen." Dem er geantwort, er wolt halten als ein frommer gesell. Darauf der Reutter gesagt: „so Reyt, desterpas wyll ich mit meinen gesellen dafornen auch reden vnd mit Ime Rettig werden, was wir thun wollen", vnd damit den fordern eritten. Hette der Reutter mit dem kolben gesagt: „Hora! es ist ein Sollner von Nürmberg da, was wollen wir mit Im anfahen? Sagt der forder Reutter, der dann stets In der eyl vnd flucht was: „wie soll wir Im thun! gib Im teg vnd teg In vnd knüpf Im die pflicht wol ein." Also hab der Reuter mit dem kolben gesagt, er wolt In tegen vnd Im ein brief geben, sich in die puch auf ein schlos gein Prandenstain zustellen, vnnd ob er sager icht ein frauen kennet, die eine schone tochter hett. Dieselbig hett ein guten Redlichen zuspruch zu den von Nürmberg. Zu derselben must er sich in acht tagen gein Branndenstain stellen. Dem er geantwort, er weste von kainer frawen, die mit seinen herrn zuthun hette, es were dann die Odhamerin, versehe er sich, sy were mit einem Erbarn Rate seinen herrn, gericht vnd hette nichts in vngutem mit In zuthun, zusambt dem das Im sager nit wol möglich, nachdem er so hart wundt were, also in kurtz zustellen. Darauf Im der Reuter 14 tag eingepunden, sich gen dem Braunndenstain zustellen. Het er sager aber mals gesagt: „wer wirt mich doselbst annemen? Ir habt doch gesagt, Ir wolt mir ein brief geben, damit ich angenomen werde." Het der Reuter gesagt: „Ja, ich wyll dir also Im veld nyder sitzen vnnd ein brief geben? es ist meins fugs nit! Dann er gleich wol auch der nacheyl besorgt, thu als ich dich haysz, stell dich in 14 tagen gen dem Prandenstain, doselbst wirdestu ein Edelman finden, dem zaig an, wie du gefangen vnd wir dich doselbst hin vertegt haben, so wird er dich annemen vnd behalten bis wir hinach kommen. Darumb wyll ich keinen aid von dir nemen, allain mustu mir des mit handgebenden trewen an aids stat dich dermassen zustellen geloben", vnd dabey eingepunden, das er gein Nürmberg In die Stat on glait nit Reiten noch kommen woll, sunst mog er Reiten wohin er woll, vnd sich pinden lassen. Vnd also In sager Reyten lassen, damit er vmb vier or nach mittag gein Perching komen vnd sich doselbst pinden lassen. Vnd als er sager von den zwayen Reutern gerytten vnnd kommen, hab er gesehen, das Ir noch drey Reuter auf der hoch an den pergen gerytten vnd gehalten, die die zwen thetter In achtung gehalt, ob sy geeylt wern worden. Vnd Im abschaiden hette der ein Reutter mit dem kolben gesagt: „das dich gots marter schent! du bist nit der Recht, darauf wir gehalten. Es ist vnns ein ander von Nürmberg aus verkuntschafft worden, der solt kommen sein, so hat dich der teufel daher geführt!"

Er sager hab der zweyr Reuter keinen kennt, dann sy sich zu fast vnter den augen verkapt. Der ein Reuter mit dem Armbrust hab angehabt ein groen laungen Rockh, ein gantz Rote kappen mit zetlein on farb, die 14 Nothelffer vergult an der kappen, ein vergulte Sand Jacobs muschel neben den 14 Nothelffern, ein groen hut mit einer dreten schnur vmbwickelt, ein schwartze Jacob muschel, ... dem lincken erbel ein pratspis mit silber beschlagen, Ein hessen an der seytten, das alles Neu gewest, ein apfel graben schimel gemntzt geritten. Der ander Reutter mit dem kolben (Kunz v. Rosenberg) die klaydung Rock, kappen vnd hat gleich wie der ander von farben, ausserhalb der 14 Nothelffer vnd Jacobs muschel, angehabt, vnnd Ir bede klaider vnnd Rüstung sey alles Neu gewest, vnd ein gemutzt fuchslein geritten. Der auf dem schimel sey ain langer, dürrer pranner gesell bey 24 oder 26 Jarn alt; vnd der auf dem fuchsen, auch ein Junger, dicker, weisz plaicher gesell, hab vnderhalb des mauls ein kurtzen praunen part gehabt vnd darjnnen ein guldens Ringlein hanngen, sey auch bey 24 oder 25 Jarn alt.

Item als er sager gein perching kommen vnd zum kelner doselbst zu herberg gelegen, sey der Brobst von perchin zu Im sager am andern tag komen vnd Inen gefragt, wie es Im ergangen. Des er Im angezaigt mit sambt den personen, pferd vnnd klaidern, als yetz hieuor gemelt ist. Hab der Brobst gesagt es ist eben der Recht, aber nyemanndt genannt. Dabey sey gestannden sein wirt, der kelner vnnd Hanns Pfann, der Welser diener. Item so hab der Pfann mit sein, sagers, wirt des nachts souil von der sachen gerett, das der kellner zum Pfannen gesagt: „Lieber! vnter den fünff Reuttern sein zwen, die mein weyb als sie ein praut gewest, gen kirchen gefürt." Darauf hab Pfann des kelners weyb gefragt, wer sy zu kirchen gefürt, da sy ein praut gewest. Das hab sy Im, dem Pfannen, gesagt vnd benennt, aber er sager wisz Ir nit zunennen. Darauf hab Pfann ein paurn gein Vttenhofen, so Cuntz von Rosenbergs ist, geschickt zuerfarn, ob icht Reuter doselbst einkommen. Hab derselbig paur einen puben doselbst gefragt, der hab Im gesagt: „Ja, nechten, als man hat die liecht wollen auffzünden. Ist meins Junckherrn knecht, so mit Im zu Sanndt Jacob gewest komen vnd Reuter mit Inen, den hol vnd trag ich yetzo wein zu." Solchs hab Im sager der Pfann gesagt; Aber er wisse Ir kainen zunennen, bey dem Pfannen werde man alle sachen erfarn.

XXI.

Volgt nun hernach die Niderlag vnd gefengknus, an Johann Grafen, gerichtschreiber, vnnd seinem substituten bey Rot durch zwen Reutter (die selben, welche 8 Tage vorher den Kaspar Kettel von München gefangen nahmen. Der eine Reiter war Kunz von Rosenberg [vergl. Nr. 19], der sich aber für Mangold von Eberstein ausgab) bescheen, vnd Ir beder ansag, was mit Innen gehanndelt.

Auf Montag Nach vnuser lieben frauen tag Conceptionis genannt Im xxten Jare hat Johann graf, gerichtschreiber, der gefenngknus halben, an Im bescheen, vor Herrn Andresen tucher angesagt, wie er auf erlaubnus eins Erbarn Burgermaisters am Sambstag vnuser lieben Frawen tag Conceptionis (8. Dec.) mit Johann thurnmeyer, seinem diener, von diser Stat geritten in maynung gein Wemding vff ein tag, der In vff montag nach Conceptionis vorgemelt seines Schwehers seligen verlassner hab vnd güter halben doselbst vor Gericht zuerscheinen angesatzt gewesen. Als sie bey Rot neben der Stat hingeritten, nit ferr dauon hetten sich zwen Reutend stümpff Im Ruckh angesprengt vnd geschrien, wer Sy wern. Sie gesagt: „Nürnbergisch!" Die Reuter dawider: „sein die Rechten!" vnd sie mit ein gespannten Armbrust vnd fürgeschlagem pfeyl, so der ein gefürt, der ander mit einem furhamer, zuschlahen vnd zuschiessen, so grausamlich benotiget vnd mit schlegen darzu pracht, das sie mit In In das holtz haben Reiten mussen, vnd pald styll gehalten. Het der, so den kolben fürte (war Kunz v. Rosenberg), wider sie geredt: „Darumb, das Ir Nürmbergisch seyt, So wyll ich euch yetzo gefenngklich annemen vnd wyll euch sagen, wer ich bin, vnd haisz Mangolt von Eberstain, bin der von Nürmberg abgesagter veind von wegen einer frawen, haist Agatha, die ich enthalt zum Brandenstain. Darumb müst Ir mein gefangen sein vnd mit trenen an aids stat geloben, mit mir zu Reytten, von mir nit zutrachten durch flucht, geschray, wincken oder teutten oder wie sich das machen mocht, so leut vff vnns stiessen". mit mer Reutterischen worten, der er aller nit aigentlich gemerckt hab. Als sie die glübd von In genomen, wern sie darnach In ein dick holtz gerytten, In Ir taschen vnd wetschkolein Im, grafen, ein teschlein vnd darjnn drey guldin vnd zwey pfundt, ein tegen mit silber beschlagen bei xxij lb. wert, dem Joannes ein wetschka vnd darjnnen 15 groschlein genomen vnd gesagt: „ob Ir von vnns gedrungen wirt, wollen wir das zu pfanndt haben", vnd damit furderlich von dann vber zwerch velder, holtzer vnd hohe perg, vngepaute, Rauhe wege gerytten, das sie mit der nacht neben Hailsprun, dem Closter, kommen wern. Aber danor, wann sy an ein ebne kommen, hett maugolt allerlay seines, grafen, wesens vnd vermögens ... gethan, dem er geantwort, wie Er eins Erbarn Rats der Stat Nürmberg diener vnd ein schreiber were. Dem wolt er nit glauben geben vnd weiter gefragt, ob es noch zu Nürmberg starb, ob auch vyl burger geflohen vnnd ob Starck, Tetzel vnd, als graf achte. er hab Hirsvogel auch benennt, noch zw Weyssennburg, vnnd wer die zu Wertheym vnd Rotenburg wern, was sie thetten, ob sie schier heym ziehen wurden, Item wieuil der von Nürmberg Soldner Im pundt hetten vnd wo dieselben knecht yetzo wern. Darzu graf gesagt, er wüste gründtlichs nichts donon zusagen, dagegen Mangolt sagte, dhweil er mich erobert hette, wolt er mich anders lernen, so er mich gen Brandenstain precht, er wolt mich behalten, dann die grossen federhannsen die In den Steten wern lüstig vnd Im zu geschickt. Wann sie vber launnd zugen, nemen sie zehen oder 12 pferd mit In, sie zubeleytten, damit wern sy Im zu starck, konnte nichtzit mit In schaffen, wolte aber glücks warten, damit sein vyl Reyten vnd halten nit vergebens were. Het auch grafen gefragt, wofür er In hielt. Sagt graf: „für ein Edelman." Dawider Maugolt: „du mainst, darumb ich Im angesicht glat, sey ich ein Edelman? Nein ich bin keiner", der sich doch danor Mangolt von Eberstain genant vnd In In des namen gefanngen het. Mit denen vnd vyl andern worten wern sie einen kleinen weg für Hailsprun auf dem weg gen Onoltzbach hin kommen, het Mangolt gesagt: „Ey! der tenfel hat mich mit schreibern betrogen vnd mich an eim pessern gejrrt. Nun, so dn dich so arm machst, so wyll ich dich auf ain aid, den du schwern must, dich zustellen, Reyten lassen. Aber du wirdest nit halten, gleich als er achtet Caspar von München, den er vor kurtzen tagen bey Perching gefangen (s. Nr. 20) vnd mit seim hamer In Rucken so tief, als der hamer von der spitz bisz an styl lanng were geschlagen, In auch durch sein hirnheublein geschlagen, das ers wol empfunden hette, dann er het sich von Im zuthun zu Rosz vnd fusz vnderstannden. So het sich des Welsers frau Im wagen von Im gelogen vnd gesagt, Sy wer von Saltzburg. Wo er anders gewust, das er seyt her erfarn, er wolt Im die sach nutz gemacht haben. Zu letze vmb zwo hore In die nacht hetten die zwen Renter nach launngem gesprech zu Inen, den gafangen,

gesagt, alsda müsten Sy zu got vnd den heiligen schwern, als Ir gefanngen auf
obersten schirst (6. Januar 1521) gen Brandenstain zu kommen vnd zustellen, auch In dreyen tagen nyemanndt zusagen, was Inen durch Sie begegent
were, Vnd wo sie danon waigern, so wolten Sy vnns erstechen. Dann der Frauen
Agatha wolten die von Nürmberg vmb Iren guten Spruch nichtzit geben vnd
verachteten die Edelleut, hetten yetzo der Frauen Agatha Odhameriu zu
schmach den Edelleuten, die Ir helffer wern, durch ain alte hurnwirtin absagen
lassen, vnd damit zum grafen geredt: „Du hast mich gefragt, wer Ich sey, Sag
Ich, Ich bin der Edelman, der die Agatha enthelt, wyll Ir auch wider die von
Nürmberg helffen, vnd wo mein hausfrau sturb, wolt ich Ir tochter zu der Ee
nemen vnd die sachen zu hertzen nemen, die Nürmberger, wo ich die ankommen
mag, alle erstechen vnd erwürgen, damit sie sehe, das mir die sachen anligen
were", vnnd vnns bede gefanngen mit den aiden beladen, die wir geschworn haben,
vnd den grafen vermöcht mit gransamen fluchen vnd droen, In zuerstechen, das
er von seim Ross gesessen, das sy mit In weg gefürt, Sie, die gefanngen, von
In geen vnd Reyten lassen.

Vnd seyen also gein Haylsprun In das Wirtshausz kommen, darjnnen doctor
pusch gewesen were. Derselb doctor habe morgens bey dem Abbt den grafen
angezaigt, das Im der Abbt des Suntags zu nacht zu tisch geladen, Im guten
willen erzaigt vnnd die nacht bey Im behalten mit erpietung, ob er gelts, pferd
oder anders bedörffte, wolt er Im leyhen vnd thun, das Im lieb were. Frü sey
graf vom Abbt mit dancksagnng guter herberg vnd fruntlichs erbietens, Sich desz
bey seinen herrn zuberümen, abgeschieden.

Item der Reuter, so sich Mangolt genennt, hat Ein genutzten starcken
henngst gerytten fuchsfarb, der hat auf den fordern Rechten fusz auf dem
saum ein weys pletzlein gehabt. Er hat ain groen Rock ockalej farb, grün
zerschnitten hosen, ein schwartzen hut und Ein federlein vnd ein gantz Rote
kappen mit gelben zotlein vnd daran vier silbrine vergulte pilder gefürt vnd kein
harnisch anders dann pantzer vnd koller angehabt. Ist ein panchets mendlein,
schön vnd glat von angesicht, falbe wimpre vnd gro augen habende. Der ander
Reutter hett sich hart verkappt, das ich In am angesicht nit gesehen hab, dann
er mit seim knecht Johannsen den tag vorhin weit gerytten seyen, was er mit
demselben, seinem diener, geret hab, weis er nit. Vnnd derselb Reuter hat ain
apffel groen schimel genutzt geriten, ein Rock wie Mangolt vnd ein Rote kapp
mit gelben zetlein vnd daran bey xiiij vergulte pildlein gefürt, ein groen hut mit
Reutters federn vnd ein Armprust In einer hulfftern gefürt. Er achtet denselben bei 30 Jarn vnd den Mangolt bey 40 Jarn, als Im Mangolt selbs gesagt, er were nit vyl vber 40 Jare.

XXII.

Johan grafen Substituten ansage.

Johann Durnmeyr hat bey der pflicht vnd glübd, die er dem Erbarn herrn
Andresen Tucher gethan vff pfintztag Sannd Otilien tag den 13 tag des monats...
Im 20 Jare gesagt, als er am Sambstag vnnser lieben frauen tag Conceptionis
genannt (8. Decbr.) des 20 Jars mit Johann grafen gerichtschreiber zu Nürmberg

seinem herrn vff ein angesatzten rechtag gen Wembding reyten wollen. wie sie
dann gethan, vnd als sie bey dem gericht heraus vor gerytten, hett der Durn-
meyer zwen Reuter heraus von Rot auf die strasz gegen schwanbach zu Reytten
sehen, die er seinem herrn angezaigt, also das er dieselben auch gesehen. Die
weren vngenarlich bey einem Armprost schuss von Rot In ein gründlein vff das
wyszmat gefallen, doselbst sie die zwen Reuter verloren. Also wern sie darnach
neben Rot vber die pruckh hin geritten, vff dem weg neben dem pach hingezogen
bis vff einen pflchsenschus von Rot zu ein gründlein, do yetzo ein grosser kol-
hauffen stunde. Weren eylends hernach gerandt zwen Reuter, einer mit ein
gespanten Armprust vnd fürgeschlagem pfeyl, der ander mit ainem Reuthamer
vnd sunst nichtzit zuschiessen gehabt. Derjhenig mit dem Armprust sey ein
Junge, gerade person, ein gemutzten schimel vmb den kopff mit weyssen flecken
oder plassen, vnd hetten bede Reuter grab lanng kemlein Rockh, vff dem lincken
ermel knopfflein, welcher masz hab er gründlich nit sehen konnen, bede gantz
Rot kappen mit gelben zetlein gemengt, grö hüte vnd schnür kunterfein darumb
gezogen vnd gro federlein vff der Rechten seytten darauf. Der Reuter mit dem
Armprust het ein stern eins sechs vnd dreyssgers gros vergult darjnn ein Jacobs
muscheln versetzt, darnach der Ritter Samd Jorg vnd darnach die 14 nothelffer
vnter dem hals. Der Reuter mit dem kolben hett ein gemutzt füchslein, seer
pald lauffend, vnd geklaidt wie der ander, dann allain, das er nit sovil pild an
der kappen hett, als der mit dem schimel. Als sie In, den diener, vnd seinen
herrn angerennt, hat Im der Reuter den pfeyl fürgehalten vnd gesagt, er solt
styll halten oder er wolt den pfeyl In In schiessen. So wer der mit dem Reuthamer zu dem gerichtschreiber komen, In geschlagen styll zuhalten; deszgleichen
zu Im, Durumeyr, gesagt styll zuhalten, vnd In drey mal vber dj achsel vnd vff
den Rechten arm hertigklich geschlagen, entlich zu Inen gesagt, mit Inen zu
Reiten oder sie wolten die pfeyl In vnns schiessen vnd erstechen. Also hetten
sy die Reuter vom weg hinauf In ein dick streuslein gefürt, aldo styll gehalten
vnd der Reuter mit dem kolben gesagt: „Nachdem Ir Nürnbergisch seyt, so müst
Ir gefangnen sein vnd mit mir Reyten, dann Ich bin der von Nürnberg veind,
vnd mir globen vnd schwern, das Ir euch nit wollet eussern, vnd ob leut vff vnus
stiessen oder durch dorffer zugen, das Ir nit danon wollet trachten, weder denselben wincken, deutten", mit vyl Reutterrischen Worten. Also hetten sie Inen
geloben müssen vnd der Reuter mit dem kolben angefanngen zu seinem gesellen:
„Nun ziecht hin vber die Aurach zunachst vff poxperg zu!" Also wern sie miteinander zogen; hett er, der diener, mit dem Jungen Reuter, der das armprust
gefürt, formen anhin Reyten müssen vnd der ander mit dem kolben mit seinem
herrn gerytten. Als sie vngeuarlich vff ein meyl wegs also gerytten, hetten die
Reuter sie In ein holtz gefürt vnd der mit dem Armprust Im, dem diener, ein
klein Reutwetscharlein genomen, darjnn 15 groschlein gelegen, vnd zwey schlüsse-
lein vnd ein seydiner port bey zweyen elln. Hett er In vmb dj schlüssel zuenemen
gebeten, der Ine die nemen het lassen. So het der Reuter mit dem kolben dem
grafen ein taschen vnd ein tegen mit silber beschlagen genomen, was das werd
vnd wieuil darjnn gewest, wisz er nit, dann das er den tegen In den Rechten
stifel gestossen vnnd also abermals mit In den gantzen tag Reytten müssen perg
vnd tal vnd sonderlich zu nachst hinnter dem Camerstain vber dj strasz vff Spalt
zu hingezogen. Vnd dhweil er, Durumeir, neben dem Reutter mit der Jacobs

muschel geritten, als er dann thun het müssen, het In derselb gefragt, ob er In kennte. Der Im geantwort: „Nein." Der Im wider gesagt: „Ich bin ein weyl gut Nürmbergisch gewest, yetzo bin ich wider sie, Ich mein, du seyst nit lanng do gewest." Dem Ich geantwort:, „Ja." Der wider gesagt: „ich hab dich ye nit gesehen", vnd wider nach einer kleinen zeit angefanngen: „hastn vnns nit gesehen bey Rot heraus ziehen?" Dem Ich geantwort: „Ich hab mich als ein armer gesell von dem Ir wenig haben wert vnd villeucht für den Ir mich ansehet nit bin, nichzit besorgt vnd fürcht mich noch nit." Het der Reutter gesagt: „Du sichst dich nit vmb, wievil sind Reuter zu Nürmberg?" Dem ich geantwort: „Ich hab nit achtung vff sie, die Reutter, Ich ward meines dinsts. Ich bin ein diener des herrn, schreib was er mir fürlegt." Also hab er mir nichtz sunderlichs mit Im geret, wisz auch nit, was der ander Reuter mit dem Reytkolben zu seinem herrn gesagt, dann allain, das er gehört, er het brief Im pusen von einer, die Agatha hiesz, die fordrung zu dem von Nürmberg hette. Vnd als sein herr gefragt, wer sie wern vnd vff dj Odhamerin geratten, der Im geanntwort: Ja die wers, Er hiesz Mangolt vom Eberstain. Vnd als die nacht herzu gienng, fürten sie vnns zu nachst hinter Halsprun vber ein weyertham an einem hohen holtz hin vmb vff ein weg meins achtens gegen Onspach warts. Allda vnderretten sie sich miteinander. Im ende fragte der Reuter, der sich Mangolt von Eberstain nennt, seinen herrn, den grafen, vnd der ander mit dem armprust vnd der Jacob muschel Ine, den Durnmeir, vnd sagt: „Do must vnd wirstu mir aufthu vnd swern ain aid, das du mir wolst sagen, wes ich dich fragen werd, vnd wirstu das nit thun vnd ich anders erfarn, wyll ich dich martern, das du dein leben lanng ein arm mensch sein must." Also nam er mich In dj glüb vnd gab mir den aid vnd fragt mich, wer mein herr wer, was sein stannd vnd wesen, ob er Reich oder arm vnd ob er kinder hett vnd was er mir zu lon gebe vnd ob wir mit gelt gen Weissenburg fürten, wer do lege. Dem ich geantwort, Er hett ein dinst von herrn zu Nürmberg; weret derselb lanng, so het er ein auszkomen, wievil er Jerlich hette, west ich nicht, wer ein gerichtschreiber, het kein kind, aber seiner frauen schwester kinder het er bey Im, die erzug er, wern ettlich zu Weyssenburg, aber bey got wir hetten kein gelt In zustenndig. Fraget er weiter, ob er von Nürmberg pürtig were, sagt ich: „Nein! ist aus dem Franckenlannd, welcher ende waisz ich nit." Fragt er wider, wann Ich were vnd was er mir gebe, sagt ich: „ich bin von Amberg; erschreib ich vyl zu trinckgelt, so hab ich vyl, das wenig ist, vnd erst fordern tags lecht fünff gröslein erschriben, die habt Ir mir yetzo genomen." Hat In also, mir ein zernig zugeben, der wolt das nit thun. Also Ruckten bede Renter zusam vngeuarlich zwo stund In dj nacht vff ein acker. Hub der Renter mit dem armprust an vngeuarlich sagt: „das sie die von Nürmberg, gotz marter schennt sie! meinen, wollen yedermau das Ir vorhalten vnd wollen sy mit der frauen vmb Iren gerechten spruch nit vertragen, vnd wann mir mein weyb sturb, wolt ich die ain tochter nemen, wolt mir die von Nürmberg wol gerecht machen, vnnd wann Ich ainen erwüschte, der mir nichtzit zugeben hette, wolt Ich das schwert durch In stossen." Vnnd mich vnd mein herrn abermals In dj glübd genomen vnd vnns den aid geben vnd gefanngen genomen, In dreyen tagen nichtz dauon zusingen, zudentten, zuwincken vnd kein zaichen zugeben, das solchs mocht von vnns gemerckt werden, vnd darzu vns gein Pranndenstain vff den Obersten (6. Januar

1521) stellen. Als wir dann solchs haben schwern müssen, vnd darnach meinem
herrn das pferd genomen, damit hinwegk gerytten. Sey wir In das Closter gein
Halsprun komen, vbernacht do plyben, hab Ich dannocht darnach den Recht tag
ersucht, Ist mein herr hieher komen. Aber zu Rot seyen wir. aigentlich am
Freitag vor vnser frauen tag (7. Dec.) gelegen; dann als sy vnns aurennten,
waren die pferd nit ferr ganngen. Darzu was der ein Reuter ein menlein gleich
wie Martin gluck, dann allain stercker leybs, weys angesicht, bei 8 oder 39 Jarn
alt. So ist der ander vngenarlich bey 28 Jarn alt, dünns leybs vnd het ein
franckisch gezung. Vnnd so pald sie vnns Im holtz gefanngen namen, thet er
das armbrust von stundan In dj hulffter. Ritten on sorg vmb dj Merckischen
flecken. Das ist ergangen als vyl ich gemerckt hab bey der pflicht, die Ich gethan, vnd meinen herrn verwanndt bin.

XXIII.

Volgt hernach, welcher massen Johann graf, gerichtschreiber,
durch Agatha Odhamerin vnd Helena lr tochter, sich zum
Brandenstain zustellen, gemant worden, durch Steffan Seusinger, so zum Brandenstain gefanngen gelegen, dem grafen
zupracht vnd geantwort am Pfintztag nach Sebastiani den 24
Jenner Anno 1521.

Johann grafen, gerichtschreybers, manung.

Hanns grafe, gerichtschreiber zu Nürmberg! was massen Ir durch mein
helffer vnd helffers helffer zu hafft vnd fanngknus komen, darauf Ir mit hantgebenden
treuen an eins Rechten aids stat gelobt vnd geschworn, vff der heiliger dreyer
konig nachst vergangen (6. Januar) sonnder alle verhinderung gein Brandenstain zustellen, des ich mich ewrn pflichten nach zuthun versehen ench als ein
Biderman gehalten Ewer gethane pflicht, glübd vnd eyd In vergessen gestellt:
Wie dem mane ich euch mit disem brief Ewer pflicht, glübd vnd eyde euch nochmals angesicht dits briefs alher gein Brandenstain zustellen, Ewer pflicht,
glübd vnd Eyde zuhalten vnnd gnugthun, wann wie es nit beschicht, gebt Ir mir
vrsach, von euch zuschreiben vnd zusagen, das Ir mir erlos, treulos vnd maynaidig worden. Auch wo mir got das glück gebe yemandts mere erobert, dem
wurde kein glübde, sounder an Irem leyb gestrafft, darzu Ir mich verursacht.
Geben vnter meinem Innsigel freytag nach Anthonj (18. Januar) Anno xxj.

Agatha Odhamerin vnd Helena Ir tochter.

In der gleichen form hat die Odhamerin Caspar Kettel von
München genannt auch geschriben vnd gemannt, welche manung
Steffan Seusinger Casparn vberantworten wollen, aber Caspar
hat der nit annemen wollen. Vnnd als Senfryd Coler nach gemeltem Steffan Seusinger dem Jüngern geschickt, sein sag
wollen auffzaichen, ist er von stundan wider zu dem thor aus gezogen, derhalben sein sag nit hat mogen beschriben werden.

XXIV.

Volgt nun hernach ein brief Steffan Sewsingers des Jüngern,
eines burgers Sun hie, In der froschaw, auch Steffan Seusin-

ger genannt, so zum Brandenstain In Mangolt von Eberstains vnd der Odhamerin hanndt gefangen gelegen, doselbst vmb 70 fl. geschatzt, derhalben an seinen vatter geschriben.

Mein gauntz willigen vnd vnderthanigen dinst vnd kintliche treu zuuoran, mein hertz lieber vater vnd auch liebe muter, wenn es euch beyden vnd all mein geschwistergeiten wol gienng, das hort ich alzeit gern von euch allen sagen. O mein hertzlieber vater, ich lasz dich wissen vnd clag dir mein grosz hertzenlayd, darjnnen ich armer gesell yetzund kommen bin. Mein hertzlieber vater, ich clag dir, das ich kürtzlichen bin gewest In Grymmentall vnd hab wollen ziehen auf füll zu vnd nach Franckfurt vnd hab mich schicken wollen auf die fart zu dem heiligen zwolfboten Sannd Jacob vnd bin vutterwegen angriffen vnd gefangen von der von Nürnberg wegen einer frauen halben vnd Irer tochter, die dann Ir veind sein, mit Namen Agatha vnd Helena Odhamerin, vnd lig albie auf eim schlos zum Brandenstain In grosser, schwerer gefengknus mit hennden vnd füssen eingeschlossen vnd offt schwerlichen anzogen vmb grosse schatzung vnd geschatzt vmb 70 fl. O hertz lieber vater, ich bit, du wollest vetterliche treu nit an mir vergessen vnd mir zu hilff kommen In meinen grossen noten, wann ich ye vnschuldig darhinter kom, das solche schatzung für mich gelegt vnd gegeben werde, Wann ich ye sunst kein andere hilff oder zuflucht wais dann zu dir. Darumb bit ich dich mein hertz lieber vater leutterlich vmb gots willen, du wolst mir armen gesellen mit solchem gelt zu hilff kommen, das Ich solch schwerer gefenngknus losz werde, wann ich schwerlich vnd hart gefangen lige vnd grosse atzung vnd kost auf mich get alle wochen 1 fl. O mein hertz lieber vater vnd auch mein hertz liebe muter Ich bit euch bayde vmb gots willen vnd des heiligen zwolfboten Sannd Jacobs, Ir wolt mich yetzund nit lassen in meinen grossen noten vnd leyden, das Ich yetzund hab, Ir wolt mir zu hilff kommen mit disem gelt vnd solch gelt für mich geben, das ich aus solcher schwerer fenngknus erlost werde. Ich wyll auch hinach alles deines guts nicht mer hayssen noch begern Im leben oder Im tod, wann ich vnschuldig darhinter komb. Mein hertz lieber vater, lasz dich erparmen mein gros leyden vnd angst, darjnnen ich yetzund bin. Auch bit ich dich, mein lieber vater, Ist meiner bruder einer doheym, so bit ich sy, das sy mir auch wollen zu steuer vnd zu hilff kommen durch brüderlicher treu willen, das ich aus diser schweren vnd betrübten gefenngknus los werde. Hilfft mir got ausz vnd mit deiner hilff, so wyll ich arbaiten, das mir das plut aus get vnd wyll euch all Redlich bezalen. O mein hertz lieber vater ich bit dich leutterlich vmb gots willen vnd des Jüngsts gerichts willen, du wollest mich In disen meinen grossen noten nit lassen. Damit seyt got beuolhen. Datum geben am Jars abent.

Auch bit ich dich mein hertz liber vater leutterlich durch gots willen, du wollest mich mit solcher schatzung nit lanng aufhalten, das ich aus solcher schwerer vnd betrübten gefenngknus los werde, vnd vfs erst antworten gein Brandenstain. Des bit ich dich leutterlich vmb gots willen, wollest vetterliche treu an mir nit vergessen.

Zedula.

Mein hertz lieber vater ich bit dich, das du den poten, der dir den brief bringt, nicht vermelden oder offen machen wolst, das es styll vnd verwart sey bis er kumbt an die ort, do er ausgangnen ist. Wo Im was wider füre, so must ich an derselben stat auch sein. Mein hertz lieber vater, als ich dir verschriben hab, bit ich dich vmb gots willen, wollest mir aufs erst helffen, das ich aus diser ellenden schweren gefenngknus kom.

Dem Ersamen vnd fürsichtigen man Steffan seyssinger, burger zu Nürmberg, In der froschau, meinem lieben vater, soll der brief.

4 January 1521 geantwort durch ein paursman, der sich anzaigt mangolt von Eberstains hindersess, sey bedrangt, disen brief her zutragen.

XXV.

Jorg ayden, potten, gefencknus betreffend (Orig.).

Mein freunthlich grusz vnd alles guez herczen liben hauszfrau vnd hercz liber Sun vnd herczen libe dochter vnd herczen liben schweger all, ot vnd Heiurich vnd Peck vnd libe schwester vnd herczen liben geschweien vnd hercze libe schwiger vnd all gut freundt! Ich thue euch zu kuntt, das Ich gefanen pin gworden von der agata Elena odarmin gen Prantstein gefürt vnd in dye eysen gelet vnd mich gemarter, das mir das plut zu hanten vnd fussen Ist ausz ganen, fon meiner heren von nornerck wegen der elena odarmin, dor vmb Sye ir recht in haben wollen erstrecken, dor vmb ausz groser marter mich müssen schaczen vmb anderthalb hundert guldn vnd dye schaczung gen elm in das wirczhausz prinen. Soe bit Ich dich herczen liben hausz frau vnd liben schweger all vnd libe schwester vnd liben gesweien vnd lib schwiger, Ir wolt alle fleis haben mit dem pusch vnd czolner, das Sye euch wolten helfen vnd leien das gelt, vnd due herczen liben hausfrau als dein gut in ein seczen vnd dye schweger all purg dar worden, in ein Jar zu peczallen. Vnd liben hausfrau mit den schwegern vnd schwiger vnd schwester vnd geschweien in einkeit (?), wo ir ein zuefer (sic) habpt vnd pit Sye vmb gocz willen, das Sye mir helfen, Ich musz Sunst Sterben. Vnd das auf das fuderlist schicken in acht dagen noch dem heilthum gen elm in dasz wirczhausz, ober schlücker gelegen. Woe aber solsz nit geschigt, so musz Ich Sterben. Ich pit auch wn gocz willen, mir zu helfen, das Ich wider heim kom zu vnd meinen kindla hulf lenger for gen etc. etc. Vnd Ich armer mus entgelten etlicher trenloszer, dye vor gefanen synd vorden vnd trenlosz sünd worden etc. etc. Datum geben zu Prantstein am ander osterdag (1. April) nach cztf (sic) gepurt als man czalt im xxj Jar etc. etc.

XXVI.

Schreiben der Agatha Odhamerin und ihrer Tochter Helena an den Pfarrer Jorg zu Sumerhawsen wegen des Gefangenen Jorg Aeydt d. d. am pfingstag 1m xxj Jahr (Orig.).

Lieber her pfarrer, ich schick ewch hie Mitt ein prieff, den Mir ewr gewaysch zu geschickt hat. Dar In Ir woll werdt vernemen Ir schriben, aber es hatt Ir behelff kain grundt. Dar vmb werdt Ir auch sechen, was ewch ewr schwager Jorg aeydt auch schreyb, vnd wn Ir Im gutz gundt, so helff Im, das Im die saczung auff das aller tüderlicht werdt. Warlich! es wirtt Im sunst ein handt abgelosst vnd darnach hem geschickt, dan Ir kundt woll abeneben, das ich die sacht nit aulein gewallt hab. Ich hab euch schuls Im besten nit verhallt wollen, dem armen zu gutt euch darnach zu richen, dan ye lenger er leytt, je mer darauff get. Datum am pfingstag (19. Mai) Im xxj Jarg.

Agatha odhamerin wittfraw vnd *Helena* Ir dochter.

(iebt dissem botten das botten lon, er uns doch hernach bezal.
Dem wirdigen Herrn Jorgen, pfarer zu sumerhawssen, seinem lieben hern
zu hand.

XXVII.

1521. Ruprecht Zurchers (erstes) gefencknus betreffent.

Ruprecht Zurcher sagt, vmb sand Jacobs tag (25. Juli) nagstnergangen die 21 Jars sey er von hyunen ausgeritten, der mayming gen Ach zureytten, vnd am sontag sand Jacobs tag am holtz Lintach genant. Zwischen solchem holtz vnd Snmering (Simringen, zw. Giebelstadt u. Röttingen) hetten Inen zwen Reutter angesprengt vnd Inen mit einem gespantten stachel gezwungen, auf der strassen mit Inen Ins holtz zureytten. Darjnnen haben sy In beraubt vnd genomen sein wetschka vnd taschen. Vnd von dem holtz Lintach haben sy Inen gefürt an das holtz vnd an den perg zw Aw (Aub, südl. von Ochsenfurt). Da weren sy mit Ime still gelegen den gantzen tag. Item des selben tags het der knecht (Gilg, so Inen gefangen, den andern knecht, seinen gesellen, hinein gein aw zw einem wirtt, hais thama Reiffer, geschickt, bey dem lig sein her zw herberg, mit namen Cuntz von Rosenberg. Darauff wer derselbig Cuntz von Rosenberg mit einem knaben vnd einem knecht von Aw zw Ime In das holtz geritten. Also het er denselben gepetten, er solt In sein walfurt lassen ausrichten gein ach vnd Ime daneben angezaigt, er stund hertzog Ferdinando von Oesterreich zw, der het kein feind. Het derselbig von Rosenburg darauff geanttwort: „der kayser, sein bruder (Ferdinand v. O., Vorsteher des Reichsregiments) vnd der pundt were ein ding", vnd dabey gesagt: „dw pist ein Rechter vnd must mir 1500 fl. geben." Vnd die brief, so er sager bey sich gehabt, ettliche gelesen vnd doch die wider In wetschka gelegt vnd denselben wetschka selbst seinem knecht an den sattelpogen gehengt. Vnd er sager Inen gepetten, Ime zutrincken zuschicken. Damit were Contz von Rosenberg danon geritten. Item darnach In einer halben stund wer ein Junger gesel komen, bey 18 Jarn alt, ein grosse flaschen mit wein, auch prot vnd flaisch pracht. Item do es obent worden, weren zwen knecht komen vnd mit Inen procht ein ledig pferd. Darauff hetten sy Inen gesetzt vnd mitt den fuessen gepunden vnd also Ine mit Inen gefürt bis für das holtz auff ein Ebne. Da weren 4 pferd oder Raysige gehalten, darnutter Cuntz von Rosenberg selbst gewest, den arm In einem weissen tuch gefürt vnd abermals mit Ime sager gerett, er müst Ime 1500 fl. geben. Darauff er geanttwort, er hette souil gelts nye beieinander geschen. Vnd also hetten sy Inen bey der nacht zw einem schlos, heist gnetzza, gefürt, lig In ebem feld. Vnd als sy dohin komen hett die vr 12 geschlagen. Hintter dem schlos hetten sy gehalten bey anderhalben stunden. Darnach hetten sy Inen hintter dem schlos durch ein haberfeld gefürt. Da weren In zwen heraus entgegen komen, Ime sager die flis auff gelöst vnd Ine zum schlos bis vber ein pruck gefürt. Do hetten sy Im die augen verpunden, darnoch vber zwu prucken vnd vber Ein schlag prucken, Darnach In einen thurn als vff Ebner erlen gefürt. Da hetten Ir drey Ine In einen stock geschlagen, nemlich der gilg, so Ineu gefangen, vnd 2 bruder, haissen die göcker, sind Cuntz von Rosenbergs knecht. Item die bemelten 2 brüder, die göcker genant, weren zw Ime auf den stock gesessen vnd gesagt: „Das ist der **landtfrid**, den der kayser zu Wurms (wo Karl V. 6. Januar 1521 seinen ersten Reichstag hielt und das Reichsregiment unter Vorstand seines Bruders F. v. O. wieder herstellte, vgl. auch S. 9) gemacht hat", vnd der ein des mer: „er wolt, das er den kayser im stock hett." Vnd alles, das vorstet, ist geschehen am suntag (28. Juli) des tags vnd die nacht darnach. Item am mentag frw (29. Juli) het gilg gesagt, wie er einen potten gein Nürmberg het geschickt, der wurde erfragen, wer der Ruprecht Zurcher were, vnd am samstag hinach (3. Aug.) gilg hinwider gesagt, Ime were der pot komen vnd gesagt, das er von einem zu Nürmberg gehort, das einer gerett hett, Ruprecht Zurcher gebe gern 3000 fl., er wer wol 1200 (sic) fl. reich, aber er hab ein hertten kopff, vnd darauff 3000 fl. gefodert, darauff lang beharrt vnd Inen hart betröt, auch darauff mit beden henden auch eingeschlagen, het er souil mit Ime gerett, das er die schatzung auf 400 fl. gestellt vnd also pleiben lassen. Die hab man gein gibelstat an ein holtz geordent, dagegen het man Im zw gesagt, Ine In ein dorff dabey zuanttwurten, das er fürter mit gelait hintter oder für sich komen möcht. Item an der mittwoch zu Nacht vor sand Bartolmes tag (21. Aug.) hetten sy Inen aus dem stock gefürt an ein holtz nit weitt von Rottingen. Vnd Ee sy Inen ledig gelassen, weren 2 Rewtter zw Inen komen, die het gilg auf ein ort hindan gefürt vnd mit Inen Rede gehabt, was wis er nit. Item da sy Inen ledig gelassen, het er gefragt, wo das dorff were. Were Im zw antwurt worden, sy westen von keinem dorff, Er hette ein gutte strassen hinan an ein holtz vnd vnter dem holtz lege ein stettlein, hies Kregling. Het er gepetten, Ine durch das holtz zugeleitten, aber das het nit sein wollen, Sunder einer Ime gesagt, wolt Er Reitten, so solt reytten, oder da beleyben. Also das er ein clein weglein von Inen komen, het er sich vmb gesehen, were der gilg hinweg gewest vnd zwen ander Reutter auff der lincken seyten dem holtz, daran In der gilg gewisen, zugeeylt. Darauff er sich zu der rechten hantt gewent vnd In einem holtz In einem tall, daruor ein hoch kreutz stee, komen vnd die zwen vber die höch hernach geeylt. Also het er sager das Rottinger holtz, das vast dick sey, ereylt vnd hetten die zwen Inen In solchem holtz gesucht, auch zuring vmb das holtz geritten. Das het gewert bis es tag worden were, het er nicht mer gehort, vnd Er darnach dem glockenleut nachgeritten vnd gein Rottingen komen. Die bauern hetten Im auch gesagt, das sy solche zwen Reutter nachmals zu mer maln an angezaigtem ende sehen hetten lassen.

Item Im schlos genetzza Sey ein vogt, hais Lenhart schupff; aber, so Ime die Reutter gerufft, hetten sy Inen hampas genent. Item gilg hab ein schwartzen kurtzen zerhauen Rock an, ein schwartzen hut auff, ein groben gemutzten gaul geritten, vnd derselbig gilg hab ein schwartzen part. Item der ander, gilgen gesell, hab ein falchen geritten, sey ein Junger gesell vnd hab ein groben Rock an. Item cuntz von Rosenburg hab ein prann pfert geritten, ein schwartzen kittl an gehabt, auch ein Rotte kappen, daran ein gros vergult crucifix. Item gemelter Ruprecht Zurcher zaigt auch an, das Cuntz von Rosenburg bey her Jorg truchsessen wittwe vil aus vnd ein Reitt Im schlos zw Aw vnd den maisten tail bey der nacht allein.

XXVIII.

Aus dem Land zw Hessen (a. c. Zettel verz.).

Von thann aus ¼ meil.

Wolff von der than 2 knecht: schwartz henszlein, kilian aschmesser. Mangolt von Eberstains voyt petter rugerüst geritten. Des von der than knecht lang grob Rock, Rot kappen mit gelben zottlein, grob hut auff, 2 praun langschwantz geritten vnd schieszeug gefürt. Des Eberstains voyt ein graben Rock, ein Rotte kappen mit grün zottlein vnd ein wag vom grün tuch darein genett, ein groben hut auf, ein weis paurn pferd geritten, danon gesessen vnd auf des trumers pferd gesessen.

Durch Ranch holtz gencht gein Brandenstain, auff ein ackerlenng, daselbst sy plentt gefürt, absitzen müssen, vnd In vorhoff Im schlos hett In Peter vnd Eberstain In das schlos gefürt, nach dem essen zu Nacht mit henden vnd füssen In ein stock eingeschlossen, 2 tag ligen lassen, Eberstain die Odheimerin bracht sageut, sy wolt lieber ein andern haben, der an Ir sach schuldig were, vnd Ime damit vil von Irer handlung gesagt vnd 6000 fl. schatzung begert, vber 2 tag wider komen vnd 2000 fl. haben wollen vnd zu letzt komen auff 600 fl., 50 fl. für schatzung vnd atzung.

Het der marggraf seinen halben geschriben, hetten sy sein gespot.

Hetten In eins mals getegt, nach der schatzung zu Reitten vnd hetten Im ein sigl graben lassen, sich zunerschreiben, die schatzung zubringen vnd sich mit afahen lassen; wo er das tett als lang eins knies tief aus der erden essen, bis das er sich wider stellet vnd die schatzung brecht. Damit er zu seiner mutter geritten, die mit funden vnd sich noch 4 tagen wider gein Brandenstein gestellt hab man In schlos lassen vmgeen vnd bis in die fünfft wochen noch gefangen gelegen, Nemlich von gallj (16. Oct.) an bis auf martinj. Hab der vogt vom Offenhaim die schatzung bracht; der Marggraf hat Eberharten per (?) mit 4 pferden gein Brandestain seint halben geschickt, der hat beteidingt, das er hatt geben müszen 550 fl. für schatzung, 50 fl. für atzung, 20 fl. der frawen für ein schauben an lautterm gold, das hab mangolt eingenommen.

Marsilius Voyt, Joachim von der than, Conntz von Rosenberg, Frowein von Hutten, off 25, 30 bis In 40 pferd starck darkomen.

Item am mittwoch nach Jacobi (31. Juli 1521) gefangen worden mit haussen trumer, den sy Im feld reitten lassen vnd gein gailnheuszen getegt, aber sich nit gestelt (vgl. Nr. 29), er sager am ersten bis vff michelis gefangen gelegen, auf Galli getegt vnd wider gestelt, In 3 tagen sich geschetzt.

Odhaimerin, Ir tochter vnd Ein Junckfreulein, Elslein genant, Marsilius voyten mume (?), auch die fraw offt zu Im komen ye zu —, hetten mit In gespilt, vnd auff die letze het man sy nit vileicht zw Im lassen wollen.

Sich verschreiben müssen, die sachen nit zw effern, das pferd vmb 9 fl. wider gelost, Nach der gefenckuus Eberstain 2 knecht, Nemlich schwartz henszlein vnd Hans Reschawer. des Eberstains schultes Im dorff. hinweg belaitt bis anff 2 meil bis gein Rineck, hat In halben gulden geschenckt.

Mangolt Reit offt mit 4 bis 5 pferden eittl mutzen, hat vast gutt gewll zu 60 fl., die 4 praun vnd ein fux mit eim plassen. grab Rock, Rott kappen mitt grün zottlein vnd ein wagen, wag grün, darein genett. auch Rott hosen mit der grün wag, vnd fürt stets armprust; Eberstain hab sein sach mit dem Reitten In gutter achtung.

XXIX.

1521. Lorentz Rottenbucher von morstat, Hansen trumers aidam, hath auff Sambstag nach Egidy den 7 september Im der kriegstuben angesagt, das am sambstag Sandt Egidien abent (31. Aug.) negst vergangen Hanns trumer, alls er gen Morstat Reitten wollen vnd mit Ime Jorg flockh (s. Nr. 30—33 u. Nr. 38), so hie burger, auch geritten. vnd alls sy zwischen Weichtingen vnd Vntorff ein meil wegs von Morstatt komen, weren hansen trumer 2 Reutter nachgedrabt. Vnd alls dieselben zwen Reutter zu trumer komen, hetten sy Inen vnd flocken gefragt, wer sy weren, hett Flockh gesagt: „von Nürnberg." Vnd den hetten sy von stundan gefangen genomen vnd zü trumer gesagt: „du Erloser, mainaidiger poswicht! biszt du auch da?" (vgl. Nr. 28) von stundan zu Ime auch getracht. die pfeil vff Ine abgeschoszen. Aber trumer sich zu wer gestelt, also das trumer hart verwundt vnd geschoszen, Ine für tod ligen lassen. Do were trumer auf gewest vnd Im ein Dorf eilen wollen, hette das der ein Reutter ersehen vnd dem trumer wider nachgeeylt. die taschen an Ine gefordert vnd zu Ime gesagt. Er wolt Im nichts mer thun. Also hett Ime trumer dj taschen geben, Aber vber das hett Ine der Reutter mit einem pfeil bej der prust hinein geschoszen vnd von Ime geritten vnd dj Reuter den flocken mit Inen gefanngen weg gefürth. Die 2 Reutter haben geritten 2 praun mutzen, aber trumer hab der Reutter nit gekennth.

XXX.

Ein brieff, von Jorgen Flocken an sein hawsfraw ausgangen.

Magdalena Flockin ich hab dir mein elende schwere hartte gefencknus vor zum dritten mal geschriben. die sich vmb mich teglichen mert, vnd du hast dir es, Laider got wol es erparmen, nit zw hertzen lassen wollen geen. vnd los mich nit lenger ligen, Lös mich vmb 300 fl. vnd vmb die atzung vnd gedenk vnd pring das gelt selber gein eckweispach oder aber zum brandenstain, als lieb vnd dir dein leben ist, vnd des sey dir einen hartten aid geschworn, dan dw mich ye nit neher kanst vnd magst erlosen sunder ye lenger ich gefangen lig ye mer vber mich geet. vnd darumb so sich vnd pis dar vor vnd das Rat ich dir, dan ich dir nit vil vmbstent schreib, dan sich vnnd gedenck vnd lös mich mit 300 fl. vnd zal die atzung die zeit für mich, so pringstu mich neher mit deinem kleglichen schreiben das dw mir gethan hast, dw vnd mein mutter da pringt Ir mich nit neher. das Las dir gesagt sein, dan ich wol wais das dw mich zu losen hast, got hab Lob, vnd wan dw schon weder haller noch pfenning soltes behalten vnd soltest mit mir petteln geen, vnd so solts mich nit so lange zeit haben lassen gefangen

ligen, das wir ein got wil nit bedurffen, vnd darumb gedenck vnd lös mich vnd
das Rat ich dir In gutten trewen, dan ich hab mir das schreiben durch grosse
pit erborben, vnd ich hab darüber gelobt vnd geschworn das ich dir wol schreiben
das ich gelöst werde, vnd darumb gedenck vnd lös mich auf das schreiben vnd
las mich nit maynaidig werden, aber es bescheist mich vnd dich der tewffel, vnd
das sey dir bey got zugesagt, vnd mein das wortzaichen das ich zum erla parillenmacher hab geschickt ist ein kleins zettelein, vnd dw hast mir auch geschriben,
dw habst mir den erla parillenmacher geschickt, aber er ist nit zw mir komen,
vnd er hat doch ein frey sicher gelait gehabt, es haben auch die von mörstat
100 fl. für mich wollen geben, aber ich wirt nit mit minder gelts gelost dan mit
300 fl., vnd die atzung mus für mich bezalt werden, vnd darumb Rat Ich dirs In
gutten treuen also lieb dir dein leben ist, dw wollest komen vnd das gelt für mich
pringen, vnd das sey dir zugesagt, vnd damit spar dich got gesunt, datum geben
am samstag nach Sandt merteins tag 1521 Jar.

Von mir armen gefangen *Jorgen Flocken*
vnd sich vnd gedenk vn acht vnd tracht das dem potten nichts wider far als lieb
mir mein leib vnd leben ist, das sey dir zwgesagt.

An Magdalena Flockin sol der brieff In Ir selbst handt.

XXXI.

Ein ander brieff von Jorgen Flocken an seine mutter Katterina
sebolt Flockin (u. s. Schwester Ursula).

O mütterliche trew ist mir armen gefangen von dir gar abgeschlagen worden,
des ich mich armer gefangner zw dir gar nit het versehen, den mir laider yzundt
In gefencklichen notten erst hülff not ist, vnd pit dich noch vmb mütterlicher lieb
vnd trew willen dw wollest mir In meiner hartten kalten thurnlichen gefengknus
zu hilff komen auff das ich müg gelöst werden, vnd wollest mich mit solchem eleglichem schreiben vnbekömert lassen, dan es mich nit von meiner gefencknus nit
erlost. Sunder es mus got erparmen das mich mein weib wol hat zw losen, vnd
des geleichen auch dw mich auch wol zulosen hast, vnd last mich also ellendiglichen gefangen ligen ein so lange zeit, vnd wan mich mein weib schun noch
lenger wolt lassen gefangen ligen, vnd so pit ich dich vmb gots willen vnd vmb
mütterlicher trew vnd lieb willen, dw wollest mich erlosen, dan dw mein vmb
kein pfenning schaden solt haben, dan hilffts dw mir vnd got zuuoran das ich
gelost wird, vnd so hoff ich, ein got wil, ich wis mich wol Recht In die sachen
zw schicken. Dw hast mir geschriben ich sol dir kein solchen brief mer schreiben als ich dir zum Nagsten geschriben hab, vnd das wil ich thun, sich vnd pis
hilfflich auff das ich yzundt mit dem schreiben gelost werde, das ich dir vnd meinem weib gethan hab, das pit ich dich vmb leutterlichen vmb gots willen, vnd
damit spar dich got gesunt. Datum vnd geben am Samstag nach Sandt merteins
tag (16. Nov.) 1521.   von mir armen gefangen *Jörgen Flocken*, dein Sun.

O mein hertz liebe schwester vrssel, ich armer gefangner dein pruder pit dich
auch leutterlichen vmb gots willen, dw wollest die mutter von meinen wegen pitten
das sy meinem weib wolle behilfflichen sein vnd das ich auf das schreiben gelost

werde, dan ich mus gelost werden, vnd pit dich auch vmb schwesterlicher trew willen, dw wollest mir dein heyratt gelt darstrecken pis das ich gelost werd, vnd des soltu sehen vnd Innen werden, das ichs vmb dich verdienen wil, vnd darumb so ker fleis an vnd las mich armen gefangen nit lenger gefangen ligen, Item gedenck auch dw vnd die mutter vnd Ir alle, das dem potten nichts widerfar als lieb mir mein leib vnd leben ist, da pit ich dich vmb.

von mir Jorgen Flocken dein pruder.

Liebe mutter gib dem Erlen 2 fl. von meinen wegen vnd die mus er dem potten haben, vnd wie Lenger Ir mich da last gefangen wie mer pottenlons dar vber get.

Der brieff gehort katerina flockin Sebolt
  flockin meiner hertz lieben mutter In Ir hantt.

XXXII.

Der Briff gehort dem Erle, Pryllenmacher oder Wettschkamacher, wonhafftig Im werdt, Inn sein handt.

Ich Armer Jorig Flock hab euch da einen briff zugeschryben vnnd den uberlest offt vnnd secht das Ir mir nichts darynnen vergest vnnd zum Ersten so secht vnnd behalt den potten In eurm hausz vnd thut Im alsz wann Ich selbs In eigner person bey euch wer, vnd secht das Im nichts wider far als lieb mir mein leyb vnnd leben ist, vnd da pitt ich euch vmb, mein lieber Erlein, Ich schick euch hiemit einen briff vnd der stet an Bernhart Strauben vnd an den Bartholome Flucken vnd an Mertein seldner, vnd Ich pitt euch gar freuntlich, Ir wolt geu zum Jorg Grebel vnd wolt In pitten das er mit euch gee vnd helff euch den brif antworten den dreyen mannen vnd das Ir bede mit einander wider antwort nembt, vnd bit mir meinen gefattern Jorig Grebel das er mir gegen Iuen ein guter furpitter sey, dann er woll weysz was Ich Im auff ein zeit gesagt hab. Mer so habt Ir einen briff an mein muter vnd den lest Ir selber, vnnd Ich hab Ir geschryben, das sy euch zwen gulden gebe, vnnd die nempt vnnd kaufft ein pirsch puchsen mit einem eyseren ror danon, vnd sprecht zu meiner muter, Ir habts dem poten mussen geben, aber Ir dörfft dem potten danon kein gelt geben, dan es wirt die Hanns rumerin am Weinmarckt (deren Mann ebenfalls auf dem Brandenstein gefangen lag. s. Nr. 38—41) dem poten ein gulden geben alsz Ir dann ein briff da an sy habt (vgl. Nr. 41), vnd was an den zweyen gulden an der puchsen vber pleybt vnd das behalt euch zu einer zerrng vnnd antwurt meiner frawen Iren briff auch, vnd nempt allenthalben beschayd vnd pringt mit euch einen guten Welschen wetschka, den will ich dem schencker der mein wartt, vnd Ich pit euch Ir wolt mit meiner frawen die schatzung pringen vnd Ir wolt nit aussenpleyben, vnd sag nymant von dem briff denn Ich an die drey Man geschryben hab, vnd kumpt mit dem potten zum Prantstein, dann Ir dorfft euch nichts besorgen. damit spar euch got gesundt. datum geben am sambstag nach sant Merteius tag Im 1521 Jar.   Von mir armen <i>Jorgen Flocken.</i>

XXXIII.

Ein brieff von Jorgen Flocken an Bernhardin strawben, Bartolme flucken vnd mertheim Seldner.

Mein armen freuntlichen grus schreib ich Armer Jorg flock euch dreyen zuuor an, vnd ich armer gefangner pit euch drey leutterlichen vmb gottes willen, das Ir mir armen gefangen wollt behilfflich vnd berettlich sein auf das ich armer gefangner von meiner hertten gefencknus khumm vnd mog gelost werden vnd das ich meinen kleinen 6 vngezogen khuden lenger mug vor sein, vnd da pit ich euch drey lewterlichen vmb gottes willen vmb, dan ich wol wais wan die Reitfoglin noch In leben were, got guad Ir. vnd got helff mir mit sambt euer hilff vnd von Irem gut, das ich gegen got vmb sy vnd auch vmb euch mit meinen kleinen kinden verdienen wil, dan ich wol wais, wan sy noch In leben were, das es mir armen zw dem grossen vnrat nit komen were, da es mir laider got erparms zu komen ist vnd darumb so pit ich euch alle drey mer mals leutterlichen vmb gottes willen das Ir meinem weib wollet behilfflichen sein auf das ich armer gefangner mug gelost werden vnd damitt spar euch got gesuntt. Datum geben am sambstag nach martini Im 1521 Jar.

    Von mir armen gefangen *Jorgen Flocken* euern mit vormundt.

Den Erbern Bernhardin strawben, Bartolme Flucken vnd mertheim Seldner sol der brief In Ir handt.

XXXIV.

1521 den 19 october samstag verzeichett.

Hans Pürkel auff bedroe sagt, alsz er gester 3 wochen am freitag (27. Sept.) hie auszgeritten, gen Farchaim benacht vnd am samstag frue mit seinem gefertten (Hanns Henn|Heintz]) gen bambergk In desz pfirstenpinter hausz geritten, da geessen vnd vngenerlich vber drej virttel stundt nit alda gepliben, auff staffelstein Reiten wollen vnd ein schrifftlich gleitt genomen. vnd alsz sie fur gilszpach geritten, haben sie den meine (Main) auff der lincken handt vnd den weg auff der Rechten handt auff staffelstein zw geritten, vnd pej der krüm an den weingartten, da man den weg geprückett, sein Inne 3 Reutter entgegen kumen, die tzwen gespandt armprüst oder stachel geführt vnd der, der merer vatter In, nit gespandt vnd gefragt, ob sie bambergisch weren, hetten sie geantbartt: „Ja." Also hetten die Reutter vmgewendt vnd mit Inne geritten vnd wollen wissen, wie sie heiszen vnd ob sie von Bamberg seien. Darauff Pürkel geantbartt: „wil die warheit sagen, wir haben gleit vnd sein von Nürmberg". vnd die Reutter für frewndt vnd barnbergisch gehalden. Alsz sie aber also ein gut weil mit einander geritten pisz der weg preit worden ist, hat der merer vatter den Reuttern das armprust vom satel genomen vnd zv dem Pürkel gesagt: „dw wirst gefangen sein!" vnd in genott, das er In globen vnd die handt geben müssen, wie wol er sich desz am Ersten lang gewerdt vnd das gleit angezogen. Haben aber vmb das gleit nit geben wollen, vnd die andern pede Reutter haben den Henn auch zv globen genottett vnd sie genodt (?), von statt mit In zv Reitten, vnd durch den mein getracht vnd von stat müssen Reitten auff Zapffendorff zu vnd sich gesteldt, als wolten sie auff Pantz abwenden. Nach volgendt den kopf gewendett auff das Hennenbergisch vnd die Puechen zw. Also müssen Reitten, dasz sie Koburgk vnd vil schlosser gesehen. Het der Pürkel vater wegen zw merern mallen gesagt: „wesz wolt ir zeihen? nempt die pferdt vnd die zerung, laszt vns Reitten!" Haben die Reutter gesagt: „wir haben mit den von Nürnberg nichtz zuthun, sunder mit Bamberg, wir wolten euch wol zu Rechter zeit Reiten lassen." Aber Pürkel heldt sie für bambergisch vnd acht darfür, das sie zv bambergk verkundschafft sein. Als sie aber durch den mein geritten, sein von feren 3 ander gegen In gerandt, hat der merer gesagt: „sie thun vusz nichtz, weisz wol, wer sie sein." Acht Pürkel, das ir hinter hut sej gewesen, vnd die nacht alberg pferdt hinter In gehort. Vnd als die nacht kumen, haben sie des Hennen halffter genomen vnd den Pürkel gepunden vnd pej dem pferdtz zeim zügel sie geführt, die nacht vber perg auff vnd ab vnd durch gestrewsz vnd an ettlichen ortten vutterschleiff gesucht, man hat sie aber nit einlassen wollen, vnd Reitten müssen pisz ein stundt vor tag. Sein sie kummen zv einem wasser hausz (Thundorf, östl. von Kissingen), da hat man die pferdt heraussen In, ein alten stall gethon vnd die gefangen zu fusz In das wasser hausz geführt vnd In zv essen vnd trincken geben, vnd nach volgendt In die gefencknus Im wasser thurn Ebes fues gien müssen, doch hat die gefencknus zwe staffel eintritt. In diser gefencknus ist der Pürkel gewest 17 tag, pisz er mit der schatzung gelost; deszgleichen der Henn pisz er nach der schatzung gezogen. Vnd In der gefencknus hat man den Pürkel vnd den Hennen iden miteinander vnd iden mit eim fusz eingeschlossen vnd sie pede zusamen kupeldt. Wenn einer auff ein ortt gerücket, so hat der ander mit hoschen müssen. Vnd ist ein laussig vnd flochig stro vnd bewe Im thurn gewest, also das der Pürkel vermeindt, soldt er lenger gelegen, so must er gestorben sein. Vnd sagt, das man sie offt hart bedrott, sie mitt pein an zv greiffen. Vnd alsz sie nun sich schatzen müssen, der Pürkel für 800 fl. vnd der Henn für 400 fl., das hat den nomen also gehabt, aber Pürkel hätt das geldt allain auszgeben, vnd meindt, woe man gewist, das er eim Rat hie verwandt gewesen, es war Im nit wol gangen. Haben gesagt, sie haben erfaren, das der Pürkel ein fetter, hab tuch feil, sej Reich, vnd am ersten 2000 fl. gefordert.

Aber Pürkel weisz nit, woe er gelegen. So wisz er auch nit, were die Reutter sein; acht nit, das ein nanhafft edelman dar vnter sej, wiewol der merer vnter In sej ein geschickter Reutter man. Vnd derselbig merer hab geritten j fuchx gemutzt pferdt vnd j schwartzen weiten fligenden kitten, 'ein Rotte kapen vnd ein groben hut vnd In der kapen die Bambergisch farb zotten plob Rott, weisz vnd gel (Anzug des Kunz von Rosenberg, vgl. Nr. 20—22); der ander j groben Rock vnd ein grüne kapen an vnd ein groben hut wie der erst ein prawn gemutzt pferdt; der dritt, der knecht sein sol, j schwartzen fligenden kittel, ein Rote kapen, ein groben hut wie die andern vnd die farb wie sein Junckher die bambergisch farb zoten plob Rot weisz gel, vnd j schwartz langschwantz pferdt mit aftergereit.

Vnd die Reutter haben gesagt, sy müssen sein der odhamerin vnd Irer tochter gefangen. Es hab In ein schreiber von Nürnberg, heisz der graff (8. Decbr. 1520 von Kunz von Rosenberg bei Roth gefangen, s. Nr. 21), nit gchalden, wasz er zv gesagt, dar vmb wollen sie nit mer trawen, wan der Pürkel hat sie augemuett. In Reitten zw lassen nach der schatzung vnd seinen gesellen zubehalden, das sie aber nit thun wollen.

Vnd alsz sie den Hennen auszgeschickt vmb die schatzung, haben sie Ime gefürtt pej Nacht bej 3 meil wegs vnd Ime gesagt: „Reit auff dem weg, so kůmstu gen schweinfurtt." Doch Ist dem Hennen eingepunden, nichtz zv sagen. So er also gen schweinfurt gekomen, hat er weitter gefragt pisz er hingekomen, doch nit auff bambergk zw, vnd ist dem Hennen eingepunden, nichtz zusagen, damit man In nit auff halde, vnd woe er sich offenware, so müsz Pürkel sterben, vnd Im heissen, die schatzung prüngen auff ein stettlein zw heist Ebenhausen. Vnd pey demselben stettlein ist ein Capelein, heist zwm heiligen Creutz, ist ½ meil von dan, ist auch nit weit von schweinfurt, darjn sol man auff den mitbroch wartten vmb mitag. Da selbst hin ist kumen der, der Edelman oder merer vnter In ist, vnd der Inn der grün kapen. Dieweil sie aber, der Hen vnd die andern, den Pürkel nit geschen oder gepracht, haben sie die schatzung nit auszgeben wollen, also das die Reuter wek geriten vnd schatzung In der capelein lassen verharren. In der Nacht haben sie den Pürkel pracht vnd ein hinter hut gehabt vnd ein fewr auszgeschlagen vnd das geldt gezeldt vnd die gefangen ledig gelassen. Er acht, das es sey 3 meil vom wasser hausz pisz da hinn, vnd Iren weg genomen auff schweinfurtt, vnd nachuolgend gen Nürnberg gen (sic).

Sagt, er acht das hausz, das es deutschen herrn zu gehörn sol, dan dar ju ist newr ein voit vnd hat vil knecht vnd meidt vnd sich. Das haben sy ausz der gefeukuus Im hoff geschen.

XXXV.

Auff bedroe — Heintz, schneider, sagt, er sey mit Pürkel, schneider, auszgeritten am freitag vnd samstag gen bamberg kumen, pej ¾ stundt alda gepliben vnd In desz pürstenpinter hausz geessen vnd das gleit genomen, wollen Reiten zvm 14 nothelffern. Vnd alsz sie für güszpach hinausz gekomen, haben sie 8 Reutter In entgegen angeritten, gerechtfertiget, darnach vber ein weil gedrungen zv globen, mit In zv Reiten. Wie wol sie sich desz gewerdt vnd des gleit gezogen vnd sich darauff beschützt, hab sie aber nit helffen wollen, vnd die Reuter gesagt: „wir können nit lesen, keren vnsz an deine briff nit, sunder Reit mit, wir wollen euch die penttel nemen vnd Reiten lassen", desz sie sich versehen. Aber alsz paldt sie durch den mein gekomen, hat man Inne die peuttl abgefürtt vnd sie benotigett, weitter zv Reitten vnd sie nit Reitten wollen lassen. Vnd also geritten den tag vnd die nacht seltzam weg pisz gegen tag. Sein sie kumen zu einem wasser hausz. Da haben sie müssen abstien vnd vber die prück hinein gien vnd darnach vber ein schlag prucken In das schlosslein, darnach In ein gewelb Im thurm gefürtt, darjn sie In grosser vnlust desz vnzifersz ligen müssen. Vnd alsz sie am suntag frue dahin gekomen, hat man sie angesprochen vmb schatzung. Haben sie Ir armut vnd hantbergs leut angezeigt vnd doch zv irer entledigung gesagt, sie wollen frewndt vnd feindt an Ruffen vmb 200 fl., sie zv losen, ist darnach komen auff 400 fl., aber kein giltige antbort bekomen mögen, also das der merer der Rewtter vnd der In der grün kapen sein wek geritten. vnd mögen vileicht mer lewt nach In gehabt, vnd von montag darnach auszen gepliben pisz vber acht tag vnd aber schatzung begerdt vnd sie da hin bedrot, das sie 600 fl. gepotten.

Aber alles ir armut anzeigen nit helffen wollen, sunder die ersten 2000 fl. gefodert haben wollen vnd doch Im ende dahin kumen pisz auff 1200 fl. Alls erst haben sie In Ire gefenknnsz gelindert, dem Pürkel j ketten an ein pein vnd den hen ein ketten an ein arm. Vnd nach volgendt hat man In licht geben In die gefenknusz, ist altd, vnd einen schreibzeng vnd papier. Da hab er den schreib zeug ansehen wollen, ob der nit wapen oder warzeichen hett, vnd daran gefunden, das ein schildt auff dem schreibzeng vnd darjn also (einen durch ein aufrecht stehendes Kreuz in 4 Felder getheilten) schildt. Vnd dieweil sie also den schildt aldo gefunden, haben sie das gewelb der gefenknus oben auch angesehen vnd an dreien ortten oben Im gewelb solche zeichen gesehen.

Vnd alsz der brieff geschrieben, haben sie Ine geplendt herausz gefürtt, wie wol sie vngeplendt hin ein gefürtt. Vermeindt, das hausz nnd die perschonen wol zukennen, wenn er das vnd die sehe. Aber darnach haben sie In geweist auff weg, damit er her gen Nürnberg kumen were, alsz er seinen verspruch gelobt vnd dem Pürkel zv gut, vnd die schatzung genomen vnd mit andern dreien an die ort, so er beschiden, getragen. Vnd alsz er zu Ebenhaussen geessen vnd sich nit merken lassen vnd darnach In die Capelein zw heiligen + genandt an mitboch gekomen vnd alda mit seinen geselen gewartt, sein die tetter kumen, woe sie den Pürkel mit In gepracht wolten sie sich etzbasz vnterstanden damit sie die schatzung mit dem Pürkl weck pracht. Aber der Pürkel nit alda gewest. Der ist erst geholdt In der nacht, aber gleich wol auff den hinter hut, so die Reuter gehabt, haben sie das geldt hinausz geben vnd von dannen gezogen vnd sie zw geroltzhoffen da hin gekomen, hab er alda gefunden 2 Nürnberger, nemlich kerling knecht vnd kellner, den kremer pej der fleischprucken, die In gekandt vnd zwm teil die geschicht gewist. Aber er hab sie dafur gepetten. nicht danon zu Reden, aber gleich wol hab der wirt gesagt: „dürfft euch nicht fürtten, habt ir nit geldt, so wil ich euch leihen", vnd sich erpotten, sie vor tags ausz zv lassen. alsz er gethan pej 4 stundt vor tags vnd selbst ein guten weg vor tag mit einer latern mit In gangen vnd sie auff den Rechten weg gewissen.

Dasz schloszlein leit nit weit von Sultztall, ist ein tal, vnd pej dem schlosslein ist ein flecken, es sein ein stettlein oder merktlein oder dorff, da pej (Maszbach? oder Lauringen?), darjn man alle tag zv der mesz vnd zv zeiten zv der vesper leut vnd singt. Er acht es darfuer, das disz wasser hausz nit weit von morstat lige, vnd acht es dar fuer, das es nach den zeichen den teutschen herrn zv gehore. Vnd haben ausz der gefenknus gesehen, das man auff dem hoff holz hakte, fich vnd knecht vnd meidt; hatt aber kein Edelman, sol alda sein allein Ein foit.

Alsz er zv geroltzhoffen gewesen, haben die tzwen: desz kerling knecht vnd der kellner, mit dem wirt von solchen geschichten geredt. Der hab gesagt, als vil er den Heun In gedechtig, das Jorg strümpff, tzwischen volkach vnd heidenfeldt daheimen, vnd einer heisz steinbach, mitsampt dem knecht das gethan haben, vnd disser knecht, vermeindt der Heun, er sei desz Lucas schützen knecht gewest hie am soldt.

Die Reutter: der merer vntter In j fuchx mutz pferdt vnd j weitten kitel, ein grob kapen, j groben huet; der ander ein Junger j groben Rock, j grüne kapen In tzwickeln gel vnd prawn koder, ein groben huet, ein prawn mutzen; der dritt j schwartzen kittel, j schwartz Rosz mit ein affter gerett, eine Rote kapen vnd groben huet vnd farb ln zotten. Alsz der merer vntter ln Nach der schatzung geriten, hat er ein schimel mutz pferdt geritten mit einem fuligen zeug.

XXXVI.

Erfarung der gefengknus, an Hainrichen Pürckel vnd Hansen Henn beschehen vnnd dann durch herrn Eunndresen Tucher gefragt. Actum 4. post vrsule (24. Oct.) 1521.

Hainrich Pürckl vnnd Hanns Henn sein gefragt, wo der glaitsbrieff sey, den sie gehabt haben. Sagt, der sei lnen genomen worden sambt der taschen vnnd allem andern, so darin gewest, vnnd dasselb glait sey vff lne den. Pürckl selb ander zu Rosz gestanden, vnd daselb glait hab der Ottelman, Auch der pfürstenpinder gesehen, das es lne also geantwurt worden ist. Das dem also sey, das haben Sie bede Bürckl vnnd Henn Einen Ayd zu gott vnd den heiligen alsbald geschworen.

Sagt verrer der, den er für den Edelman halt, hab geriten ein fuchsen. so ein mutz. gee nider mit dem kopff, hab hangend oren. Dieser hat ein groen kappen am hals gehabt vnd nit Rot. Der knecht mit der Roten kappen hab ln seinem Ermel die Bambergisch farb gehabt. das hab er selbs gesagt vnd auch bekant. das er etwo hie des Augustin Schützen knecht gewest sey. Vnnd dann der ln der grün kappen hab gesagt. Er kenne den (vermainend den Pürckel) ye lenger ye mer. dann er hab lme offt claider gemacht vnd er sey hie etwo lm marstall gewest vnd haysz Amman.

Der wirt zu schweinfurt, genant Flitner, hab lne beden daselbst ein für bestelt vnd sie haben lme nichts von lrer gefengknus gesagt.

Sagen. Als sie zu dem schlosz, darin sie gefürt, kumen. sey dauor ein tieffer weeg, vnd vor der prucken, gleich an dem tieffen weg. an der linken seyten am hineinReiten, stee ein clein weisz hewszlein, dabey ligen auch bej 6 hewslein vnd gegen dem weyszen hewszlein vber hab man ein hewszlein new mit stro gedeckt. Vnnd als sie vber die prucken hinein kummen, wern sie vff die lincken seyten ln viehe hoff durch ein clein thor ln ein vihe stalt geriten vnd in demselben lanngen stall abgesessen. Darnach wern sy ausz solchen stal zu fusz gefürt vber ein schlah prucken vff die lincken seyten ln ein öd ding, darin ein gefengknus ist, darein sie Ebens fusz ganngen vnd gelegt worden. Vnnd dieselb gefengknus sey ein Sibeller thurn vnnd nit hoch, wie die thurnlein lm Stat graben mochten sein. In derselben gefengknus haben sie die Rosz horen fütern vnd ein glocken horen leuten. Aber solch gelent sey in einem andern dorff von diesem schlosz gewest, wisz nit wie weit. Vnd alsz sie darnach ausz der fangknus oben vff diesen thurn zwu stiegen hinauff gefürt, wern sie in ein stuben gelegt worden, dieselben fenster verstopfft. Dasselb schlosz hab kein fliessen wasser. sonder ein steend wasser vnnd dauon ein wasser graben, der sey von Pachenstein gemaurt, vnd hab dauor ein lichtzaun. Dazwischen vnd dem graben wer gar ein schoner hirsz gangen, den hetten wir woll gesehen, vnd wan die paurn gült betten bracht, hetten sie offt von Mörstat (Münnerstadt) geredt. das hetten sie gehört.

Sagen sie weiter, den weg, den man sie ln das schlosz gefürt hab, sey er Pürckel gerad wider herausz gefürt worden. Vnnd weren also bey einer stund geriten vnd darnach mit weiter, als gein Sant gilgen hie von dem Rothausz sein mag, An Morstat hingeriten, vff der Rechten seyten ligen lassen. Vnnd als er Aber bey einer stund gefürt, weren sie bey einem klein weissen Stettlein hinkummen vnd dasselb vff der Rechten seyten ligen lassen vnnd also bey dreien meyl wegs bisz zu dem koppelein gefürt worden.

XXXVII.

1521. Clas vischer am sold hat am Eritag nach martbini den 12 Nofember angesagt, das er sager heut 8 tag vergangen zw schweinfurt ausgangen auff maspach, von dannen auf thundorff, das selbig haus besichtigt vnd befunden, das thuntdorff das haus sey, dar Innen Heinrich Pürgkl vnd hans Henn gefangen gelegen. Dann er sager mit sambt dem Hennen halber vmb das schlos bis an die prucken gangen. Vnd gett die stras hartt an der ewssern prucken hin. Nach volgent sey er sager mit sambt dem Hennen auf ein hoch vnd perg gangen, sich daselbst nyder gesetzt vnd das schlos nach aller notturft besichtigt vnd in das schlos gesehen, also das henn lautter sagt, das solchs das Recht schlos sey, darjn sy gefangen gelegen. Henn hab auch zw einem wortzeichen angezaigt ein haimlich gemach, so neben der kemetten gelegen, darjnnen Pürckl vnd Henn gefangen gelegen. Solch haimlich gemach haben die gefangen In acht gehabt vnd In der gefencknus gehort, wenn Leut darauf gangen sein. Zw einem merern wortzeichen hab Hennen auf gemeltem berg gesehen die prucken Ee man In den vorhoff khomt. Auf derselben prucken stee ein thor. Inerhalb desz selben thor auff die linken hand darjnnen ein thürlein, dardurch sy gefürt. Ee man In den vorhoff kombt sey ein stal, darjn sy abgesessen, vnd nachmalln zwen turlein wider herausz. Zw der Rechten hant Im vorhoff gee ein schlach prucken vber den gefütterten graben zu dem schlos, dar vber sy zw fus gefürt. Vnd als Pürckl vnd Henn hin vber komen, hett man sy zw der Lincken hant vntten an der mauer herumb neben der kemeten vnd Rechtem schlos In einen thurn gefürt, am graben Im schlos ligende. Das hab Henne Im Clas Vischer auf dem perg angezaigt.

Item als Henn Vischers ansag auch gehort, hat er zu mererm wortzaichen angezaigt, das er alle tag In der gefennckgnus hab Leutt an einem steig sehen auff vnd nyder geen. Der selbig gee auf den perg, do er, henn, vnd vischer auf gesessen sein, das schlos zu besichtigen, vnd sein bede den selben steig hinauf gangen. Hab auch gesehen zwen gros weiden koppen, so In einem tieffen weg ausserhalb des schlos vnd grabens steen, Vor der gefennncknus, dar Innen er vnd Pürckl gelegen, steen, die er alle tag In der gefenncknus gesehen vnd derselben war genomen. Vnd vor denselben weiden koppen vber den hintüber stee ein clein hewslein, so mit Newem stro ytz gedeckt sey, das er auch gesehen In der gefencknus mit sambt dem Pürckl, dan man eben das selbig zw der selben zeit gedeckt. Item In solchen schlos sey auch ein alter Narr, der habe ye zu zeitten vast sere geschrien vnd eine grobe stym gehabt.

Item Heinrich Pürckl hat solche ansag auch gehört, sagt vast derselben gemes vnd des mer: als er In der gefenncknus gelegen, hab er gesehen, das man ein schecket pferd aus dem schlos mitsambt andern pferden geritten hab. Item als Henn vnd vischer auf dem vorgemelten berg vnd steig gelegen, das schlos zubesichtigen, sey ein weib den steig hinauf komen, vnd als das weib sie sager ersehen, hette sy wider vmbkert vnd zuruck gangen, also das sie sich vermutten, das weib sey wider In das schlos gangen vnd sy angezaigt, also das sy sager von dan Rucken müsten, vnd gein Lawring komen. das vngenerlich ein halbe meil von thuntdorff lig. daselbst ein trunck wollen thun. Seyen vngenerlich In einer viertel einer stund 7 pferd zu Lawring durchgezogen. daruntter der vorbemelt scheck gewest vnd zu vorderst geritten. Haben sy sager von einem pfaffen daselbst gehortt, das solche Reutter Lorentz von schaumberg sey. Habe der wirt den pfaffen darumb gestopfft vnd haissen still schweigen, wie wol solchs der wirt darnor clasen vischer In gehaim auch angezaigt. das es Lorentz von Schaumberg were gewest. Dieselben Reutter haben des selben tags mit weit von Lauring an einem aichholz gehalten auff der stras gegen bamberg zw, also das sy sager derhalben gewarnnet, dan sy Inen sunst In die hend komen. Haben aber nach beschehener warnung einen andern weg für sich genomen vnd dauon komen.

XXXVIII.

1521. Hanns Rumers genant Hörauf gefengknus betreffent.

Hans Rumer horauff genant hat auf pfintztag nach Lucie den 19 December angesagt, als er sager am Erigtag nach Diousy (sic) den 15 october von eyfelstatt vnd Randsacker Im land zw Francken ausgeritten, In willen her gein Nürmberg zu Reitten, vnd als er auf die stras gein ypphoffen bey dem landthurn komen, weren Ime 4 Reutter auf der stras von yphoffen aus vntter augen komen vnd armprust vnaufgespant gefürt. Von denselben 4 Reuttern haben Ine sager zwen angesprengt vnd die andern halten beleiben Inen gefragt, von wannen er Riet, den er geantwurt von Randsacker vnd wolt gein Aynersheim. Hetten die Reutter gesagt: „wollan Reit mit vns. dw wirst gefangen sein." Den er geanttwurt: „das wolls got nit, fart schön, ich pin gut marggrauisch", vnd sich auf Sigmundt von Zedwitz zu Winspach, von dan er pürtig ist, versprochen. Hetten die Reutter gesagt: „Nayn! dw pist Nürmbergerisch vnd haben des gut wissen. Darumb Reit mit vns vnd pis gefangen." Het er sager gefragt, wes gefangen er sein solt, hetten sie Im geanttwurt: „Agatha odhamerin vnd helena Ir tochter gefangen wirstu sein vnd Mangolten von eberstain." Hat er Inen als pald geloben müszen, mit Inen zureyten. nit von Inen zw weichen, auch kein geschray machen oder wortzaichen geben. Haben In als pald mit dem lincken pain mit einem strick an das steigleder gepunden, vnd also vmb zway gein nacht, als die gefenncknus bescheen, von der walstat einen kromen weg hinumb auf ochsenfurt an den landt thurn zw genomen, doselbst dem thurner geschrirn vnd vmb 4 stund In die nacht aufgeweckt, sprechent: „Hoscha! Hoscha! wir sein thüngisch vnd müsen hent noch weitter reiten, Las vns durch!" Het gleich wol der thurner lang nit auf thun wollen, aber auff der Reutter statlich anhalten het der thurner aufgethan vnd sy durchgelassen, darnach wider gesperrt. Da weren die 4 Reutter mit Im sager hintter der stat ochsenfurt auf dem graben hinumb komen vnd die gantzen nacht den mayn hinab geritten vnd vngenerlich ein meil vnter wirtzburg vnd hintter Wirtzburg hintter dem schlos hin vber den main komen, von dannen die nacht bis an den tag geritten an ein holtz oder strewslein nahent bey einem grossen dorff oder mercklein, wisse das selbig nit zunennen. Vnd als here tagt weren die 2 Reutter In das gemelt dorff oder merckleín geritten, das essen zubestellen, die andern 2 Reutter weren bey Im sager Im holtzlein halten belieben. Nachmaln haben die Reutter, so das essen bestelt, den wirt, dobey sie eingeritten, heraus In das holtzlein geschickt, das die andern 2 Renter mit Im sager auch hinein Reitten solten, das sy gethan vnd frw auch hinein komen. Ligt das haus das dritt haus von dem thor vnd haisse der wirt Petter oder Hans, hab das Im schrecken nit aygentlich gemerckt, aber der wirt hab ein kleins tochterlein 7 oder 8 Jar alt. Vnd als sy In das wirts haus komen, haben sy In sager In ein kammer gespert vnd die Reutter stets bey Im ab vnd zugangen bis das essen vertig worden. Inen In stuben gefürt vnd sich zusamen ann ein tisch gesetzt vnd miteinander gessen, vnd darnach wider In die kamer gespert vnd den tag do beliben bis auf mitternacht. Bey dem selben dorff oder marckt lig ein trenck hart am thor am Einhin Reitten zu der linken hant. Der hab er aigentlich war genomen, ob aber das dorff oder marckt ein kirchen oder hernsitz gehabt, wis er aigentlich nit, hab des nit war nemen konnen, dan es noch frw vnd thunckl was, do man In hinein gefürt, aber als er am tisch gesessen, hab er 3 oder 4 klengler mit einem kleinen glocklein horn thun. Vnd von der ytzbemelten herwerg weren die 4 Reuter mit Im sager vmb mitenacht am mitwoch nach der that auf gewest, In abermal mit dem Rechten pain zw dem steigleder gepunden vnd pfintztag den tag durch den walt, die Pnch genant, auch velder vnd ander altweg pis zum Brandenstain komen. Vnd wo sy dorffer oder leut vntter wegen gesehen, haben sy dieselben gemiden vnd hintten hingeritten.

Vnd als sy gein brandenstain komen, haben sy Inen sager vntten bey einer klein mul, darbey ein trenck ist vnd vntten am perg vntter dem schlos lig, geplennt vnd bey derselben mül hinauf In das schlos gefürt, hab er daselbst am schlos kein prücken gemerckt. Vnd als er In das schlos komen, hab es bey der stallung Ein kleins prucklein, dan er solchs am Reitten empfunden, do er In die stallung komen. In der selben stallung haben In die Reutter also geplentt von dem pferd gehoben vnd von stunden In die gefencknus, so In der stallung ist, gefürt vnd Inen mit henden vnd füssen In ein stock eingeschlossen, vnd ein stund vngeuerlich In die nacht weren Ir zwen, nemlich clas, als man In nennt, des von eberstains knecht, so In hat helffen fahen, vnd der kelner Im schlos, Hans genannt, zw Ime sager In die gefencknus komen vnd begert, sich zuschatzen, Inen auch als pald mit einem strick hintterwertling mit den armen vnd henden aufgetzogen vnd netten wollen, sich zuschatzen, aber er sager hab Inen angezaigt, er sey ein armer gesell vnd vermög nichts zugeben. Haben sy Inen des selben nachts Ruen lassen, die andern nacht weren Ir 4 wider zu Im komen. Das sein die gewest, so Inen gefangen, vnd abermals begert, sich zuschatzen. Het er Inen angezaigt, er vermecht nichts zu geben, were arm, aber damit er fuderlich entledigt werden mecht, het er 50 fl. zugeben versprochen, das Inen vbel verschmacht vnd 1000 fl. gefordert, leuchter wurde er nit auskomen. Vnd als er sein vnuermögen Inen abermals angezaigt, hetten sy In mit henden vnd fuessen In gespantte eysen geschlossen vnd die nacht also ligen lassen. An der dritten weren 4 vorbemelten aber komen vnd ye 1000 fl. haben wollen vnd Im ende auff 800 fl. verhartt, hett er sich 200 fl. zugeben bewilgt, aber es hett nit helffen wollen. Hett Inen mit sampt den eysen vnd pauden wider In den stock geschlossen, von Ime gangen, pald darnach wider komen vnd angezaigt, das sie sich entschlossen hetten, 400 fl. für die schatzung zunemen vnd alle wochen 2 fl. für die atzung vnd nichts mynder. Da er sager solchen ernst gesehen vnd die hertten gefencknus, het er sich bewilligt, das zugeben, nach dem sy Im auch getröt, hend vnd fusz abzuhauen vnd die einem Rat her zuschicken, dan seine hern In vnd ander burger zw solcher gefencknus prechten, es were alles noch schimpff, wurde mit der zeit noch erger werden, wo sy die sachen nit zw einem vertrag prechten. Als er sich zw der schatzung die 400 fl. zugeben bewilligt, heten sy Inen aus dem stock vnd gefencknus genomen vnd In ein stüblein Im schlos gelegt vnd Inen mit gelüb vnd aid verpunden, sich Redlich zuhalten, nit ausprechen oder dauon trachten bis die schatzung seinen halben mit sampt der atzung bezalt wurde. In dem selben stüblein were auch gefangen gelegen Jorg flock (s. Nr. 30—33), so etwa hie Entrunen ist.

Het Ime der edelman Im schlos (d. i. M. v. E.), der nur ein mal bey Im gewest, durch seinen diener sagen lassen, nach der schatzung zuschreiben vnd die schrifften auf das hertest stellen, das er gethan, vnd was Inen In der schrifft nit gefallen, das selbig ans gethan vnd durchstrichen.

Der edelman sey ein langer geroniger man, ernstlich mit einer schneidenden Red vnd wol berett vnd als er In acht bey den 45 oder 50 Jarn alt sein. Heten In sein knecht am ersten her Sigmundt vom Brandenstain genent, darnach Eberhart vom Ebersperg vnd zum letzten Maugolt von eberstain, het gleich wol der edelman gesagt, er wolt sich des Brandenstains nit verzeihen. Were der edelman sambt Seiner hausfraw, die ein Rot, dick, stark weib sey, wider zw Ime komen sprechent: „Lieber freundt, Ir ligt gefencklich hie, das ist mir nit lieb, es ist euer hern schuld, die thun der odhaimerin vnd Irer tochter gewalt vnd vnrecht, kan sy zu keinem vertrag oder austrag bringen, vnd nach dem Sy Ir sachen an dem Camergericht erlangt, hab ich Ir hilff vnd beistandt zugesagt, sy ist Nun mer ein alt verlebt weib vnd ist sy vnd Ir tochter des Iren nottnrftig, darumb secht, das die schatzung pald gefall." Hett das weib auch gesagt, es were Ir die sachen lait, man musz ye sehen, das man die von Nürmberg mit der odhamerin vnd Irer tochter zu einem vertrag, Ir karung zuthun, brecht. Der Edelman, sein weib hetten ein Jungs tochterlein bey 7 oder 8 Jarn bey Inen gehabt, hett er sager die frawen gefragt, ob das der odhaimerin tochter were, darauff geanttwort: Nain, es were Ires pruders tochter, dan sy kein kind het. Vnd als er sager In der stuben gefangen gelegen, het Im sager ein lang gerade praune metze auf 2 oder 3 mal vngeuerlich zw essen pracht, het er die diener vnd knecht Im schlos gefragt, wer die Junckfraw were, hetten sy Im geanttwort, es were der odhaimerin tochter. Aber der odhaimerin hab er nit gesehen, kenne auch derselben vnd Irer tochter nit.

Vnd nachmaln In der stuben gefencklich enthalten worden bis die schatzung hat gefallen sollen. Were steffan potlein komen, begert, Inen zubesichtigen, ob er noch gesnnt were. Hett Inen der Edelman abermals plennnten lassen vnd durch seinen schultessen vnd noch Ir 5 oder 6 mit Inen In die vorgemelt mül vutter dem schlos geplent fueren lassen. Hett In steffan Potlein besichtigt vnd der schatzung halb mit Inen gehandelt, aber sy hetten von den 400 fl. nit weichen wollen vnd Inen also geplent wider In das schlos gefürt In das vorbemelt stüblein, darjnnen er bis In 9 wochen enthalten bis die schatzung komen, die er also bezalen hat müszen. Vnd bey dem herab fuern In die mül sey der keiner gewest, so Inen gefangen haben, er sager hab auch den erlein, parillnmacher (s. Nr. 32), nye gesehen, noch weniger mit Ime geret, allein was Im der flock geschribeu. Item am pfintztag vor Lucie den 12 December were steffan potlein mit der schatzung komen, hetten In sager die 3 Reutter, so Inen am ersten gefangen, 2 stund In die nacht vngeplent hintten zum schlos aus durch ein ander thor vber ein kleine prucken vnd schnelgattern hintter Inen auff einem pferd In ein dorf, elb genant, In ein wirtshaus gefürt, da dan die schatzung hat gefallen sollen, vnd er steffan potlein gefunden vnd die schatzung bezalt, Nemlich 400 fl. vnd 14 fl. für die atzung, hab darauff ein vrfed gethan vnd geschworn, nymant davon zusagen, auch die gefencknus nit zu effern, auch derhalben ein verschreibung geben müszen. Des gleichen hab Im die odhaimerin auch ein brief behendigen lassen, darjnnen sy bekent, das er Ir gefangen gewest sey.

Darauff er sager, so pald er die schatzung entricht, mit seinen freunden, Nemlich steffan Potlein, des krelln diener am weinmarckt wolff genant, Vlrich N. sein schwnger von ellperstorff vnd ein tagloner, haus mair genant, zum gostenhoff wonhafft, von Elb hinweg gezogen vnd Iren weg auff Karstat, gmundt vnd Wirtzpurg zu genomen. Er sager sey sunst an keinem ende, dan wie ob stet, gefencklich enthalten worden, auch In kein ander schlos pracht, so kenne er der Reutter keinen, die Inen gefangen, allein vermeine er, das einer vutter Inen der Jung Philip von Rüdickhaim sey, seins bedunckens hab er In vor ettlichen Jarn hie gesehen, sey ein langer, dürrer gesell bei 38 Jarn alt, haben, do sy Inen gefangen haben, lang grab Rock an gehabt vnd einer vutter Inen einen graben gippen mit einem vberschlag, grab hut vnd grab kappen, hab einer wilhelm, der ander cristoff der drit clas sich genent, des vierten namen hab er vergessen, aber seins bedunckens sey es ein edelman gewest, hab ein langen Roten part gehabt vnd ein besondere farb In der kappen. Aber als man die schatzung pracht, het er den part abgeschorn. Haben geritten ein apffelgraben schimel, ein praun, Ein Rappen gemutzt vnd ein schwartzfarben gaul mit schopff vnd schwantz.

Im schlos hab er kein warzaichen mercken konnen, dan man hab In albegen geplent aus vnd ein gefürt, aber ein starcker Narr sey darjnnen, den hab der kelner 1 mal 2 zw Im sager In das stüblein gefürt, Sunst haben die knecht ye Im schlos geschrirn: "wir haben heut aber gest! es sein die von hutten vnd ander vil vom adell", der namen er In der betrübnus nit aller war genomen, vnd es sey vil ab vnd zureytens Inn dem schlos.

Die Reutter, so Inen gefangen, haben Im sein Ros vnd was er sunst gehabt, genomen vnd Inen zw fus mit bezalung der schatzung vnd atzung von Inen komen lassen.

XXXIX.

An Barbara Hanns Rumerin, am Weinmarckt wonhafftig In der Rotenburger hausz, soll der briff In Ir handt.

H. A. R.

Mein Freuntlichen grus wisst von mir Lieber gemahel vnnd hertz aller liebster gemahel mein vnd Barbara Hauns Rumerin am Weinmarck wisz von mir armen gefangen, deinem man, das Ich mich aus harter swerer gefengknus geschatzt hab vmb vier hundert gulden, vnnd darumb mein hertz lieber gemahel bitt Ich dich leutterlich vmb gots willen vnnd das du mich armen gefangen, deinen Man, vmb solche Suma gelts wolst lösen vnd nit lenger gefangen lassen sitzen, dann es get alle wuchen zwen gulden vber mich vnnd Ich lieg dannoch hertiglichen vnd schwerlichen gefangen. Darumb pitt Ich dich lieber gemahel leuterlich vmb gots willen, das du mich auff das erst, So du kanst vnd magst, erlost von meiner harten gefengknus. Mein hertz lieber gemahel versetz vnd verkauff, was du kanst vnd magst, vnd ruff freundt vnd veint an, damit du mich erlösen mögst von meiner harten gefengknus. Ob sach wer, das du mich ytz zeiger dits briffs lost vnd sage mit dem Erlein Parillenmacher In aigner person zu dem potten vnd der wirt dir vnderricht geben, dann das gelt must du gen Eckweyspach pringen vnd sych vnd gedenck, das dem potten nichts widerfare als lieb mir mein leyb vnd leben ist, vnd feyer nit darunter, dann du waist, wie mein sach ein gestalt hat mit den heckern zw Francken, vnnd mein hertz lieber gemahel schreyb mir wider antwort bey diesem potten. Auff welichen tag Ich armer gefanger man mich erfrewen soll der erlösung von meiner harten gefengknus, vnnd du wayst wol, das Ich ein schwacher man bin, vnnd ker dich nit an verfürer, die dich verfürn wolten, das du mich nit losen sollest, vnnd las dir das gelt nit lieber sein, dann mich armen gefangen, deinen man. Ich hoff zu got vnd will mirs dester seurer lassen werden, das Ichs wider vberkumb mit der hilff des allmechtigen gots, vnd grüs mir mein dochter Berblein vnnd spar euch got gesunt. Datum am Suntag vor aller heyligen tag (27. Oct.) 1521 Jar.

von mir Hanns Rumer, deinem armen gefanngen Man.

Vnnd Ich lasz dich wissen, das Ich der Ageda Ödheymerin, Elena Irer dochter vnnd Irer helffer helffern gefanger bin.

XI.

Eeliche trew mit sampt meinem freuntlichen grus beuor, Mein hertz allerliebster Man, Was grosen schmertzen vnd hertzlayds Ich aus deiner gefengknus empfangen hab, kanst du wol gedencken. Bin aus solchem erschrecken vnnd kumernus schire aller meiner synn beraubt, Got der allmechtig woll vns baiden trost vnnd bejstand thun. Mein frumer lieber Hanns nechten an aller Heyligen tag ein stund In die nacht ist mir ein briff von dir zukomen, welcher mir gros freud pracht hat, In dem das Ich dich noch bey leben erfarn hab, Widerumb auch grosen schmertzen empfangen, wie du mir schreybst, das du In so groser harter schwerer gefengknus ligst vnnd dich darym geschatzt hast vmb vier hundert gulden, Welchs ye In vnserm allen vnd gautzen vermügen nit ist, vnnd du weist wol, das wir biszher zu keinem vorrat nye komen sein, haben allwegen mit gelichem gelt, das vns frumb lewt gelichen vnd fürgestreckt haben, biszher gehandelt vnnd vns mit groser arbeit beholffen. Du waist auch wol, was wir noch schuldig sein, vnnd ob wir schon dagegen ein wenig weins noch haben vnnd auch etlich schuld bey den heckern zw Eiuelstat, So waist du wie wir bezalt von In werden vnnd mit was mühe wir solchs wider zu gelt können machen. Auch waist du ye wol, das wir ytz kein bar gelt haben. Darumb, mein hertz aller liebster man, kan vnd waisz Ich dich bey der warheit vmb solche grose schatzung nit zuerlösen, vnnd ob Ich schon alles das, das wir mit harter Mühe vnnd arbeit zu samen bracht haben, verkauffet vnnd hingöbe vnd mit bloser haud dauon gienge, das doch ye zuerparmen were, das sich solchs alles nit also auff ein grose Suma als vier hundert gulden erstrecken kont vnd möcht Mit sampt allem dem, das wir haben vnd vermügen. Wo es aber leidlicher vnserm armen vermügen nach sein möcht, als ongeuerlich bey hundert gulden Oder schon ein kleins mer, das doch ye genug wer, wolt Ich müglichen vleys fürkeren, das Ich verkauffet vnd bey fromen leuten souil zuwegen mocht bringen, damit Ich dich aus deiner schweren gefengknus möcht erledigen vnnd dir zu hilff komen, Darumb Ruff an vnd bitt dein herrn vmb gots willen, das sie dir In deiner gefengknus wollen genad vnd barmhertzigkeit erzeigen vnd die genad mit theylen, dich genediglich halten, nit gantz vnd gar vns vmb vnsere arme schwere erarbete narung bringen, damit wir vns vnnd vnser kyndt auch dester lenger mit eren mochten hinpringen. Bitt dich darauff, mein hertz allerliebster Man, wollest mir darnff auffs aller erst du kanst vnd vermagst widerumb zuschreyben, was du bey deinen herrn vnd Junckhern erlangen magst, wie sy es mit dir halten wollen, So will Ich allen müglichen vleys fürkern vnnd dich nit verlassen, Ehe alles gut, das wir haben, verkauffen, vnnd wann wir schon miteinander In das elend geen musten vnnd petteln. Aber Ich hoff, sy sollen dir genad ertzeigen, So will Ich dich nit lassen, damit bisz got alltzeit beuolhen vnnd der himelischen kunigin Junckfrawen Maria. Geben zw Nürmberg gantz Eylends frue an aller seel tag Im 1521 Jar.

Barbara Rumerin, dein elicher gemahel.

XLI.

An Barbara Hanns Rumerin am Weinmarck In des Rotenburgers hausz gehort dieser briff Inn Ir handt.

H. A. R.

O mein harte schwere gefengknus las Ich dich wissen von mir armen gefangen Man, vnd dein schreyben hab Ich vernumen das du mir gethan hast, es wirt nichts daraus, dann Ich mus haben vierhundert gulden vnnd die atzung, vnd gedenck das es gefall vnd anders wirt nichts daraus, ich musz gelost werden, Aber Ich musz noch herter gefangen werden, Aber Ich bitt dich als Ich dir vertraw als einem lieben gemahel, du wollest mich aus dieser harten gefengknus erlösen, vnnd das gelt must du schicken gein Prantstein, traust du dirs aber nit mit gewyser potschaft dahin zupringen vnd so macht es gen Würspurg In wechsel vnnd gee zum Eyrer das er dir hilfflich vnd retlich sey bey wem du wechsel machen sollst, vnnd sag Im nit warzu du das gelt wolst prauchen, könst du aber nit wechsel machen So schlag das gelt ein vnd schick es bey dem Linhart Payr oder du meinst das es gewysz sey, vnd schick es zum Claus Friderich gen Würspurg vnd schrey Im darpey das ers gein Pranstein verorden vnd schicke. Lasz mich bey disem potten wissen das es Ja sey vnd dann Ich musz vmb die vierhundert guldien vnd die atzung gelost werden, Nemlich ein wuchen zwen gulden, vnd darumb gedenckt vnd las solche vncostung nit vber mich gen, vnd gedenck vnd los mich ytzund auff das schreyben, dann es nit anders gesein mag, thust du das nit so solt du es dein lebenlang gegen mir nit abwaschen, das sey dir zugesagt, vnd gedenck das es wer, vnd anderst nit wirt nichts daraus, da glaub mir vmb vnd schick das klein zettellein das war zeichen mit dem gelt, vnd gib dem potten ein gulden zum warzaichen zu lon von meint wegen. vnd sich vnd gedenck das dem potten nichts widerfare als mir mein leyb vnd leben sey, das sey dir zugesagt, damit spar dich got gesundt mich vnd dich bisz das vns got wider zusamen fügt, ein gott will, lang vnd zeit, am Sambstag nach Sant Mertens tag (16. Nov.) 1521.   H. A, R.   Von mir *Hanns Rumer*.

XLII.

Caspar Wegerer hat Ruprecht Zurchs gefencknus halb nachuolgende anzeigung thuen, Actum 16 Decembris 1521.

Sagt an sontag vergangen virzehen tag (1. Dechr.) weren er sager, Ruprecht zurch vnd haus, des Ruprecht Zurchs knecht, von hynnen aus geritten, der meynung gen bosen zureiten, die erst nacht zue erlang vnd dj ander nacht zue Bamberg gelegen. Vnd als sie an eynem eritag frue zue Bamberg aus geritten für Rattelszdorff hynaus vnd auff einen wisz flecken kumen, weren Ine fünff gereysig entgegen kumen, sich also getheilt, das sich zwen zum Zürch, zwen zue Ime sager vnd einer zu zürchs knecht gethan, gefragt, wue sie hin wolten, doruff sy geantwort, weren zue Bamberg gewesen vnd wolten gen koburg. Also hetten die gereysigen von leder zogen vnd sie all gefangen genomen bey einem alten haus oder stadell, das auff der wisen lig, vber ein wasser, darnach vber ein clein zeit wider vber das wasser vnd vber ein hohe hinaus bey einer mül vnd also die gantz nacht gefürt worden, das er des kein anzeigung zuthuen wisz. Vnd alls sy die nacht geritten vnd tag worden, weren zue einem schlos vnd mercklin kumen, daselbst in einem holtzlin ein weil halten müssen, darnach auff ein alt boes schlos gefürt worden, lig ein dörfflein dabey. Da weren sie all dj nacht in einer stuben bey einander gelegen, folgend den andern tag het man sie wider aus gefürt vnd weren als sie ein nacht vnd ein tag geritten vnd dj ander nacht vmb 3 hore geym brandenstein kumen. Item kein reuter hab sich genent, der einer heis marsilius vnd ein knecht heis Lynhart, hab nur ein hamdt. So haben sie all mit den pferden so offt abgewechsellt, das er nit eigentlich kun wissen, was Ider für ein pferd gehapt hab. dan der Lynhart hab ein weisz pferd gehapt, das wisz er aus der vrsach, dan er sager hett auff desselbigen pferd sitzen müssen, snust haben sy In gemein soliche pferd gehapt, Item zwen braun mutzen, Item ein schwartzen mutzen vnd ein Jung rotschymelin langschwentzig. Item von cleydung haben sy augehapt: Der, so sich Marsilius genent vnd seins achtens ein edelman gewesen (war M. Voit v. S.), hab ein groen rock vnd kappen angehapt, dergleich sein knab. dergleichen dj andern alle, aber marsilius vnd sein knab hetten hosen angehapt vnd weren ploe vnd roet gewesen. Item vnter solichen fünffen weren Ir zwen lang person gewesen, nemlich einer so allwegen mit dem marsilius zue rat gangen, vnd der ander wer ein knecht, aber marsilius wer ein zymliche person, nit zue clein noch zue gross gewesen. Item er sagt, der Ruprecht Zürch sey gelegen bis an dritten tag vnd sich nit schatzen wollen pis so lang der knecht kumen, ein eysern halsband bracht, das hett Inwendig vil eysern spitziger zacken gehapt, solich halszpand hetten sy Im angelegt, vnd ehe drey stund hett er sich vmb 2 thausent guldin geschatzt. Item sagt, es sey einer auff gemeltem schlos brandenstein, nit ein grosse person, der hab sich her Zeissolff von Rosenberg genent, der hett Ime ein briff geben, den hett der Zürch geschriben mit dem benelh, den hieher dem caspar dürnlein den zupringen. Vnd wer Ine vater wegen ansprech, solt er sich vff her zeissolffen von Rosenuberg versprechen.

XLIII.

1522. Rupprecht Zurchers anndere gefenngnus.

Am Sontag Advent (1. Decbr.) Ritt Ich von Nürnberg ausz gen Bayerzsdorf. Ee dann Ich zu der Stat kam, Sahe Ich, das mir einer nach Reut auff einem weyszen gaul, fragt Ich In, wem er nach Reut, Sagt er, er wer Im negsten wirtshawsz gewesen, het mich sehen für Reuten vnd er wer des wirts knecht In der Stat, Riet er mir, Ich sollt heint bey dem wirt pleyben, Es wer spat. Item alls Ich zu dem wirt kam, merckt Ich wol, das er mich wunderlich ansahe. Ich gab Im gut wort, fragt er mich, von wann Ich wer, sagt Ich Im: „von kernten" vnd Ich gehoret hertzog vernando von Osterreich zu. Darauff sagt er: „Ja, Ich hors an der sprach, das Ir ein osterreicher oder derselbigen art her seyt. Darauff fragt er mich, wo Ich hinreuten wollt, sagt Ich Im: „nur gen Bamberg, aber die zwen Jungen Reuten gen leyptzigk." Item am Morgen sprach Ich zum wirt: „lieber wirt, Ir wist, das ein gast nyemandt trewer hat, alls ein wirt, besonnderlich allsz ein frembder man Im land. Demnach bith Ich Euch, Rat mir, ob Ich eins gleyts notdurfftig bin, so will Ich es nemen, Euch darumb geben, was sich gepürt." Sagt der wirt: „Ir dorfft keins gleyts, Ir seyt sicher In dem land, vnd wann Ir goldt auff der hanndt trügt, Ir werdt sicher, durfft euch nit besorgen." Item am abent, alls Ich zu der Stat Bamberg nahet, sahe Ich ein Reuter neben der vorstat, eylet dem waszer zu, da Riet Ich auch dem waszer zu. Eylet er vor von myr hindan für mich In die stat. Ich kundt nit aigentlich erkennen, wo er her kom meins bedunckens ist er nach mir herkomen. Der man fürt gar schwartz, vnd sein pferd was mittel, nit grosz vnd gut apffelgrab, het ein langen schwantz. Item am Eritag Rit Ich zu Bamberg ausz. Alls Ich In das velt kam, sprach Ich zum Hanns Kürn von Dantzka: „lieber, schaw vmb, ob du Reuter sehest." Gegent vns ein pawer, fragt Ich In, ob er Reuter het gesehen, sagt Ja, einer wer ver vor. Er füret harnisch. Dhweyl Ich mit dem Redet, Ritt Hanns Kürn für vnd für. Rufft Ich Im, sagt Ich Im, der pawer het ein Reutter gesehen, der fürt harnisch, lacht hanns kürn vnd sprach: „er weysz vil, was ein Reutter Ist." Darauf spricht Hanns kürn: „der gesterich wirt hat euch für ein Edelman gehalten Im wolffszpeltz vnd mich für ewrn geraysigen knecht." Item Euhalb Ratelszdorff auf einer wisen am graben komen 5 Reutter, die fingen mich, fragt Ich, wesz gefangen Ich sein sollt, sagt Marsili In beysein der andern Reutter: „Ich bin hanns thum von abszperg, desz gefangen bist." Alls wir anhuben zureuten, sahe Reinhart von Nisika hanns kürn nach der seitten an vnd sprach: „Das ist ein geraisig knecht!" Item den Eritag vnd die nacht fürten sy mich das noch 3 stund auff den tag war vngeuerlich, komen wir für ein schlosz, das ligt vast an einer Eben, da hilten wir bey einer stund darnor; aber die 2 Edelman Marsili Veit vnd Reinhart von Nissika die warend vor geritten, warn Im schlosz die zeyt, weyl wir darfor hilten. Da schickten sy ausz dem schlosz zu vnns, hiszen vnns vom Schlosz abreitten In ein dicken wald. Darynn hilten wir wol 2 stund auff den tag. Da kamen die 2 Edelman wider ausz dem schlosz zv vnns In wald, fürten mich wider für das schlosz, das liesz Ich zur lincken hand vnd Ich Riet auf, die Recht hand. Alls Ich zu dem berg Riet, sahe Ich drey Schlosz auf dem perg nacheinander ligen, allweg eins hocher, dann das annder, vnd das vndten auff der eben am berg, darnor wir bey der nacht gehalten haben, das Ist das 4 schlosz, vnd ligen alle 4 nach einander ¼ meyl wegs. Also fürtten sy mich auf dem berg In ein schlosz. das Ist das trit schlosz, vnd ligt noch ein Schlosz hoher, das ligt gar hoch. Vnd das Schlosz, darein sy mich fürten, was kein edelman Innen, dann ein alter man vnd sein fraw, den nenten die Reutter hofman. Item alsz pald wir In das Schlosz komen, do gieng hans kun (sic) aus der stuben, was ein lang weil dausz vnd die edelleut bey Im. Da er kam, sache Ich in an, sach er mir vnder sich. Also gaben sy Im sein Wetzschkar wider vnd alle seine brieff, die knecht warn von stundan gut eins mit Im. Vnd mein gelt vnd gulden, was Sy mir genomen hetten, das theiltten Sy anff dem tisch. Also lagen wir den mitwoch tag vnd nacht still. Am pfintztag morgen frue kam Marsilius Pub, pracht Im ein brieff; darauff rietten die zwen edelman frwe wegk In das erst Schlosz, dartzu sy vns das erst mal fürten, Sy fürten mit In mein wetzschker. Darauff prachten Sy etlich paurn, die Iren knechten vnnser hülffen hütten. Sagt ein altter paur: „Ich wolt In meinem hausz lieber wasser trincken, alsz ich da söl sitzen, sol wein trincken, Ich sich woll, wie es zu get, aber vnnser herrn wöllens also haben!" Der paur was In dem negsten dörfflein bey dem Schlosz daheim, meins bedunckens nent ers gan oder kan. Item an dem Pfintztag zu nacht fürten Sy mich ausz dem schlosz wider für das Schlosz, darnor wir hielten an der eritag nacht. Da schickten die zwen edelman Marsily vnd Reinhard ausz dem Schlosz zw vns, wir solten wissen, das wir ferrer Rassen müssen. Darauff sagt mir Wilhelm fnsz, wan Ich mich redlich hielt, So woltten Sy mich In ein schlosz füren zw eim edelman, der liesz seine gefangen Im schlosz vmbgen, hielt sy gar redlich. Was mein antwurt: „Ich will mich redlich halten." Darauff kamen die zwen edelman ausz dem Schlosz. Marsili het sein pferd In dem Schlosz gelassen vnd Riet ein weissen gawl, sagt er, den het man Im In dem schlosz gelichen; mer sagt er mir, er het der frauen den Rabin geschenckt vnd ein Annodisten vnd zwen vngerisch gulden alsz zw einem Ring. Also fürten Sy vns Pfintzten nacht vnd den freitag pisz vmb vesper zeit. Do rait aine (sic) In ein dorff, pracht ain paurn zw vns insz holtz mit habern, wein vnd prot, sagten sy, wir hetten noch fünff meil zw Reitten, meins bedunckens heist das dorff Eckweispach, hatt auch dem von Eberstein zugehörd.

Item als wir zu dem Braunenstein noch zwo meil wegs hetten, reit Reinhard von Nissika mit dem Hans Kün hintten hernach allein, darnach trapt er eylend herfür zw Marsily vnd Spricht: „Ich hab den gefragt, er sagt von syben", das ander sagt er Im gar In das oren, das Ichs nit hören kund, was Sy ermaintten. Mer sprach er: „Ich hab In gefragt, wie er sich zw Nürmberg haltt", darauff hat er gesagt: „er halt sich hoch vnd kostlich." Wie Ichs hört, also sagt Ichs Hannsen, do langt er sein nit. Ee dan wir zum Braunenstein komen darauff sprach Ich zw Im: „wie magstu sagen, das Ich mich costlich haltt zw Nürmberg?!" vnd pat In, er solt nit liegen, solt dj warheit sagen; dann es wurd dartzu komen, das wir gegeneinander sten müssen, wurst du mich anliegen, wur Ich In ein Ingner schelten. Er schwig vnd der Reinhard redt wider mit Im. Was Ich dem hausen gesagt, das sagt er dem Reinhard, darauff In Reinhard ledig hat wollen lassen. Do hat der Hans gesagt, das ros wer mein, dan Ich het Ims gelihen. So vertrosz Sy, das Rosz an der hand zufueren vnd hiessen In, mit In reitten. Das hatt Reinhard offenlich gesagt an dem tisch, das Hansz hörd.

Item am Sambstag Nachzeit do pracht Mangolt vom eberstain dj Odheymerin vnd setzt mir sy an dj seitten vnd sprach: „da pring Ich enra feind!" Sy sagt vil grosse ding von den von Nürmberg, sy het Im Camergericht was erlangt mit Recht, das Ir nit kont volgen, mit vyl wortten. Dj Edelleut sassen In der Stuben, hortten zw. Was mein Anntwurtt: „Liebe fraw, ich hallt euch nit für mein feindt, Ir sagt mir von den von Nürmberg, darumb ich mich nichts an nym, Ich bin kein Nürmberger, ich — In nichts verpflicht. Sy haben mit mir weder zu bieten noch zu schaffen, bin ain Burger zu Sannd Veit in Kerntten, da bin Ich gelobt vnd geschworn meinem gnedigsten herrn hertzog Verdinandus von Oesterreich, der ist mein gnediger vnd lanndsfürst." Sagten die Edellewt: „Du handelst mit den von Nürmberg!" Sagt Ich: „nit andersz als ain gasst zu Nürmberg wie zu Leiptzig oder anderszwo als ein gasst bej einem wirtt. Demnach liebe Fraw hapt Ir kein sprach zu mir, noch zu meinem gnedigsten herrn vnd lanndsfürsten, darunnder Ich gesessen bin zu sannd Veit in Kerntten. ich hab auch das ain brieflein in meinem wegkschger, den mir die Edellewt genomen haben." Da stund vff Manngolt von Eberstain vnd sprach zu der Odheimerin: „geet hinaws, wir müssen ein annders tun!" vnd fürtten mich In stockh. 'Schlossen mich mit baiden füssen Ein. Der stockh was vasst enng, das klagt Ich Cristoff von Nissika, griff, das der stock enng was, sprach Er: „Ich wils also haben!" Reinhart von Nissika, Wilhelm fuchs, die drey haben mich in stock verschlagen. Vber zwo stund kamen Sy wider vnd sprachen: „Du böszwicht! du hasst vor geschwatzt, bis trewlos worden." Sagt Ich: „Sy haben mir nit gehalten, ich hab In müssen entringen aus holltz gen Röttingen" (s. Nr. 27). Sagt er: „Du lewgst!" vnd tratt mir vff die füsz Im stock, das Ich nit andersz dacht, Er tret mirs gar ab. Ich schray ser. Darnach prachten Sy ein Eysen, legten Sy mir an hals, das hett Negel Inwenndig, die mich In hals stachen. Das Eysen pracht man von einem anndern Schlos. Item darnach vordertten Sy fluffthalb tausent guldin. Ich sagt, solich gut hett Ich mein lepttag nit gehapt, bott In 400 fl. zugeben, liessen Sy wegk, Sprachen, Sy wollten mich anndersz lernen, Reden, Sy hetten gute kundschafft, Es wurd In auch bald ein Eysen kummen, So wollten Sy mich lernen synngen. Da das Eysen kam, da Rit die fraw wegk, wann aller sach ist Sy ain Rat geberin', der Edelman hat nicht, dann was Sy geraten hat, vnd die drey brüder von Nissika haben Ir gar gefolgt, sind Ir vetter. Item da das Eysen kummen ist, haben Sy mir baid heund darein geschlossen neben einander, mich bey dem Eysen schlos zogen, auffgehabt ver der Erden, vber den stockh mich zogen, das schlos mit den hennden Enhalb am stock an nerb gehanngen. mich also daran hanngen lassen, Sy wegk ganngen. Da hab Ich geschryrn, haben mich die Negl Im hals gestochen, Sagen, Sy wollten nit mynder nemen als 2000 fl. Sagt Ich, habs nit, Ist mir nit möglich vffzubringen, Erpot mich In 600 fl. zugeben. Also kamen Sy vber anderhalb stund wider vnd sagten, Sy wollten kains pfenuig mynder nemen als 2000 fl. Daruff sagt Ich, hett Sy nit, wesst Sy auch nit aufftzubringen, also giengen Sy wider wegkh. Da tett mir das hanngen In dem Eysen Schlos also wee, das Ich zu Inen sprach, sollten wider kummen. Da sprach Ich zu In, Ich wollts In gern geben, wenn Ichs mocht aufbringen. Sagten Sy, wöllt Ichs geben, So wollten Sy mich aus dem stock lassen. Was mein amtwurtt, Ich wollt mein hochsten fleis haben, darnach schreiben. Daruff sagten Sy mir zu, mich Im schlos ledig geen lassen, so laung die schatzung kemm.

Item darnach vber 10 tag kammen In brief, das sich Mangolt setzet sich nider zu mir, was gar gütig, sprach Er: „Wollt gott, das Ir In einer annderu gefenngknuss wertt!" sprach das drey mal vff einander. Sagt Ich: „lieber Junckher, Ich bin gern Ewer gefanngen."

Vber ettlich tag kam Contz von Rosenperg, Ist der frawen gar nahenn-der Vetter. Allso sagt die fraw offt am tisch zu den Reuttern: „waun Euch ein kauffman nit halt, was er Euch zusagt, so haut Im hend vnd füsz ab, last In ligen!" Mer sagt sy offt von eim von Weiers, der het ein kaiserlich gleyt gehapt bey Im, wer erstochen worden, die das thun, hetten kein straff darumb gehapt. Fragt mich die fraw, wer mir gesagt het, das Ich Im schlosz genetze gelegen wer, was mein amtwurt. Es sein 15 Schnitter vnd schnitterin die nacht Im vorhof gelegen, die haben mich mit Iren augen gesehen ausz dem Schlosz Netzke fürn an der Mitwoch nacht vor sannt Bartholmes tag (s. Nr. 27), die habens offenlich gesagt auff den kirchtagen. Sagt die fraw: „sie haben gleich ein vnfürsichtig volck vnd gesindt, allsz wirs hie haben!" vnd sprach darauff: „wir Edelleut laszen einander nit, da Richt euch eben nach, Ir müst halten vnd thun, was wir wollen!"

Am Morgen darnach kam Mangoldt von Eberstein vnd Cuntz von Rosenberg. Mangold sprach: „du wolst mich auch vor dem Regiment vmbtziehen verclagen?! Ich will dich setzen!" vnd troet mir mit dem vinger. Cuntz von Rosenpurg sprach: „du solts da nit sitzen, wann Ich dich het, Ich wollt dich recht setzen vnd dir ein ader nach der anndern auszreissen, die 2000 gulden will Ich selbs geben, die gefangen müssen vnns ytz auff weinnachten 15000 gulden geben." Sagt Ich: „wann Ir mich toten wolt, Ist bald geschehen." Sagt er „nein! Ich will dich acht tag Reissen pisz das du stirbst." Sprach Ich: „lieber Junckher will ich doch thun. was euch lieb Ist", sprach er: „du helsts nichts", hub er an sprach: „schaw mich Recht an! wo hast du mich gesehen?" Ich sprach: „Ich kan nit wiszen, wo Ich Euch gesehen hab; wann Ich schon Euch gesehen hab, so hapt Ir ein kappen an gehapt." Sprach er: „schaw mich Recht an! hast du mich gesehen, so sags!" Ich sprach: „nein, Ich kan nit wiszen, das Ich Euch gesehen hab, Es sein ein weyl mit mir geritten Ir Siben, da man mich geu Netzke hat geführt." Sagt er: „wer hat dir das gesagt, das Cuntz von Rosenberg dich gefanngen hat vnd zu dir In wald kumen sey?" Sagt Ich: „kans nit wissen, man hat mirs offt gesagt, Ir fürt die bannd oder arm In einem paud (vgl. Nr. 27), seyt allso mit einem pferd gefallen; wann Ist einer bey der nacht zu mir komen vnd ein weylund mit geritten, hat sein arm In einem pand gefürt, hab Ich vermeint, das wer Cuntz von Rosenberg." Sagt er: „Wer hat dir das gesagt?" Ich: „kans nit gewiszen, Es sind zu Roting vil frembder leut In mein herberg komen, die haben einer dem anndern gesagt, wann es mir leben gült, so weisz Ich nit, wer sy weren." Sagt er: „du waist wol, das du gen Wirtzburg geschriben hast!" Er zog ein brieff herfür vnd lase, das man Im geschriben het von Würtzburg, Er sollt sich ausz des Bischofs flecken von wirtzburg thun, Er wer darin nit sicher. „Das hast du gemacht: du waist woll, was du dem Bischof geschriben hast, das schreyb Im wider ab!" Sagt Ich: „will thun, was euch lieb ist." Do sprach er: „du pist der grost poszwicht, den Ich nye erkent hab; weist du, was du geschworn vnd gelobt hast?" Sagt Ich: „weisz nit, was er mir fürgehalten hat, dann Ich was thotlich kranck, das Ich nit west, was er sagt." Sprach er: „nur ein schwert In dich gestossen! Ich weysz wol vnd ken wol die gutten gesellen, so dich geschatzet haben, du hast sy all In grosze sorg vnd vnglück pracht, vnd wann du die 400 fl. (s. Nr. 27) hest farn laszen, so sest du nit da. Allso must du noch 2000 fl. dartzu geben, du poszwicht!" Am Morgen kam er wider, liesz mich schreyben dem bischoff vnd Ime auch ein brieff zugeben, das Ich an In, an Bernhard von thüngen vnd lorenntz von Rosennburg nichts erfordern wol. Ich Sagt, Ich wols gern thun, Ich kün nur nit schreiben. Ich schrieb zwen brieff. Als sie es lasen, sagt die fraw, Sie wolt nach aim schreiber schicken. Schickt sie geen Stain nach dem Schulmaister. Er kam, wasz Ich dabey. Sagt Conntz von Rosennbergk zu dem Schulmaister, Er het sorg, was Ich schrieb, das het Ich nit willens zuhalten. Sagt Schulmaister: „lasst mich sein schrift sehen, daran will Ich wol sehen vnd erkennen, was willens er ist." Darauff namen sie In hinaus vnd lasen mein schrifft mit Ime vnd er copirt nach seinem gefallen. Also must Ichs schreiben ein brieff dem bischoff, ain dem Conntz von Rosennberg brieff, hat Mangolt von Eberstain sein sigill darauff gedruckt vnd Contz von Rosenburgs knecht sind zeugen vnnd Jorg fluck vmb Insigel hab Ich betten. Item Ich bat Conntz von Rosennburg, das er mir auch ein brieff geb, damit Ich versichert werd, das er vnd die seinen fürbas In vngutem nichts gegen mir fürnemen, also gab er mir ein brieff vnnder seinen Sigil, den hab Ich noch.

Item Mangolt von Eberstain vnd Cristoff vnd Renhart bede von Nissika, Wilhelm fns vnd Clas Rieten all mit einannder gen Onspach auff ein tag, so mit Hanns Thoma gehalten ist. Dieweil hüttend mein paurn mit namen Reschkaber, kitlinger vnnd sein son vnd der kellt. Item da sie wider komen von Onspach, het sich Mangolt mit Hanns thum von Absperg knecht einer für Branenstein — — —, den wolt mangolt nit einlassen vnd sprach, er het seinen knechten bey den tewrn wein vil vnd offt das sein vmbsonst geben vnd sie ans vnd eingelassen, der knecht was Wilhelm pruder. Item da sie geen Onspach sind geritten, haben sie nacht zill herberig gehalten zu Offenheym bey dem Geyer Im Schlos gelegen.

Item Conntz von Rosennburg ist drey Raisz zum Brandenstain gewesen mit vier pferden vnd mit fünff pferden. Philipp Geyer, ist des geyers sone zu Offenhaim, der ist mit Contz von Rosennberg da gewesen vnd allain da gewesen wol vier wochen. Da Fraunckfurter mesz aus gieng, Ritt Wolffganng von Nissika vnd Cristoff von Nissika weck, vnd Marsily Riet vor In wegk mit vier pferden vnd kamen In acht tagen nacheinannder all wider. Item philipp Geyer hat mir offt gesagt, wann Ich sein gefanngner wer, so must Ich In eim stock liegen vnnd ein daumenstock an hennden haben. Er fragt mich: „hat dirs Fritz Zobel gesagt, dich gelernt?" Sagt Ich „Nayn." Conntz von

Rosennburg sprach: „Ich will dem Zobel sein dorff verprennen, ein petler aus Im machen!" Item ein knecht, haist Pangratz. ist von than, ist ein schultais, drey meil von fuld, der knecht ist offt zum Brandenstain gewesen, am nechsten im faschung. schrieb er viel brieff ab. Auff dem schloss da helt man auch gefangen vnd schetzt sie, Mangolts knecht vnd gesellen Reyten da aus vnd ein. Item ein Schlos, haist Eisina, ligt drey oder vier meyl von fuld, davon kam ein Junge fraw, der erbnet man grosse ere vnd schickt geen steckelberg nach der frauen, dj warn Ir freundt (Mangold's Schwester Ottilie). Die fraw von Eisina da von hort Ich, das sie sagt zum Wilhelm fus: „Ir seyt mein gast gewesen!" Sagt Wilhelm fus: „fraw, Ich waysz woll, Ich wil pald mer ewer gast sein!" Die fraw was iij tag zum Eberstain (Brandenstein gemeint), das schlos (Eisina) halt Ich auch für ein Raub hans. Item es kam in der vasten ein Junckfraw vnd ir bruder, das schlos heist hann oder hon oder dergleichen, ligt ein meil oder anderhalben von fuld, kam ir bruder ab vnd zu geritten, dieweil sie da was. Die Junckfraw plib da bis graf Jorg von wertheim fürs schlos kam, da hielten zwen Reuter vnterm schlos bey der mülle. Sagt mangolt seiner frawen vnd der Junckfrawen, sie sollen zue den Reutern ziehen, horn, was sie wolten. Zugen fraw und Junckfraw mit einander hinab vnd reten mit den zweyen Rentern. Also kam die Junckfraw wider vnd sagt dem mangoldt, sie begerten, das Cristoff Nissika hinab ritt zu In. Kam herwider, was sie Im sagten, weis ich nit. Das merck ich wol, das Im mangolt, seine mitreuter nit mer so hart forchten. Die Junckfraw trost mich seer dorauff vnd sagt, es würdet alles guet. sie het eym schon veindt handt botten, sie sagt mir: „wolt got, das ir In meins vatters schlos weret, da wert Ir sicher." Alls ich verston, wer Ich in Irs vatters schlos alls wol gehalten vmb schatzung, alls zum Brandenstein. Item alls die Junckfraw kam zum Brandenstein, sagt sie, es weren zwen Reisig knecht zue fuld gefangen, legen in eym stock, hat ir vatter ein knecht gen fuld geschick vnd fragen lassen, warumb man sie gefangen hett oder wie man Im helffen mocht. Der knecht hett begert zue dem gefangen, da hat man In nit zue Im lassen wollen. Die gefangen zwen Reuter haben auff der strasz geraubt, sein darob gefangen worden. Dj zwen rauber sind offt zum brandenstain gewest sagen dj edelleut.

Item nachdem mangolt von eberstein ein bescheid hett von den zweyen Reutern bey der mill, darauff schickt er ein dirn zum steckelberg, die kam herwider, pracht mit Ir dj Junckfraw. Vnnd die Junckfraw vom Steckelberg die prachten potschafft, das man mich gen steckelberg solt füren. Darauff sagten mir die Edelleut: „man wurd dich heint weg füren, wisz, das du dich redlich haltest, woe nit, so wurdest du erstochen werden." Item gleich alls man das liecht wolt auffzünden, es was noch tag aber tunckel, ritten die edelleut davon mit 5 pferden, mit namen Reinhart vnd Cristoff bruder von nissigkenn, mangolt von eberstein, Wilhelm fuss vnd der bueb (vgl. S. 8). Es kam der frauen pald potschafft, sie weren schon zum steckelperg. Item drey stund in nacht bannd mir der keller ein knebell Ins maul vnd füret mich aus dem schlos hintern stadel vber den berg ab. Sie sagten mir Im schlos, wann ich schrie, wenig oder vil, so wolten sie die spies in mich stechen. Die mirs zusagten: ein baur vnd reschhaber und der eseltreiber, der beck, die vier giengen mit mir. Alls wir vber den berg abzugen, kamen zwen reuter nahend zue vns, es was ein stigler berg, konten mich zue rosz nit ereylen, wann sie aber zu fus wern gewesen, so hetten wir Ine nit entgeen mügen. Da der eseltreiber vnd beck sahen, das ich hie dangefürt was, kerten sie wider Ins schlos vnd prachten die mere der frawen, wie der gefangen wer danon pracht zue Elm In dorf negst bey dem brandenstein, bracht reschhaber zwen baurn, das ir 4 wern, fürten mich dj nacht. Zwo stund auff dem pfintztag morgen (Donnerstag, 17. April) kamen wir in ein graben nahemud bey dem steckelberg, gieng Reschhaber Ins schlos zum steckelberg vnnd der ein baur mit Im plib sein sthan, ob Reschhaber Ins schlos kem, da sach er hin Ein, die pawrn flohen vnd merckt, das Sy sich zum Steckelberg forchten. Ettlich paurn fürten hinausz, ettlich hinein, dass er sorg hett. Reschhaber kem nit heraus. Redt Ich Sonil mit In, das Sy mich zw einem dorff fürten zw Mangolten Amptman. Da Ich nur vler ein wissen zum dorff hett, brachten die paurn den Amptman herausz, der pracht prot, wein, wollt, Ich sollt das essen. Ich was kranck, batt Sy, mich in ain Stuben zuführen. Fürten Sy mich ausserhalb des dorffs zw ein haws, was der ambtman, zwen paurn woll hintten, was mr ain paur bey mir, Risz Ich mich von Im, lieff mitten Insz torff vnd Rufft vmb Recht an mit vil worten, das vill paurn vnd pewrin zw luffen. Mangolts amptman bat, wölcher Mangolt von Eberstein zw kört, der solt mich angreiffen. Fürten Sy mich an holtz, lag wir so lang das Reschhaber kam. Sagt zw den pawrn, Er wer pey Mangolt gewest, het Im befolhen, solten drey tag mit mir beym steckelberg Im wald Still gelegen sein. Darbey verstund Ich woll, das Mangolt zum Steckelperg was vnd Schlug rät mit dem Ambtman. Fürtten Sy mich in ein ander dorff, lag Ich die nacht. Zw morgens frwe giengen die vier paurn al weck, befulhen mich ander vier paurn, warn In dem dorff daheim fürten mich an ein grossen wald.

Item graff Jorg kam pald nach mir In das dorff, darein Ich geloffen was an dem pfintztag. Hat er nach dem gefangen gefragt vnd den paurn tröedt mit anzünten. Hat seiner knecht einer des Amptmans hausz anzünd, darein was Ich geloffen. Darauff hetten sy Im von dem gefangen gesagt, er wer gefürt an ein holtz.

Item an der Pfintztag nacht fürten Sy mich Ins dorff gen Oberkalba. Am karfreitag morgen (18. April) fürten Sy mich aus holtz. Da kam graff Jorg gen Oberkalbach vnd sucht den gefanngen. Also ward Im antzeigt, er sollt woll gefunden werden, Er wer aus holtz gefuert worden. Pütt der graff den paurn. Sy sollten morgen frwe komen gen Brandenstain, do globen schwern, wölcher nit kem, der must verlirn alles, das er hett.

Item dieweil Ich Im wald was am freitag, Sagen mir die paurn, So mein hütteten, Sy hetten zw pottschafft, Mangolt von Eberstein befül In, Sy solten mein hütten auff sein weitter befelh, sein hawszfraw (?) befülh in, Sy solten mich füren gen Steckelperg.

Item am Sambstag (19. A.), als die paurn dem graffen gelobt hetten, zug graff Jorg mit den paurn ausz holtz vnd suchten mich. Da fand mich mein gnediger herr graff Jorg Im holtz.

Item Odthaimerin gieng ausz dem Schlosz weck, alszpald der graff für das Schlosz komen Ist. Sy gieng mit Irer tochter an ein wald. Item drey tag vor ehe als der graff für das schlos kam, sagt mir die Odthaimerin, itzt nach Ostern wollt Wilhelm fusz Ir aber absagen vnd zwen edelman mit Im: was

Sy vor than hetten. wer nichts, Sy wurden erst recht angreiffen vnd prennen. Item Oltheimerin Sagt mir vnb mitfassten. Sy het ein procnrator doctor hie zw Nürmberg, der hett Ir geschriben, Sy prechts also nymmer mer zw keinem vertrag. Sy musten ernstlicher handeln. Das wollt Sy thon.

Item Im . . . . . hat Mangolt sein Puben hie gehabt, hat brief her gen Nürnberg pracht, nitt wollten Sy sagen, an wen er die prieff bracht hett. Aber Mangolt sprach offt zw den andern Renttern: „mein Pub huts woll auszgericht." Ich lasz mich bednucken, er hab pracht die ober pottschafft.

Item Sy haben mir Ins prot was thun, das Ich mit Inen Im Schlaff haben reden müssen. Sy habensz lang triben ein wochen oder Sechs, nachdem alsz Sy von Anspach komen synd.

Item Reinhard vnd Cristoff haben zusamen gesagtt: „der knecht vnd sein herr sagen gar vngeleich ding", Sy hiessen den Hanns Kuen mein knecht. „der herr will vns gar verdreylen, als den von Württenberg, also will er vns auch vertreyben."

Ich dacht woll offt, wan man solche Rauberei wern will, So müsst man In alle Raubschlösser nemen, vnd dachte, wie man Sy vertrib. Das Sy mirs sagten kund Ich nit wissen, wie Sy es von mir wissen möchten. Darauff dacht Ich Im nach vnd fandt, wan Ich mich schlaffen legt, das mir der kopff sawst, alspald er mir erwarmtt. Also nam Ich ein holtz in mundt vnd wacht, fand ich, das die zwen von Nissicka offt ein gantze Nacht vngeschlaffen lagen vnd wartten, wan Ich schlieff. Ain mal redeten sy zu mir, Sprachen: „was hastu gestoln, das dw nit heim darffts?" Redet Ich, Sprach: „vnnser ellj edellewt haben gesagt, ich het 16 tausend gulden, darumb wollen Sy mich verderben." Damit wacht Ich auff, das waisz Ich woll, das Ich es geredt. Item Ich vnnd Reinhard giengen Spat schlaffen, ich must mit Im Spiln, dartzw liehen Sy mir gellt, aber kundschafft gieng alle nacht frwe schlaffen. Alls Ich vnd Reinhard schlaffen giengen. Sagt Reinhard zum Cristoff: „hast dw das thun?" sagt Cristoff: „Ja, Ich habs Im prait auff alle örter." Also legt Ich mich Ins peth vnd verstund woll, dasz Sy mirs meint. Nam ich ein holtz In Mund, alls Ich entschlieff. Da hub es mich Im leib auff, das Ich must reden, Schrey Ich: „Jesus Maria!" wacht damit auff. Darnach legt Ich annder Nacht mein Wolffspeltz vnder mein kopff. Dribens woll ein Sechs wochen an einander. Hanns Kuen der nent sich mein knecht, aber Ich hab In nie gedieugt noch nichts zugesagt, darumb hät zw Nürnberg ain vngunst . . . . mit gehapt, das Ich Im zugesagt, Ich dörfft keins knechts, sollt sich versehen, wo er wollt, vnd mir das mein geben, ist mir 85 fl. schuldig. Ich sagt Im offt: „mir thut der kopff wee, ich wais nit, wasz Im pöt ist!" lacht er alwegen vnd sagt: „man thut euch vilencht eine schalckheit."

Item hans Kün Saget mir, der Nürnberger sollner wern nenn gewesen vnd der edellewt syben vnd hetten einander geschlagen In ain dorff nit weitt von Pamberg, sagt Ich: „wer sagts dir?" Da sagt er, ein frembler Reutter pnb het Ins Im stall gesagt, das weisz Ich nit, sy hetten selbs aneinander geschlagen zum Zeitlosz. Der Hanns Kün für vnd für mit solchen mern —, wolt also hörn, was ich dartzu sagt, das sagt er in mer. Sagt er mir, Sy hetten In dem stall verpotten. Vber drey tag darnach sach Ich In aus dem Stal geen vnd den Reinhard darnach Ime. Item eins malls patt Ich den Hans, er sollt nichts mit mir reden, das die edellewt antreff oder die gefangknusz, was er zörnig. Vber zwo

Stund kam dj fraw vnd sagt dem Mangolt, das Ichs hörd: „schaw! der gefangen hat sein knecht verpotten, sol mit Im nitt röden", vnd sy . . . . sy russt. • Item In den ersten zehenn tagen kam Hanns Kůn, pracht mir ein prieff, wollt, Ich solltt In lesen, Stont mangolt von eberstain nam auf, wie ich den brief onsach, gieng er wegk. Ich Im pald nach, gab Im den brief wider, ich glaub, sie hetten Im beuolhen. Item Im bad war ich vnd Hans vnd der bader, da fragt Hans den bader, wie der edelman hies vnd das schlos. Der bader gab gueten bescheid, dacht, er wer mein knecht, Ich fragt den bader, ob mer schlosser hie vmb weren, darjnn man gefangen leut hielt, sagt der bader: „Ja, es ist eins sechs meil von hynnen, da halt mans auch lunen, aber ich wolt nit vil neuen, das ein Juncker horin kem, ich bin ein armer gesell, wann ich 10 fl. het, ich wolt mich mein lebtag der leut neren." Darnach wann der bader kam . . . . sy was . . . vnd ich heist das der Juncker der Wilhelm beuelh vnd . . dem klaus, sie solten sehen, das ich mit dem bader nit redt. Darauff flohe ich den bader, wann er da was. Also hetten der bader gemerckt vnd das In Wilhelm fusz wertt drawet, da ward er dem Hansen veynd, vnd Hans ward vber den bader clagen, er wolt In nit zwahen, vnd wann er Ine zwieg, thet er Im aschen auff den kopff vnd macht Im den kopff mit vnsawber. Auf das sagt ich dem bader, wie der Hanns vber Ine clagt, sagt, er hett nit weil, mit Ime vmbzugeen, sagt ich: „lust euch der mue nit verdrieszen, ich will euch lonen." Sagt er: „will euch gern baden, mit Im hats ein andern syn." Der bader ist zue schllüchtern, hat kein pad, geet auf die schlosser, heist hans, ist dirs (?) kleinsz mensch. Item auf das vnd anders hat ich graf Jorg, er solt hans kuen fencklich halten, er wer wol alls schuldig, alls der ander gefangen einer, vnd sagt Ime das in beywesen Hansen kuen, er laugnet seer, kan wol laugnen, wan man sich daran keren will.

Item ein wollweber zue schllüchtern hat ein frawen, ist ein schwebin. Der wollweber vnd sein hansfraw assen zum brandenstein am . . . . tag, Sagt der weber, wie er offt zue Franckfurt were, dacht ich, es mus ein kuntschaffter sein, das man In daher last. Ich fragt sein frawen in der kamer, was ir man hanndelt, das er geim Franckfurt zug, sagt sein fraw, er wer ein wolweber, er leg in eym bad darneben warn vil weiber, sagt: „nein, ich bin ein ferber." Darauff schwig ich. Item alls ich ledig ward, fürt mich der graff gen schllüchtern. Da fragt mich die wirtin, ob ich nit den wollweber gesehen hett, der vnd sein fraw hetten mit mir gessen in der rastnacht, sagt ich: „hab wol mit Ine gessen, aber seidher hab ich Ine nit gesehen." Sagt die wirtin: „er ist hie weg, alspald der graff Ins land kumen ist, vnd ist die sag hie gewesen, er wer mit euch vnd er hett euch Im wald vmbgefürt." Sagt ich: „nain."

Item vor mitter vasten ist schulmeister vom stain aus der stat auff dem brandenstein gewesen, vnd alls ich verstanden, hab sy In daher pracht, das er ein verschreibung copiert hat, wie ich mich den edelleuten soll verschreiben. Der schreiber sahe mich gar vleissig an offt, als Ich vermerckt, so haben sie In auff anndern schlossen auch pranchet zu solichen sachen. Er ist Statschreiber, auch er ist listig. Ich hab In ein mal gefragt, von wann er sey, hat er ein ander Stat genennt. Item der Schulmaister vom Stain hat das schreiben auch copirt, so Ich Conntz von Rosenburg geben vnnd dem bischoff geschickt hab, als er mirs lasz vnd lesen wolt, sagt er Im wa . . Ir vmb alle gefangen vnd er wolt mir treulich Ratten vnd sagen, wo er dien konnt, vnd er wolt mich nur erfaren, was Ich willen wer, das ers Im west zusagen. Er hub offt an, dieweil er mirs lasz vnd Ichs schrieb, warn wir allain beyeinannder In der hindern stuben, Er ist warlich Irs tails gar.

Item nach mitfasten sasz Ich Im venster In der stuben, hort Ich, das Cristoff von Nissika sagt, geyer vnd krackter thain vnnd Recht, das sie also liegen zu schlichtern, wann der geen Nürmberg kompt, so sagt er Ins, wann sie drey offt darauff legen, so mogen sie vnns da auffhaben. Sagt die fraw von prannenstain: „sein knecht hat zu mir gesprochen, wans sein herr west, das er mir also vil von Im sagt. O, wie wurd er mich reyssen lassen!" Darauff lacht Renhart vnd sprach: „er ist ein vosz gewesen." Darauff sagt Mangolt: „es ist ein argenlistiger man." Sasz ein frembder vor am tisch. der, sprach er, horts, als er sitzt Im venster. Darauff sagt Mangolt: „da schlag der teuffel zu! Er musz noch wol annders horen." Item pald darnach kam Hanns zu mir In die hinderstuben vnd Redt vnd sag (sic) mich an, ob Ichs gehort hett, thet Ich gleich als het Ichs nit gehort. Auff die nacht, als Ich mich nyder legt, leucht er mir, da legt Ich mein gewanndt vnnder das küsz, Aber mich deucht, Ich schmeckt aber Ire krenter. In der vinster nam Ich mein gewanndt vnnder dem küss vnd legt es oben auffs küss vnd den kopff darauff. Als Ich schlieff, kam ains vnnd griff auff wo Ich lag, Ich entwacht vnd fragt: „wer da?" da giengs wegk In dj vorder stuben. Ich glaub, es wer Hanns kommen. Item den anndern tag gieng Ich zu der hindern stuben, als ich zu der thür kam, Redet dj fraw laut: „er wirt mir nit also hinaus wüschen, sein knecht hat mir gesagt, er vermüg 2000 fl.", vnnd do Ich das hort, gieng ich wider hindersich.

Item als Ich erst geen Pranndenstain kam, fragt Mangolt von Eberstain, wo Conntz von Rosenburg wer. Sagten dj Reuter, sie hetten Im nit nachgefragt. Sagt Mangolt: „er ist vnser aller vater!"

Item Dietrich Beheim zu Nartzel ist offt zum Brandenstain gewesen, Ich halt, das er aller sach mit hab gehabt. Er hat den knecht Jorgen stets zu Narzel gehalten. Der knecht Riet ein apffelgrabs geulein mit einem langen schwanntz vnnd fürt ein schürtz, huet, kappen, hosen. Der Rock was verkert. Ich glaub nit anndersz, dann er sey der, der zu Bamberg für mich eylt. Zum Prandenstain sach Ich In einmal Reyten, alspald Ich das pferd ansahe, hielt Ichs darfür vnd Ir auch. Ich halt, der wyrt hab In hernach geschickt.

Item Hanns Jorg von Deiningen ist ein nacht zum Prandenstein gewesen, man hat mich In nit laszen sehen. Item Fritz von Deiningen hat mer allsz einmal seine knecht mit vier pferden dargehapt, Ist allweg Marsili mit komen, esz stand darauff, das sy mich solten weg füren.

Esz send In stets vil brief komen von Onoltzpach vnd von Wirtzburg, das Ich wol an Inen gemerckt habe, das Ich In den brieffen offt komen bin. Was der prieff warn, schuben sy In puszen. In wurd vil geschryben, sy sollten mich da nit halten, vnd ward in ein pot von Wirtzburg von herr Mart von Nisikus. Item herr Mart von Nisikus ist ein priester zu Wirtzburg, Ist der ander pruder, der hat vmb all Ir sach gut wiszen, man hat Im stets brief zugeschickt vnd er herwider von Im vnd von Andern. Sein Rat ist auch gewesen, man sollt mich da nit laszen. Item Marsili soll ein pruder haben zu wirtzburg, ein prister, der hat mermaln ein aigen potten zum prandenstein gehapt. Item die von Nisicus haben Ir muter zu Onoltzbach alls sy sagen bey der Marggräfin, Ist hofmaisterin, hat ein pruder zn Onoltzbach, sol ein Rat sein bey dem Marggrafen. Die Fraw hat vil grosz brief zum Brandenstein geschickt Iren Sonen, sind von Onoltzbach geschickt worden gen würtzbnrg an herr Martin, herr Mart hat sy geschickt zum Brandenstein furter.

Item ein Schwartzer knecht, haist hertzog, der ist mit dem Fritzen von Awerbach gen Brandenstein gewesen. Der knecht hertzog het ein entsetzung ab mir, zug pald wegk.

Item Reinhart von Nisikus sagt seinem pruder wolffgaung, das er In vier gegent schloszer het, das er ausz vnd ein Ritt: Im Franckenlanndt, auff dem Ottenwald, In Döring vnd In der pieche. Er sagt, das er vil auff Ritt auff den Reussenberg vnd auff Bockszperg. Von den 2 schloszern vnd von genötzke Ritten sy vil.

Item Hauns Kürn ging In stall vnd stund auff die stigen, sahe alle Ir pferd. Mir wasz verpotten stal vnd die stigen, da man sehen mocht pferdt anszen wasser zufüren. Ich sprach offt: „du wirst In vngelück komen", aber er het sein beschaidt, forcht Im nit. Item zu Mitternasten sagten mir die Edelleut, Ich sollt mein knecht schicken gen Preszlaw vnd Posen, wollt er verkauffen zu gelt machen, was Ich da het, das wolt er gen Brandenstein pringen vnd In an der schatzung geben. Sagt Ich: „er Ist mein knecht nit, Ich traw Im nit, wann er was einnem, Er geb mir noch euch nichts." Allso prachten sy In zu mir In die stuben, Sagt er wer mein knecht, sagt Ich: „nein, Ich hab dich nye auffgenomen." Da sagt er, wer einer warheit allsz gleich alls Ich. Sagt die Edelleut — er sich Redlicher gehalten alls Ich, vnd hieszen mich still schweygen. Ich schwig. Da er vil lug sagt, sagt Ich: „hof, sey dein gefangen nit, mus Ich aber dein gefangen sein, musz Ich tun, was du willt." Da hiessen Sy In hinaws geen vnd gienngen ettlich mit Im, kamen wider, Sagen, wie er sich ratlich hielt vnd Sy wollten Im den brief vnd Sigl geben. Vnd er sagt In, er wer guter lewt, hett ain Reiche muter, vnd wie er sagt, Ich kennt sein muter wol, vnd sagten, Er erpewt sich, Er wollt mir zu Posen purgschafft tun Jenen, so Im mein gut anntwurtten. Sagt Ich: „Nain! Ich traw Im, noch seinen purgen nichts." Item da Hauns horet, das Ich laidig, was mirs graf knecht sagten, Sprach Er: „O, des hab Ich laung begert!" tett sam wer Er sein fraw, was mit beiden hennden Ins har gefallen. Aber Ich hiellt darauff Er wer also erkennen wann Er waist Iren willen. Item, da der Graf des Schlos erst hett eingenomen, hett er in gefragt, wo der gefanngen wer, hett Er gesagt, Er wisst nit, der kellner der mochts wissen. Aber da man mich wegk fürt, Sagt Er mir, 20 mann werden mich zum Seckelberg (sic) füren. Item die Fraw hat Im beuolhen, am pfintztag (Donnerstag 17. April) aws dem Schloss geen, vnd Im beuolhen, er soll nadl vnd faden mit Im tragen vnd soll Sagen, Er wer ain schneider vom Stein. Als Ich horet, hat Er sich am ersten also genennt. Item Manngolts fraw Ist mir gar veind von wegen Ires vettern Countz von Rosenberg. Hauns kun ist offt zu mir kumen, mir gesagt, die fraw sey mir gar günstig, hab Ich geschwigen.

XVII.

Alls aber Mangolt von Eberstain seins Schlosz Brandenstain also obgemelt entsetzt, Ist er nachmals zu Frantzen von

Sickingen komen, demselbigen In seiner Mutwilligen vehd wider den Ertzbischoff von Trier hilff vnd beystanndt gethan, vnd nachmals Jn demselben fürnemen vor sandt Wenndl, einer Statt, erschoszen worden.

Alls aber, wie gemelt, Manngolt von Eberstain vor Sandt Wenndl erschoszen, Ist nachmals sein Bruder vor dem loblichen kaiserlichen Regiment, damals zu Nürnberg gehaltten, Erschinnen, Graue Jorgen von Wertham verclagt vmb widerumb zustellung des Schlosz Brandenstain sambt seiner zugehör Inn Ansehung des, das er Mangolts Bruder vff absterben deszelben Negster erbe seye. Ime ist aber von dem Regiment sein begern Inn ansehung, das sein Bruder vber des Reichs landtfriden seiner pösen, Mutwilligen vehd vnd handlung nit abgestanden, abgeschlagen. Derhalb er on endts abgeschieden.

Wie wenig Mangold's Bruder: **Philipp**, sich hierbei beruhigt hat, beweist, dass er sofort den Grafen Georg von Wertheim nebst einem Theile der Einwohner von Elm gefangen nahm und auch die seinem Bruder 1519 abgenommenen fuldischen Lehengüter zu Eckweisbach beanspruchte. Nachdem 1523 ein Vergleich geschlossen und in Folge eines 21. Mai 1527 abgeschlossenen Vertrags erhielt dann auch Philipp von Eberstein 7. Juni 1527 das Schloss Brandenstein zu Mannlehen (s. S. 532, Nr. 421 u. S. 76 meiner oben angef. Schrift). Ebenso setzte er sich auch in den Besitz von Eckweisbach nebst Zubehör.

XLV.

1529, Oot. 15. Der Rath zu Nürnberg schreibt an Johann Nordeck wegen des Handels mit der Odheimerin und deren Schwiegersohne Georg Dietzel:

Vnnser willig freuntlich Dienst zunor etc. Vnns ist durch herrn Andressen Osiandern euer schreiben etc. vberanntwurt etc., vnnd sind euch etc. auch der warnung, so jr vnns Georgen Dieczels halben gethan habt etc., jn vleysz danneckbar etc. Wie nun dise vorderung gegen vnnsern freunden von Agatha Odhaimerin, des Dieczels Schwiger, vnd jren helffern vnnd enuthaltern jren vrsprung genomen hat, werdet jr ausz jnnligenender schryfftlicher vnnderrichtung, die vnnsere herrn, ain Erber Rathe, dem kayserlichen Regiment jm nechstuerschinen 1521 Jar vberanntwurt haben, vernemen vnnd euch daraus onzweyfenlich zu berichten haben, was scheins die Odhaymerin vnnd ire gehilffen auch yetzo jr Tochterman Jörg Dietzel, der vnnsers achtens mer ausz ainer hoffnung grosses gewynns vnd schatzung, So er diser sachen halben ausz vnnsern freunden zupringen vermaint hat, dann von annderer Cristennlicher vrsachen wegen der Odhaymerin dochter geelicht, ymmer haben müge. Dann das ist die offentlich warhait vnnd layder kain widersprechen, das die Odhaimerin vnnd Jörg Ditzel, jr dochterman etc., jr Clag allain zu sonndern personen, vnnsern burgern vnnd verwanndten, die juen vyl tausenndt guldein zuthun vnnd schuldig sein, auch sonst gegen juen gewaltigklich gehanndelt haben solten, vnd nit gegen ainem Rathe vnnsern herrn gestellt, Mit was rechtmessigem pillichem scheyn werden dann vnnsere herrn vnnd freund ain Erber Rathe als das Comun, die diser sachen für sich selbs nye zuthun gehabt etc., für die, so Dietzeln derhalben verpflicht sein sollen, angezogen, dieweyl doch vnnsere freundt sich yedes mals erpotten haben, das sy der Odhaymerin etc. zu gedachtenn beclagten vnnd beschuldigten personen, jren Burgern, oder derselben erben furderlich ordennlich recht ergeen lassen vnnd jnen, was sy mit recht zu juen erlanngen, mit dem schleunigsten verhelffen wöllen. Zu dem so hat das kayserlich Regiment disen hanndel, auch der Odhaymerin mutwillige, vngegründte vehd vnnd gewaltthaten so vngeschickt erfunden, das sy die **Odhaimerin** vnnd **Mangolten von Eberstain**, jren helffer vnnd enthalter, jnn die acht offenlich erkannt, vnnd dem wolgebornen vnnserm gnedigen herrn Graf **Georgen von Werthaim** beuelch geben haben, disenn **Mangolten** zu vberziehen, wie er dann gethan, sein Schlosz **Branndenstain** erobert, die gefangen, so er darynn funden, erledigt, vnnd den **von Eberstain** verjagt hat. Vnd als nun die Ödhaimerin mit tod abgangen ist, hat Dietzel jr dochter geelicht vnd sich ainen erben vnnd mitthäter dieser vngeschickten vorderungen vnnd daraus geuolgten gewalthaten vnnd Acht gemacht, Auch an Dietmar von Houstayn geschlagen, der sich vnnder ainem scheyn vermainter genatterschafft Dietzels vnnd seines weybs angenomen vnd vnnsern freunden etwas bedröelich geschryben hat, vnnd mag sein, das Dietzel vyl grosses erpietens für vyl Churfürsten, Fürsten vnnd stennde des Reychs gethan, mit dem er jme auch den gröszten glympff zu schöpffen vnnd des pauren geschray zu erhalten vermaint, Aber sollich erbietten jst allain dahin gestellt, das vnnsere freundt gegen Dietzeln güetliche verhöre fürkomen vnnd vnnderhanndlung solten annemen, Das haben aber vnnsere herrn ain Erber Rathe darumb für beschwerlich vnd aunderer muthwilliger annordnerer halben für nachtaylich bewegen, das sy jre potschafften mit grossem Costen hin vnd wider schicken vnd jn der güetlichen hanndlung nichtzit annders gewartten solten, dann das bey jnen auff vyl abtrags vnd gelts geben, durch die güetlichen vnnderhenndler sonders zweyfels gearbait das jnen aber zu bewilligen mit nichten thunlich sein wurde, dann sollten vnnsere freundt vber das sy wie gemelt dieser sachen weder verwanndten oder partheyen seyen, darzu vber jr manigfaltig erbietten, auch vngeachtet, das sy von der Odhaimerin vnd jren helffern muetwilligklich beuehd vnd beschedigt worden seyen, darzu vermögt oder jnen zum höchsten angehalten werden, sich mit Dietzeln zu uertragen, das were ain sollicher vntrüglicher laszt vnnd beschwerlicher eingang gegen anndern mutwillern, wie jr für euch selbs nit schwer habt zu bedencken, vnnd wiewol vnnsere freundt für sich selbs auff etliche des heyligen Reychs Stet des rechtlichen ausztrags halben gefreyt sein vnnd darumb wol vrsach hetten gehabt, auff demselben Rechtgepot oder dem kayserlichen Camergericht, dahin sy das ordennlich gehörn, zu beharren, haben sy sich doch desselben Rechtgepots gegen Dietzeln begeben, vnnd jme güetlicher verhör vor den Stennden des pundts oder Rechtlichs ausztrags vor den gemainen dreyen pundts Richtern zu sein erpotten, das were ye vor zeitten mer dan gnug gewest etc.

Gleych wol haben gemaine Bundtsstende, alls dieser hanndel hieouor an sy gelanngt, vnnserm gnedigsten herrn, dem Cardinal vnnd Ertzbischofe zw Menntz Churfürsten etc., jnn dess Fürstenthumb Dietmar von Houstain gesessen ist, ernnstlich geschryben vnd souil gehanndelt, das sein Churfürstlich gnaden bey dem von Houstayn verfügt hat, sich dieses Dietzels genntzlich zuentschlagen, wie dann beschehen ist, vnnd wie wir glaublich bericht werden, so enthelt sich gedachter Jörg Dietzel yetzo jm fürstenthumb hessen vnnd villeicht bei krafften von Bodenhausen, Darumb ist an euch vnnser vnd vnnser freundte gantz freuntlich bitt, wo jr diser haundlung vnnd Dietzels annorderung rede hörn wurdet, jr wöllet dieselben vnnsere herrn mit grundt der warhait wie es an jme selbs ist guetwillig enntschuldigen vnd bey vnnserm gnedigen herrn Lanndtgraf philipsen von hessen ain getrewer fürderer sein, das Jörg Dietzel mit gelubden verstrickt werde, das er gegen vnnsern herrn vnnd freunden, auch den jren, ausserhalb freuntlichs rechtens, nichtzit fürnemen wölle, wie auch sein fürstlich gnaden alls der Lanndtsfürst auff Dietzels abelag vnnd bedroung vermög gemains Lanndtfridens vnnd Bündtischer ordnung zu thun schuldig ist, Das werden vnnsere freunde mitt willen vmb euch verdienen, Darzu wir vuns für vnnser person gleicher weysz willig erbietten. Datum freytags den 15 Octobris Anno domini etc. 1529.

Hieronimus Ebner der ellter vnnd
Cristoff Kresz zw Nürmberg.

Dem Erbern und Achtparen Johannsen Nordeck,
 Secretarier etc., vnnserm lieben herrn vnd freunde.
Nürnberger Briefbuch Nr. 100, fol. 101 b.

XLVI.

1543, April 6. Der Rath zu Nürnberg schreibt an Jörgen vom Eberstain zum Ginels.

Edler vnd vhester. Ewr schreiben vns jetzo fahr vnd vnsicherhait halben, der Ir euch aus ettlichen angezaigten ewrn vrsachen vor vns vnd den vnsern besorgen thut, haben wir mit beschliesslicher ewrer pitth alles Inhalts vernommen, Vnd ob vns wol ewrn halben hieuor (s. oben Nr. 7, S. 22) allerlay mag angelangt sein, So wöllen wir doch dasselbig vf ewr gethan erpietten also vf Ihme selbst beruhen lassen. Also das ir euch vmh vergangne sachen, ob ir darjnnen wieder vns vnd die ynsern verdacht vnd verwandt gewesen, vor vns vnd den vnsern khainer gefahr vnd vnsicherhait besorgen dörfft. In guether zuuersicht, Ir werdet euch khünfftig zu der pillichhait zeweysen, dem auszgekhündten Laundtfrieden vnd Reichsordnung gemesz zehalten wissen, Das wir euch vf solich ewr schreiben dienstlicher guether Maynung nit haben verhalten wöllen, Datum freytags 6. Aprilis Anno etc. 43.
Nürnberger Brief- oder Missiv-Bücher Nr. 123, f. 148.

Urkundliche Nachträge

zu den

Geschichtlichen Nachrichten von dem reichsritterlichen Geschlechte

EBERSTEIN

vom Eberstein auf der Rhön.

Zweite Folge.

Die betreffenden Citate beziehen sich auf die entsprechenden Seitenzahlen, Nummern etc. meiner „Geschichte der Freiherren von Eberstein".

S. 26, 309 u. Beigabe, Wappentafel.

Das schöne Sacrarium, welches Hans von Ebersberg und Elisabeth von Eberstein neben dem Hochaltare in der alten Pfarrkirche zu Gersfeld 1440 errichten liessen, ist nicht mehr vorhanden, da die alte Kirche zu Gersfeld 1783 abgebrochen wurde und man die künstlich gearbeiteten Steine desselben nur zum Vermauern wieder verbrauchte. Diess bestätigt (nach der in der k. Bibliothek zu Bamberg befindl. Notiz*) in einem Schreiben vom 25. Sept. 1783 der Amtmann zu Gersfeld Joh. Phil. Thon mit dem Bemerken, dass die Abbildung, wie sie gegeben, sehr genau ausgefallen sei.

S. 240, zu Nr. 90.

1231, Sept. 23. Die Urk. findet sich seitdem auch gedr. in Mon. Boica, V. 37, p. 245, Nr. 229 unter folgender Inhaltsangabe:

„Anno 1231., 23. Septembris, in curia Waltsahsen apud Heitingsvelt. Hermannus herbipolensis episcopus, causa, quae inter *Heinricum de Lura*, marscalcum

---

*) Während des Drucks des ersten Heftes der „Urkndl. Nachträge" liess mir der Freiherr Emil Marschalk von Ostheim zu Bamberg die interessante Notiz zukommen, dass er bei Durchforschung in der Bamberger k. Bibliothek befindlichen Handschriften viele meine Familie betreffende Nachrichten entdeckt habe. Bei meiner Anwesenheit in Bamberg fand ich, dass dieselben von dem 1833 verstorbenen Minister von Eberstein herrührten, der sie dem fleissigen Octavian Salver in Würzburg übergeben hatte. Aus Salver's Nachlasse hatte sie der bekannte Kunstschriftsteller Joseph Heller käuflich an sich und in die k. Bibliothek zu Bamberg gebracht.

ecclesiae herbipolensis ex una parte et **Botonem de Eberstein**, pueros ipsius Botonis et *Cunegundis* sororis dicti marscalci ex altera vertebatur, se mediante decisa, **Volgero de Eberstein** et fratribus eius officium marscalciae in feodum confert."

S. 240, zu Nr. 89.

1235, im Juni. Bischof Hermann von Würzburg bestätigt einen Kaufcontract zwischen Wernher Propst der Kirche zu Wechterswinkel, im Namen von dessen Kirche und dem Stiftsmarschall (Marschalcum nostrum) **Volger** (von Eberstein) über einen Theil des von Volger als Burglehen bezüglich der Salzburg von dem Stifte innegehabten Zehnten zu Trimprechterode, als Ersatz, wofür er sich von genanntem Marschall dessen eigene Güter zu Leutershausen (Luthershusen) zu Lehen auftragen lässt, welche jährlich 16 Scheffel Gerste und 16 Scheffel Hafer an das Stift abzugeben haben. Der in der Urkunde als Zeuge genannte **Botho von Eberstein** ist des Marschalls **Volger** Bruder, welchen Beiden ihr Oheim, der Marschall Heinrich von Lauer, lt. eben angef. Urk. v. 23. Sept. 1231 u. A. sein Recht auf das Dorf „Lutenahe" hat übertragen lassen. Data anno Domini M CC⁰ XXX quinto in mense Junio apud Herbipolim, indictione VIII Pontificatus nostri anno decimo.

_{Des k. Archivs zu Würzburg Copialbuch des Klosters Wechterswinkel Nr. 238a, fol. 59.}

S. 243, zu Nr. 95.

1252, im Aug. Bischof Hermann von Würzburg bestätigt den Kauf des von dem Grafen Heinrich von Henneberg zu Afterlehen rührigen Zehnten in Burchardesrode und in Wolpach Seitens der Aebtissin und des Conventes von Frauenrode von den Gebrüdern von Bastheim, unter gleichzeitiger Auflassung der Lehen Seitens des genannten Grafen.

_{Testes huius rei sunt Wernherus scriptor Canonicus Novi Monasterij, Simon de Tannin, **Boto Marscalcus de Eberstein**, Hermannus de Brendin, Albertus de Berkoch, Carolus frater eius, Heinricus de Ostheim, Manegoldus de Ostheim et alij quam plures. Actum Anno gratiae Millesimo, Ducentesimo, Quinquagesimo Secundo, Mense Augusti, Pontificatus nostri Anno nicesimo septimo.}

_{Frauenroder Copeybuch Nr. 181, fol. 9.}

S. 243, zu Nr. 96.

1255, Juni 20. Bischof Iring von Würzburg bestätigt, unter gleichzeitiger Eigenthumsverleihung, den zwischen dem Propst Konrad und dem Convent des Klosters Rohr und den Gebrüdern Heinrich und Karl von Helderiet abgeschlossenen Kaufvertrag über den ganzen, bisher von den Gebrüdern Marquard und Mangold von Wildberg in Afterlehen besessenen, von diesen aber aufgelassenen Zehnten des Dorfes Sichildes, nachdem die Gebrüder von Helderiet zwei daselbst belegene, mit einem Zins von 2 Talenten belastete Hufen als Ersatz dafür substituirt haben.

_{Testes Bertoldus et Hermannus de Sternberg, Cunradus, Canonicus Erbipolensis, Gotheboldus prepositus de Wechterwinckele, Bertoldus plebanus de}

Meiningen. Cuuradus plebanus de Hiltheriches. Cuuradus Scolasticus in Miningen. Hermannus de Berterode. Heinricus Gral. Cuuradus de Bastheim. Gothescalcus de Sternburf. Reinhardus de Kundorf. Lupoldus de Burcharderode. Heiuricus de Hirmelshusen. Cuuradus de Landeswere. Gothefredus Kiselinger. **Boto Marsalcus de Eberstein.** Volckerus de Bastheim. Actum anno domini M^oCC^oLV^o XII Kl. july apud Meiningen indictione XIV pontificatus nostri anno secundo.

_{v. Schultes, Beschreib. v. Henneberg I. 417.}

S. 243, nach Nr. 96.

1257, Aug. 22. Auf Ansuchen des Propstes Gotebold vom Kloster Wechterswinkel bestätigt der Bischof von Würzburg den Kauf, welchen Namens des Klosters der Kämmerer Gottfried und der Laie Wolfram von Brenden mit Herdegen von Herbsfeld über eine zu Herbsfeld gelegene Hufe abgeschlossen haben.

Testes sunt **Boto Marschalcus**, Henricus de Brenden Cuuradus de Bastheim, Henricus Gratz Syboto de Heytingsvelt, Gernodus Houescalis (vgl. Nr. 97, S. 244) Rukerns pincerna Milites, Thomas de Hohenberg, Otto de Kundorf, Henricus de Rotenkolben Civis in Nuwenstatt, Helmericus Gerhardus et Philippinus Cives de Mellrichstatt et alii quamplures. Actum in castro Sancte Marie Anno Domini M^o CC^o LVII° X I^o Kal. Sept. indictione XII. Pontificatus nostri anno IV.

_{Wechterswinkler Copialbuch Nr. 239 a, fol. 81.}

S. 245, zu Nr. 98.

1267, Oct. 19. C. cantor, Ber. de Wilperg, H. de Sterenberc, R. de Vssenkeim, W. de Tannenberg, H. de Wilperg arbitri a capitulo constituti, XIII praebendas vacantes, unam vacaturam et vicariam vacantem assignant.

„Nos . . . taliter arbitrati sumus: . . . ad peticionem domini Ber. de Wilperc prebendam H. camerarii quondam confratris nostri assignamus E. **filio nobilis viri O. de Eberstein.**"

_{Monumenta Bolca, Vol. 37, p. 432, Nr. 374.}

1271, Juli 16. Arbitri a capitulo constituti super undecim praebendis vacantibus et septem vacaturis, nec non de oblationibus vacantibus decidunt.

„Nos . . . taliter arbitrati sumus. Ad petitionem domini episcopi prebendam uacantem per resignationem . . **de Eberstein** assignamus . . ."

_{Monumenta Bolca, Vol. 37, p. 441, Nr. 381.}

S. 248, vor Nr. 103.

1297, April 17. Die Aebtissin Elisabeth und der Convent des Klosters Heitingsfeld verkaufen aus finanziellen Beweggründen mit Zustimmung der Klosterfrauen — darunter **Elisabeth** (Elysabet) **von Eberstein** — dem würzburgischen Domherrn Philipp von Tannenberg für 45 Pfd. würzburgische Heller die jährlich 30 Malter Gerste zinsenden Güter zu Rottenbuer nebst Zubehör.

<sub>Hellsbronner Copialbuch Nr. 10 (im k. Arch. zu Nürnberg).
Monumenta Bolca, Vol. 38, p. 162, Nr. 91.</sub>

S. 251, vor Nr. 111.

1313, Mai 12 und **Juni 2.** Andreas episcopus et Kuno curiae herbipolensis officialis causam de quarta parte decimae in villa Nutelingen et ejus marchia percipienda inter monasterium s. Stephani et Heinricum marschalcum de Luer exortam arbitrando diffiniunt.

„Facta est hec pronunciacio in monte gloriose virginis Marie, anno domini millesimo trecentesimo tredecimo, quarto nonas junij; presentibus honorabilibus viris dominis .... *Heinrico filio predicti Heinrici marschalci; et* .. **dicto de Eberstein genero eiusdem marschalci.**"

Monumenta Boica, Vol. 38, p. 527—535.

S. 255, zu Nr. 120.

1337, März 27. Die Regeste giebt den wahren Inhalt des Originals nicht vollkommen richtig wieder, enthält aber Alles, was über die **Frau von Eberstein** in der Urkunde vorkommt. In der im k. Reichsarchive zu München befindlichen Originalurkunde heisst es nämlich:

„Ez ist auch geredt, daz der obgnant min herre, die ansprach der **frawen von Eberstein** vzrichten sol. vnd dazu sol ich (Herman von Buchenawe Ritter) im beholfen sin, so ich best mak mit dem rehten vnd wamit ich im anders dazu gehelfen mak ane geuerde."

S. 32, 270 u. 271.

Ordnung und Lage der Grabsteine und Denkmäler in dem sogenannten Capitelshause oder Domherrn-Begräbnisse zu Würzburg. Dritte Reihe, Nr. 8: **Veit von Eberstein.** Vierte Reihe, Nr. 14: **Theodorich von Eberstein;** Nr. 15: **Conrad von Eberstein** (Salver, Proben des deutschen Reichsadels 146).

Vor seinem Eintritte in das Würzburger Domcapitel erhielt der eben genannte **Dietrich von Eberstein** wegen seiner Tapferkeit den Rittergürtel (cingulum militare). Da er bei Erbauung des Kreuzganges an der Domkirche zu Würzburg sich sehr freigebig zeigte, so wurde oben im Gewölbe sein Wappen angebracht (s. Tafel 1 der „Beigabe"). Dieser Dietrich soll 1413 seinen halben Theil des Dorfes Weisbach an seine Vettern Eberhard und Mangold von Eberstein für 200 fl. versetzt haben. Diese Notizen finden sich ohne Angabe der Quellen in den die Eberstein'sche Familie betreffenden Nachrichten in der k. Bibliothek zu Bamberg. Desgleichen, dass **Eberhard II.** von Eberstein (Gesch. 274) Eques auratus gewesen, wie auch dessen Bruder **Friedrich v. E.** Für Eberhard II. wird wohl **Ritter Heinrich v. E.** (der älteste Bruder) zu setzen sein.

S. 271, nach Nr. 157.

1453, Dec. 29. Richard von Masbach, Decan der würzburgischen Kirche und des Bischofs Gottfried „in spiritualibus vicarius generalis", grüsst Herrn Martin Truchses, Domherrn und Archidiaconus der vorgenannten Kirche, oder dessen Officialis und bestätigt den Austausch der Lehengüter: der Domherrnstelle, der Präbende und der Capelle, zwischen Mathias de Gulpen, Domherrn des neuen würzburgischen Klosters St. Johannis, einerseits und **Veit von Eberstein**, Capellan der Capelle St. Martini zu Veitshochheim, andererseits (Mathias de Gulpen canonicus in ecclesia sancti Johannis noui monasterii herbipolensis ex una, et heinricus Truchses similiter in eadem ecclesia canonicus procurator et eo nomine procuratorio discreti viri Viti de Eberstein capellani capelle sancti Martini in Veitshocheim herbipolensis dyocesis ex altera partibus).

Datum herbipoli anno domini Millesimo quadringentesimo quinquagesimo tercio die sabbati proximi post festum Natinitatis domini nostri ihesu christi nostri officii sub sigillo presentibus appenso.

<small>Perg.-Orig. im k. Arch. zu Nürnberg, Siegel abgef.</small>

In des k. Archivs zu Würzburg Liber sepulturae Nr. 36 findet sich ausser der Grabschrift Dietrich's und des (wie bei Salver) Konrad genannten Domherrn von Eberstein noch die des Kanonikers Veit von Eberstein. Dieselbe lautet: **Anno 1475 die dominica 29. Octobris O (obiit) Venerab. Dns Vit(us) de Eberstain Can. huj(us) Ecclae (Ecclesiae).** Chor. I. lin. 3. Nr. 8.

S. 272, nach Nr. 159.

1532, Freitags, 20. Sept. schreibt der Rath zu Nürnberg an des Markgrafen Georg Statthalter und Räthe „yetzo zw Feuchtwanng" u. A. Folgendes:

Gestrengen hochgelerten edeln vnd vessten, wie vnns yetzo durch vnnser gelegte posst von den vnnsern ausz wienn des Turcken abzug oder hindter sich ziehens halb anzaigung gethan ist, danon schicken wir E. E. (Ewer Erbarkeiten) hiemit ainen auszug zu finden Daneben noch kain annders, dann das der Türck nit mit geringem verlusst seines kriegs voleks, auch grossem schanndt vnd schaden vor dem armen geringen Stetlein Güusz abezogen ist etc. Vnns schreybt auch daneben vnnser gesammelter, den wir bey kayserlicher Majestät haben, das ju still danon geredt werde, alls ob die kayserliche Majestät willens sey, jren wege ju kurtz auff ytalien vnnd Neapolis vnd vielleicht gar ju hispaniam zu zunemen, wie dann jr Majestät die weg strassen vnd flecken daselbsthin verzaichen lasseu vnd von den zwelff tausenndt knechten, die der herr von Domisz vnd herr **Maximilian von Eberstein** jrer Majestät geruert. Acht tausenndt geurlaubt, vnd nit mer dann vier Tausenndt behulten haben soll, das ist aber auch noch vngewisz vnd wurdet ju sollichem die Zeit das ennde zuerkennen geben.

<small>Nürnberger Briefbuch Nr. 105, fol. 137.</small>

S. 309 u. Beigabe. Grabsteintafel (obere Reihe Nr. 3).

Der würzburg'sche Hauptmann und Rath **Eberhard** von Eberstein ist in der That nicht in Würzburg begraben, vielmehr zu Neuenburg im Breisgau (am Rhein südwestl. von Freiburg). In einem in der k. Bibliothek zu Bamberg befindlichen von dem Minister Karl Th. Frhrn. von Eberstein herrührenden Fascikel handschriftlicher Notizen über die Eberstein'sche Familie findet sich eine Bescheinigung über das in der Pfarrkirche zu Neuenburg vorhandene Epitaph, nach welcher die Inschrift damals (wahrscheinlich 1785) schon schwer zu entziffern war. Daher ist es erklärlich, dass auf der abgezeichneten Skizze das Todesjahr mit 1449 falsch angegeben ist; denn Eberhard starb erst 1451. Die Bescheinigung lautet:

Epitaphium in medio pavimenti ecclesiae parochialis Neoburgensis in Brisgau positum, cujus character tandem consumptus, praeter fragmenta et singulares denique abbreviationes, hodie valde obscurus.

Eadem insignia superiora triangularia (bezieht sich auf die beigefügte Handzeichnung, auf welcher das Eberstein'sche und darunter das Bach'sche Wappen zu sehen ist) desuper bis in lithos trita praefatae ecclesiae parochialis reperienda 2do in ipso majori ecclesiae introitu supra lapidem sepulchralem, scriptura vetustate pariter difficilis.

Testor et feci Tr. Jos. de Weiss Neoburgensis mpr.

S. 311, nach Nr. 218.

1447, Juni 24. Der Dechant und Convent des Klosters auf dem Frauenberge bei Fulda verkaufen ihren Theil der Wüstung Weselrode, mit welchem die Geschwister **Elisabeth, Georg** und **Hermann** von Eberstein ein Seelengeräth gestiftet hatten, mit Bewilligung der genannten von Eberstein an das Kloster Schlüchtern.

Wir conrad Dechant und der convent gemeinlicher des closters unser lieben frawenberge by fulde gelegen bekennen etc., daz wir den erwürdigen geistlichen Hern, Hern Johann apt des Stiffts zu Sluchter. Hr. Wygant prior und den convent gemeinliche doselbis etc. verkaufft haben unsin teyl an der wüstenunge genannt Weselrode, den wir bysher innegehabt han mit allen den rechten und zeugehorunge nichts davon ussgeschieden in dorf und in felde ersucht und unersucht, als un dy etzunt genannt wüstenunge von den erbern und vesten Jörgen und Hermann von Eberstein gebrüdern und frauwen lysen von Ebersberg irer swester und iren erben uff uns komen und nu unser eygen gut ist, also bekenne wir itzunt gen. von Eberstein und von Ebersberg, dass die gen. wüstenunge von dem vesten Reinhard von Brenden unsm oheime seligen dem got gnedig sye zcu troste und zcu heile allen gläubige sele und aller seiner eldern sele zcu eym ewigen selengerete gegeben han dem vorgenannt Dechand und Convent in aller der masse, als der egenannt Reinhart dy innegehabt und von ime uff nus komen ist etc., und vor solichen kauff haben uns dy obgenannt keuffer gegeben und genüglich bezalt czwen und vierzig Gulden dy dann fürter in unsers closters nutze und frommen gekart und gebant haben, doch mit rate und wissen der vorgenannt von Eberstein und Ebersberg, uff daz solich testament zcu ewigen getzyten jehrliche uff unsem closter gehalden werde, nach lute des brieffs, den wir en gegeben habe, darüber etc., und auch ezu merer sicherheit haben wir gebeten dy obgenannten Jorgen und Hermann von Eberstein gebrüder, frauwen **lysen von Ebersberg** ir swester, Hansen von Ebersberg iren sone, daz sie diesen kauff gebilliget haben, also bekenne itzuntgenannte kein anspruch odir forderunge zcu haben odir zcu thun in keynerley wise, und wer es sach, daz den egenannten keuffern ymand darin spreche etc., so wulden wir den obgenannten keuffern behülflich syn etc. Dess zcu bekenntniss so han wir egenannt **Jörge** und **Hermann von Eberstein** gebrüder unsser iglicher für sich und alle sin erben syn igen Ingess an diesen brieff gehangen. So han ich obgenannt Hans von Ebersberg für mich, **lysen** my mutter friedrich myn bruder und all unsse erben und geswister my eigen Ingesiegel zcu merer sicherheit auch an diesen brieff gehangen. Das Conventssiegel fehlt, die andern (3) hängen an.

J. Kullmann, Gesch. des Kl. Schlüchtern, 92 ff.

S. 311.

Nachdem Apel von Vitzthumb sich wider seinen Lehn- und Landesherrn Herzog Wilhelm von Sachsen aufgelehnt hatte, überfiel er 1451 auf offener Strasse nebst seinen Brüdern Busse und Bernhard das Geleit des Herzogs Wilhelm für die Räthe des Herzogs von Burgund, welche behufs „trefflicher Botschaft und Werbung" auf dem Wege zu Herzog Friedrich von Sachsen begriffen waren, plünderte dieselben aus und führte sie, wie auch den Rath des Herzogs Friedrich Dr. Joh. von Allen-Plumen gefangen hinweg. In Folge dessen ergriffen sehr viele Fürsten und Adlige die Partei des Herzogs Wilhelm und schickten den Vitzthumb'schen Gebrüdern ihre Absagebriefe. Auf des Herzogs Seite stand auch **Hermann von Eberstein**. Sein Fehdebrief ist abgedruckt in Müller's Reichstags-Theatrum unter Kaiser Maximilian I., I. 409:

1451, Dec. 13. Hermann's von Eberstein Fehdebrief contra Apel Vitzthumen.

Wisse Er Apel Fitzthum, Ritter, der Elder, dass Ich **Hermann von Eberstein** Ewer vnd der Ewern Feint sein wil mit meinen Knechten vnd Helffern vnd wen ich vff eweren Schaden brenge kan vmb Willen des Hochgebornen Irluchtigen Fürsten vnd Hern, Hrn Wilhelmen Hertzogen zu Sachsen, meinen genedigen Hern. Vnd zih mich solcher Fed vnd Feintschaft in des obgenanten meines genedigen Herens Vnfrid vnd Frid. Vnd dorff ich einiger Bewarung mer, die will ich in dissen meinen Briff gethan haben. Geben vnder meinen Insigel vff Montag nach Vusser liben Frawen tag Anno &c LI.

S. 508. vor Nr. 374.

1453, Aug. 6. Weisthum über die Ausdehnung des Gerichts Schwarzenfels und die Rechte der Grafen von Hanau in demselben.

Ich hanns von Trubenbach, Ich Asmus dorynge, Ich philips hoelin, Ich Eppechin von dorfelden, Ich Rupprecht von Büchess, Ich **philipps von Ebersteyn**, vnd henne von Neylsberge Bekennen In diesem brieue, das der Wolgeborne Jungher philips grane zu hannawe vnser guediger lieber Jungher vff hude datum dieses brienes eyne folekumende gerichte zeu Swartzenfels hatte lassen verbotten vnd beseczen. Vnd als das besessen auch von syner gnaden vnd graueschaffte hannawe wegen geheget wart, da liess vnsere Jungherre vorgenant fragen nach siner vnd siner graueschafft herlichkeiten vnd rechten, da synt die scheffen alle gemeynlichen in jre gespreche vssgesprochen vnd gewyset mit gemeynen orteile, das die granen zeu hannawe Erbe gerichtz herren syen, der gerichte zeu Swartzenfels vnd zeu Gronawe, vnd das dieselben beyde gerichte gantz jr ludter eigen syen mit wassern, weiden, wiltpann, gebotten vnd verbotten, vnd hetten die auch alleyn zeu besetzen vnd zeu entsetzen, vnd solten auch dieselben beyde gerichte von der graueschafft hannawe wegen geheget werden vnd anders von nymandes wegen, vnd mochtten auch soliche gerichte vff der Breydenfyrste halten die da mytten In dem gerichte Swartzenfels gelegen vnd von alder auch daselbst gehalden wurden sye. Sie haben auch gewyset vnd geteylt, das diesse hernachgeschriben dorffere mit namen Sterphritz, Wychelsbach, das volnlitz gantz an drie gude, das Ramoltz gantz, das hutten, Günthelms, Oberkalba, unwendorffe, das leyholtz, heybach, winterspach, Kressenborn, Zeelle, das halbe teyle zu Zennezelsbach, lyndenberge, Ramoltzborren, vtrichsshasen alle mit Iren marcken sie syen besatzt oder vnbesatzt In das gerichte Swartzenfels gehoren, vnd da Inne gelegen syen vnd das von vtrichsshnsen den Burgfrieden uber dem hopffenberg alleyn sollen machen als das von alters herkommen sye. Auch haben sye gewieset vnd zeu Rechte geteilet, dass alle diese hernachgeschriben dorffere mit Iren marcken besatzt vnd vnbesatzt In das gericht Grona gehoren vnd da Inne gelegen syen vnd mit namen Grona, motgars, künhecken, Emersbach, Rotelssaue, Rorbach, welms vnd Brünings, vnd von Gerode vnd duttenborren wegen wolten sie sich erfaren, ob die auch In das gericht gein Grona gehorten vnd nach der erfarunge auch teiln vnd wysen wie ess von alder herkommen were. Ess hette auch eyn hereschafft von hannawe das gerichte Grona gein Swartzenfels gelacht des hette die herreschafft macht gehabt vnd mochte das widder geyn Grona oder anderswohin In Ire gerichte legen nach Iren willen, wanne Ine das eben vnd gefellig were. Sie haben auch gewyset das die breyte fyrste, das Jungeholtz vnd das Slingloffs biss hinter den Gysenborren In das flosse der Graueschafft hannawe Insunderheyt alleyn zcu steen hette, hette aber yemands briene oder sygel von der Graueschafft zcu Hannawe darnber enwieseten sie nicht. Vnd das wir obgenannten Hanns von Trubenbach, Asmus doringe, Philips hoelin, Eppechin von dorfelden, Rupprecht von bêchess, **philips von Ebersteyn** vnd henne von Neylsberge dabie gewest sin vnd sollche wysunge wie vorgeschriben steet haben horn wysen das nemen wir alle nff vnsere eyde die wir vnsern rechten herren gethan han. Vnd des zcu Orkunde so hat vnser yglicher sin Ingesiegel an diesen briene gehangen der geben ist uff montage nach Sant peter tage ad vincula Anno domini Millesimo quadringentesimo quinquagesimo tercio.

Original auf Pergament, Marburger Staatsarchiv, Abtheilung Grafschaft Hanau, Urkunden, Altes Saalbuch Nr. 1367 a. Die Siegel aller genannten Siegler hängen wohlerhalten an der Urkunde. Abgedruckt in Nr. 5 der Mittheilungen des Hanauer Bezirksvereins für hessische Geschichte und Landeskunde (Hanau 1976), Seite 103 ff.

S. 512, Zeile 6 u. S. 1228, Zeile 7.

Hundsrück war vor dem dreissigjährigen Kriege ein Dorf in unmittelbarer Nähe von Steinau und ist heutiges Tages eine Staatsdomaine.

J. Rullmann, Gesch. des Kl. Schlüchtern 201.

S. 519, zu Nr. 394.

1487, 1498. Das Kloster Schlüchtern lehnet den Gebrüdern **Philipp** und **Mangold von Eberstein** einen Hof zu Elm, ein Gut zu Selnhayn. 6 Güter zu Hutten, den Zehnten zu Escherichs, Weingärten, das Breitfeld, das Wasser der Elm und Bockenau bis an die Landwehr, die Wüstung Simmerich und das Gotteshausfeld um die Strut.

J. Rullmann, Gesch. des Kl. Schlüchtern 115 u. 126.

S. 529, zu „Mangold II.".

1492, Freitag nach Estomihi (9. März). Mangold von Eberstein (der 1490 eine Bestallung als markgräfl. Rath erhalten [s. Repertorien-Eintrag i. k. Arch. zu Nürnberg]) quittirt den Gebrüdern Friedrich und Sigismund, Markgrafen von Brandenburg, 22 Gulden für ein braunes Pferd, das ihm „Inn irer gnaden dienst verdorben ist".

Urk. im k. Archiv zu Bamberg.

S. 496, zu „Philipp I.".

Ao 1536 Sambstag nach Natiuitatis domini. Frobins von Hutten Annata:

| Vatter *Hutten* | Mutter **Eberstein** |
| Vatters Mutter *Thüngen* | Mutters Mutter **Stain.** |

Des k. Archivs zu Würzburg Domcapitels Aufschwörungsbuch Nr. 27, fol. 144.

S. 515, zu „2. Ottilie".

Ao 1547 Sabbato post Corporis Christi. Wolff Dietterich's von Hutten Principalis Annata (ibid. fol. 177), Ao 1553 die Jouis post Conuersionis Pauli, Christoph's von Hutten Annata (ibid. fol. 188) und Ao 1555 die Sabbatho post Judica, Herrn Wolff Dietterich's von Hutten Annata (ibid. fol. 199):

| Vatter *Hutten.* | Mutter *Riedeszelin.* |
| Vatters Mutter **Eberstain.** | Mutters Mutter *Hopfgartten.* |

S. 537. zu „3. Margaretha".
Ao. 1585. die Martis 30. Julij. Geörg Daniel's von Mannspach's Annata (ibid. fol. 326):

Vatter *Manspach.*   Mutter *Bemmelburg.*
Vatters Mutter **Eberstein.**   Mutters Mutter *Bodenscke.*

S. 537. zu „(1) Walburga".
Des Principals Joh. Hartmann von Rosenbach Annata (ibid. fol. 570 u. 193):

Vatter *Rosenbach*   Mutter *Knöringen*
Vatters Mutter *Carspach*   Mutters Mutter *Thann*
Vatters Ahnfrau *Buches*   Mutters Ahnfrau *Knöringen*
Vatters Urahnfrau **Eberstein**   Mutters Urahnfrau *Schutzber gen. Milchling.*

S. 532. vor Nr. 420.

1493, Sept. 4. Der Abt von Fulda (Johann Graf von Henneberg) nimmt den **Philipp von Eberstein** zum Diener auf und dessen arme Leute. Dörfer und Höfe zu Ober-Kallbach. Gundhelm und Hutten auf 10 Jahr in seinen Verspruch.

Item Es hat Symon von gortz Marschalk etc. zwischen meinem gnedigen herrn vnd **Lipsen von Eberstein** verteidigt, das sein gnade lipsen sunderlich zu diener auffgenomen, auch die armenleut. dorffere vnnd houe, nemlich zu Obernkalba, Gunthelms vnnd Hutten, jre habe vnnd gut ju seiner gnaden sundern verspruch vnnd verteydunge genomen hat. sie als annder seiner gnaden armenleut nach bestem vermogen getrewlich zu schirmen, verteidingen, schutten vnnd weren lassen vngeuerlich, des haben die armenleut Ebolten, dem zentgrauen zu Flieden, an seiner gnaden statt huldung vnd pflicht gethon. Uund soll solicher verspruch stehen X jare die nechstuolgenden vnnd die menner sollen seinen gnaden die zehen jare jerlich zwentzig virtel habrn allwegen vf michaelis in das slos zum Newenhone geben vnnd verandlogen. Actum vf mitwochen nach Egidi anno (mcccc) xciii°, habetur a philippo de Eberstein litera recognitionis de supra.

Zu obgeschriebner forme hat sine gnade in verspruch genomen die houe im closter zu Sluchter gelegenn mit sampt des Abbts habe vnnd brott' gesinde, auch den Newenhoff über dem Reide gelegenn, danon mein her von Sluchter seinen gnaden jn das sloss zum Newenhone verandlogen soll allwegen vf michaelis XV malter habrn alles nach laut der briue, jme darumb gegeben, vnnd ein Renerszbr., das es sein wille sey von jme genomen, der hernach eingeschriben ist.

Cop. Fuld. XII. 350.

1496. Vertrag des Klosters Schlüchtern mit Ulrich von Hutten vermittelt und aufgerichtet von Philipp Hoelin und **Philipp von Eberstein** „über etliche Wälder, Höfe, Güter. Wüstungen und anderes zu Weiperts. Veitssteinbach, Mittelkalbach, Herols, Folmütz (Vollnerts), Nieder- und Oberramolz (Rambolz), Sandratze (Sannerts). die Wälder zu Stekelshain, Rodenberg. Röhrigholz und Elmholz, Güter zu Hinhalberdorf und Salmünster betreffend".

J. Rullmann, Gesch. des Klosters Schlüchtern 123.

S. 543, vor Nr. 435.

1545, Febr. 28. Der Abt, Prior und Convent des Klosters Schlüchtern genehmigen, dass die Erben des 1539 † Philipp von Eberstein die Güter, welche sie vom Kloster zu Erblehen tragen, an die Grafen von Hanau verkaufen.

Wir Petrus aus göttlicher Gütigkeit Abbt des Stiffts und Closters Schluchtern, Wolfgang Prior und der Convent gemeinlich doselbst Bekennen etc.: Nachdem weylandt der Ervest Philipp von Eberstein seligen gedechtnits von unsern vorfaren und unserm Closter etliche lehengütter mit eynem lehenn Brieff innegehabt, welche in Wortenn und namenn lautet wie folgt: „Wir Christian von Gottes genaden Abt zu Schluchtern (mit dem auf Seite 519 u. 520 meiner „Geschichte" abgedruckten Lehenbriefe gleichlautend bis) doch behalten wir In dieser verleyhung vor, was unser war und eynem iglichen das seyne, on geverdt, dass zu warer Urkundt so haben wir Christian Abbt unser Abbtey Innsiegel unden an diesem Brieff thuenn henkenn. Geben und geschehen uf Sontag nach Quasimodogeniti Anno domini Tausend Vierhundert Neunzig und acht Jar." — Unnd aber obgemelter **Philipp vonn Eberstein** seliger und **Jörg vonn Eberstein** sein sone nach göttlicher schickung mit toidt abgangenn und nach yrer beyder toidtlicher abgang gedachter Philipp ferner kein sone oder menliche leybs lehenn erbenn, sonder vier ehelicher und vonn seynem leib und stam Eberstein geboren dechter, Nemlich **Margaretha**, Lüdiger's von Mannsbach, **Kunigundte**, Oswalt's von Fechenbach, **Dorothea**, Jörgen von Fischborn's eheliche husfrane, und **Anna**, weylandts Johan von Rüdigkheims seligenn verlassen wittfrau, und **Catharina** seyne dochter, von weylands **Eberharden von Eberstein** geboren, itzt Philipp von Karspach husfrau inn leben verlassen, uf welche ynen obgemelte lehngütter als Erblehen erblich zukhommenn und angefallenn und gedachte vier geschwistern und wasenn uns darauf habenn vorbringen und anzeigen lassen, wie sie yrer nothdurft nach und um yrer aller bestens, frommen und nutzens wyllenn in wyllens seyen, obbemelte gütter den wolgebornen herren wylhelmen graven zu Nassau etc. und herren Reynhardten grafen zu Solms und Herrn zu Mintzenberg, als hanauischen vormündern und der Grafschaft und Herschaft Hanau als yren gnedigen herenn zu verkauffen, mit fleissiger biet und ersuchung. solchen kauff und verkauff zu bewylligen und günstiglich zuzulassenn, habenn wir Abbt, Prior und Convent obgenannt gedachter geschwister und wasenn und erneuter Irer Junckern und hauswirth fleyssig bieth, auch die guetthaten, so obgedachter Philipp von Eberstein ir vatter seliger in Zeith seines lebens unnserm fürfaren seligen, auch unns unnd dem Gotshaus Schluchter vielfaltig erzeigt hat, und dartzu, das solcher kauff und obberürte Lehngütter obbemelter unnser genedigen herschaft vonn Hanau zugestellt und auch yren genauden, und sonderlich dem Brandenstein wohlgelegenn, angesehenn vilberürten kauff und verkauff mit guethem wolbedachtem muedt vergünstiget, bewylligt und zugelassen, vergünstigenn, bewylligenn unnd lassenn dieselbigenn auch hiermit unnd in kraft dies Briefs zu. Also das wolgedachte unnser genedigen herenn die Hanauische vormünnder yrer genedenn pflegekynder unnd derselbigen Erbenn alle unnd yede obemelte erkauffte guetter, wie die obenn inn dem inserirtenn Lehennbrief specificirt sein, mit aller yrer zubehört, gerechtigkeit unnd in aller gestalt besytzen, inhabenn, nützen, gebrauchen sollenn unnd mögen wie obemelter Philips von Eberstein seliger dieselbigenn herbracht, ingehabt, genutzt unnd gebraucht hat, von uns unnsern nachkommen und menniglich von unnsertwegen gantz unverhindert; Doch sso sollenn und wollenn wohlgedachte unnser genedigenn Herren, die die vormünder yrer pflege sone und Dero Erbenn, berürte Lehenstücke vonn unns unsern nachkommen und gotshaus zu leheun habenn, tragenn enntpfahenn unnd verdienenn, so dick des noit ist, sonder alle geverde.

J. Kullmann, Gesch. des Kl. Schlüchtern 216 ff.

S. 548, vor Nr. 438.

1424, Montag nach S. Johannstag ante portam latinam (8. Mai). Gerlach von Eberstein, Ritter, quittirt dem Markgrafen Friedrich von Brandenburg 200 rhn. Gulden für alle Schäden, die

er im markgräfl. Dienste empfangen hat. „vnd nemlich fur verderbte pferd, harnasch vnd vmb all andrer sach".
<small>Urk. Im k. Arch. zu Bamberg.</small>

S. 548, nach Nr. 438.

1425, Mittwoch vor Martini (7. Nov.). Gerlach von Eberstein, Ritter, quittirt dem Markgrafen Friedrich von Brandenburg für geleistete Dienste 40 rhn. Gulden, welche ihm Johanes im Hofe anstatt seines gnädigen Herrn bezahlt hat.
<small>Urk. Im k. Arch. zu Bamberg.</small>

S. 551.

1436, Oct. 8. Bischof Anton zu Bamberg verschreibt dem **Ritter Gerlach von Eberstein** für auf Erfordern zu leistende Burgdienste auf dem Schlosse Altenburg bei Bamberg 20 Gulden rhn. Gehalt, die ihm der Kammermeister an jedem Martinstage verabfolgen soll: „Vnd er soll solch Burggut verdinen mit sein selbs leibe, wenn er des von vns oder vnsern nachkommen ermant wirdet, zu Altenburg In vnserm Slosz, oder durch einen erbern wappens genosz schicken verdinet als Burgguts Recht etc. ist."
<small>Oesterreicher, die Altenburg bei Bamberg 35.</small>

S. 551, nach 441.

1438, Mai 15. Urfehde der Gebrüder Heincz und Symon Fligreisz, wegen eines nicht genannten Verschuldens bei Entlassung aus dem Gefängnisse Donnerstag nach Cantate dem Markgrafen Friedrich von Brandenburg ausgestellt. Siegler: „Her Hans von Seckendorff Ritter zu prun vnd her **Gerlach von Eberstein Ritter.**"
<small>Pap.-Orig. Im k. Arch. zu Nürnberg, Siegel aufgedr.</small>

S. 552, vor Nr. 442.

1446, Sept. 28. Markgraf Albrecht von Brandenburg, welcher sich mit seinem Bruder Johann in die von ihrem Vater herrührenden Schulden getheilt, will **Gerlachen von Eberstein** rechtzeitig von der Bürgschaft ledigen, die derselbe wegen dieser Schulden übernommen.

Wir Albrecht etc. Gereden vnd versprechen für vns vnd vnser erben wo Sigismund von lentersheim Ritter (vgl. S. 641) vnser Rate vnd lieber getrewer fur vnsern lieben herrn vnd vater seligen souil vns des berürt nach auszweisung der teilung der schuld So vnser lieber bruder marggraf Johans vnd wir miteinander geton haben vnd auch biszher nach abgangk desselben vnsers lieben herrn vnd vaters seligen vnser burge oder selbschuld worden ist vnd sein Insigel zu dem vnsern gehangen hot vnd hinfur vnser burg oder selbschuld wirdet vnd sein Insigel zu dem vnserm hencket das wir In vnd sein erben gütlichen vnd on alle Ir scheden gern danon ledigen vnd losen wollen on alles geuerde Des zu vrkund haben wir vnser Insigel etc. Datum onolspach am mittwoch vor Michaelis Anno etc. xluexto.

In obgeschribner form haben herr walther von Hurnheim, Mertein von Eib. hans von Absperg Iglicher einen solchen brif, **Gerlach von Eberstein** allein für marggraf Albrecht, herr hans von Seckendorf zu Brunn Ritter, herr hanns von Wallenrod Ritter, Anthonig von Seckendorff, Wilhelm von Crewlsheim, Jorg von Absperg, Sebastian von Seckendorff.

Aus des k. Arch. zu Nürnberg Gemeinbuch Tom. II.

1446, Sonntag nach Elisabeth (Nov. 20). Markgraf Albrecht von Brandenburg befiehlt seinem Landrichter Hausen von Seckendorff zu Brunn, Ritter, den von Jorg von Wisentaw **Gerlachen von Eberstein, Ritter,** auff das lautgericht" geladenen Schäfer Vlrich Kraenbürgell „für den benannten **Gerlachen, seine herrn,** zuweisen".

Pap.-Orig. Im k. Arch. zu Nürnberg, Siegel abgef.

S. 552, 556 u. 627.

Um die Mitte des 15. Jahrhunderts hatten in allen deutschen Provinzen die reich und mächtig gewordenen Städte eine feindselige Stellung gegen den Adel und die Fürsten eingenommen. Einunddreissig Städte hatten am 22. März 1446 ein enges Bündniss geschlossen. Bitterer Hass trennte Adel und Bürger, und es war ein Principienkampf, welcher in den Jahren 1449 und 1450 beide Theile hauptsächlich in Franken und Schwaben gegen einander zu den Waffen rief. In der Mark Brandenburg hatte Markgraf Friedrich eben erst (1448) die Macht der Stadt Berlin zu Boden geworfen, als die zwischen dem Markgrafen Albrecht Achilles und der Stadt Nürnberg herrschende grosse Erbitterung zu blutigen Fehden führte, an welchen auf Seiten Nürnbergs 30 Reichsstädte Theil nahmen. Auf Albrecht's Seite kämpften 22 Fürsten, viele Grafen und eine Unzahl Adlige. Die Nürnberger hatten Heinrich den Jüngern aus der Linie Plauen-Greiz als obersten Hauptmann angeworben; auch verschiedene Adlige waren in der Stadt Dienste getreten, wie der bekannte Kunz von Kauffungen (als Hauptmann der Armbrustschützen), Kotwitz, Oswald von Bose u. A. Der Fehdebrief des Markgrafen Albrecht d. d. 29. Juni 1449 wurde am 2. Juli den Nürnbergern überreicht. An Markgraf Albrecht hatten sich unmittelbar angeschlossen u. A. auch **Ritter Gerlach von Eberstein** und (dessen Neffe) **Lorenz von Eberstein** (s. Städtechroniken II. 428). Herzog Wilhelm von Sachsen trat ebenfalls mit einer zahlreichen Ritterschaft in den Kampf gegen die Reichsstädte ein und erschien persönlich im Felde. Sein Fehdebrief traf erst am 18. Juli ein. Herzog Wilhelm's wegen sandten die Gebrüder **Wilhelm** und **Erasmus von Eberstein** (des oben genannten Ritter Gerlach v. E. Söhne) der Stadt Nürnberg ihre Fehdebriefe (Städtechroniken II. 462).

Nachdem der Markgraf eine grosse Anzahl Dörfer verbrannt hatte, zog er am 10. Juli vor Heideck. Im Felde vor Heideck litt der Markgraf selbst Mangel, aber trotzdem ruhten seine Pläne nicht. Am 25. Juli schreibt er an Eyb und **Gerlach von Eberstein:** „sobald wir hie fertig werden, wellen wir uff Lichtenaw zu czihen und furder uff die stete Rotemburg, Nordlingen, Dinckelspuhel und Hall, uns zu understeen, ob wir uns ir hohmuts ein wenig erholen mugen" (Städtechroniken II. 151 A. 1). Auf dem Zuge nach Heideck wurde zu Gunzenhausen ein „Anslag fur Haideck" entworfen, worin es heisst: „50 pferde, 200 zu fuss sullen Walting (1½ Stunden südwestl. von Heideck) puchen (plündern) und furer sein Peter von Lenterssheim und auff **Lorenczen von Eberstein** warten (ihm gehorchen); den sind zubescheiden von Hannsen von Rechperg 50 pferde, 200 zu fuss" (Städtechroniken II. 520). Nachdem Heideck gefallen war, gelang es Markgraf Albrecht am 13. Aug. auch das Nürnberger Schloss Lichtenau (auf einer Insel der fränk. Rezat, 2 Stunden unterhalb Ansbach gelegen) einzunehmen. Aus der Unzahl kleiner Scharmützel, welche sich bei den täglichen Raubzügen entspannen, ragen hervor: die Eroberung von Bayersdorf durch die Nürnberger am 5. Nov. und ein Rückzugsgefecht am 12., das für die Nürnbergischen ein ungünstiges Ende nahm. Vor Rothenburg a. T. erschien Markgraf Albrecht zum ersten Male feria 2da post Assumptionis Mariae 1449 mit 600 Reisigen. Dieser Stadt hatte „**Gerlach von Eberstein Ritter** sambt 13 vom Adel" ebenfalls entsagt (s. R. Duellii Miscell. Lib. II. 238).

Das wichtigste Ereigniss, das sich im Laufe des Nürnberger Krieges zugetragen, ist die Schlacht bei den Pillenreuter Weihern im Lorenzer Reichswalde am 11. März 1450. Der Markgraf Albrecht war mit 350 Mann zu Ross und 50 zu Fuss aus seiner Stadt Schwabach nach Pillenreut (2 Stunden von Schwabach und ebenso weit von Nürnberg) gezogen und hatte einen der dortigen den Nürnbergern zustehenden Weiher abgraben lassen, um zu fischen. Die Nürnberger zogen ihm mit 600 Mann zu Ross und 4500 zu Fuss nach. Da der Feind in solcher Stärke anrückte, hielt es der Markgraf mit seinen Hauptleuten für das Beste, wieder nach Schwabach zurückzukehren. Er war aber noch nicht weit dahinwärts gezogen, als die feindliche Reiterei ihn erreichte.

Der Markgraf macht sofort „sein geschick zu dem streit und beruft den edelen Eustachium Schencken (von Geyern), daz er solt nemen 4 der edelen zu im und solt sein an der spitzen; und die fünf sein: Eustachius Schenck, Heincz Fuchsz, **Erasmus von Eberstein** . . . und des haufen ist haubtman gewesen herr Sigmund von Lenterssheim" (Städtechroniken II. 487).

Der Angriff des Kunz von Kauffungen, der zuerst mit „50 gereisig, eitel schützen" angesprengt kam, wurde zwar zurückgeschlagen, der nachrückende Haupthaufen der feindlichen Reiter verfolgte jedoch den Markgrafen bis vor die Thore vor Schwabach und machte dabei viele der Markgräflichen nieder und zu Gefangenen. Als nämlich „der von Kauffungen kam gerant flüchtig mit seinem haufen etc.", „liess der edel herr von Blawen auftrumeten und legt ein sein sper und rait frischlich gegen den feinten. es rant der edel Osswalt Boss gen dem edelen Eustachio Schencken, der auch het heruntergeslagen sein sper, und **Osswalt Boss** rait entzwai sein sper und stach den Schencken zu der erden. in dem ward sich auch mengen der edel und vest Conrat von Kauffungen mit seinen gesellen unter die feint, und do ward getrett Eustachius Schenck, daz er des tags starb, und ward begraben zu Nürnberg. in dem und sich die menlichen der spitzen von Nürnberg so hert hilten und so keck und meu-

lich gegen den feinten riten gar in still mit keinem geschrei, do hub sich zu
flihen der fürst etc., und do rant der freidig Kottwitz mit seinem haufen, daz
do waren eitel schützen, in die feint und erschussen und erslugen manigen edelman zu tot und fingen der vil; und wer do mocht geflihen der flohe. und es
wert daz stechen und slahen und jagen wol 1½ meil uncz biss gen Swobach
in die stat; wann es rauten etlich der unsern biss in die stat, und hetten sie
auf beiden seiten nit ain losung (unser fraw) gehabt, sie weren gefangen
worden in der stat Swobach, dann durch die losung komen sie auss der stat. es
warden der feint erstochen an den schrancken der tore. in dem kamen die haufen
des fussvolcks an die walstat, do sich der streit het angefangen, und sie funden
mangen stolczen edelman ligen auf der erden, der ab gestochen was worden;
und waz daz volck der begreif und erlangt, die slugen sie alle ze tot an alle
gnad. sie funden auch vil der armbrust, swerter, spere, eisenhüt und wegen mit
den vischen und segen, auch alle die pannier, die der flüchtig fürst het in dem
feld gelassen." „Marggraf Albrechten ward zu zwayen malen angesetzt, das er
kawm dar von kom."

Die Nürnberger hatten also in dem ersten grossen Treffen des
Kriegs einen entscheidenden Sieg über Markgraf Albrecht erfochten.
Dieser Erfolg der Waffen würde auf den Gang der Friedens-Ver-
handlungen, die am 20. April zu München begannen, wohl grossen
Einfluss gehabt haben, wenn nicht 4 Wochen später, am 14. April
1450, die Städter eine Niederlage unweit Kloster Sulz im Grunde
von Leutershausen (an der Altmühl, westl. von Ansbach) erlitten
hätten. Erst am 22. Juni 1450 kam die Richtigung zu Stande,
nach welcher zu des Markgrafen Handen die Schlösser Heideck,
Lichtenau etc. bis zum Austrage des Rechten blieben. An demselben Tage überlässt der Markgraf das Schloss Lichtenau dem
Ritter **Gerlach von Eberstein**, seinem Rathe, wegen getreuer
Dienste und für genommene Kriegsschäden auf ein Jahr:

1450, Juni 22. Markgraf Albrecht von Brandenburg überlässt
dem Ritter **Gerlach von Eberstein**, seinem Rathe, wegen getreuer
Dienste und für genommene Kriegsschäden das Schloss Lichtenau
auf ein Jahr.

Wir Albrecht etc. Bechennen an disem offen brief das wir vnserm rat vnd
lieben getrewen **Gerlachen von Eberstain** ritter von sulcher getrewer dinst
wegen, vns vnuerdrossenlich bisheer getan hat Auch In künfftig zeit wol tun
mag vnd auch zu ergeczungen mercklicher schäden so er In vnserm kriege vergangen geduldet hat das Schloss liechtnaw mit allen vnd iegklichen seinen zu
vnd eingehörungen nichts ausgenomen zu seinen hannden vnd gewalden eingegeben
haben Mit der vndterscheid vnd also das er das alles von hewt dato dits briefs
ein gancs Jar vber vnd nit lenger zu vnd nach allen seinen nottdurfften gebrauchen Innehaben nüczen vnd nyesen sol vnd mag vngehindert von vns vnd
aller meniglichs von vnszern wegen alles ongeuarlich Zu vrkund mit vnserm an-
hangenden Insigel versigelt vnd geben zu Onolczpach an Montag vor Johannis
Baptiste anno etc. quinquagesimo.

Aus dem k. Arch. zu Nürnberg Gemeinbuch II. 56b.

Am 27. April 1453 kam man endlich zu einer Vereinbarung.
Darin war u. A. bestimmt, dass Markgraf Albrecht Heideck, Lichtenau etc. den vorigen Inhabern wieder geben und die Unterthanen
ihrer Pflichten ledig lassen soll.

S. 552, zu Nr. 444.

1453, Mai 14. Der Brief befindet sich jetzt im k. Archive zu Nürnberg und lautet:

Vnser früntlich willig dienst zuvor Lieber **Gerlach** vns hat fyrbracht vnser mitgeselle hanns vom Stain zu Ronsperg Ritter wie du Im sin armlüt die von Tainhusen fürgenommen vnd geladt habest hannsen von fryberg pfleger zu Manhaim vff Montag vor dem hailigen Pfingsstag zu olnspach zu antwurtten vff dem lantgericht des Burggrauff Thums zu Nüremberg etc. Vnd In aber solich ladung so kurtz vor solichem tag verkündt vnd geantwurt sy, deszhalb sy vff solichen tag nit kommen noch verantwurtten mechten Vnd auch dieselben von Tainhusen Im gelicher billicher Recht nie vorgewesen syen So Bitten wir dich von des vorgenauntten vnsers mitgesellen vnd siner armen lüt wegen, mit ernst flissig du wollest daran sin din hilff vnd schub darzu tun damit die sach herauff an disz land geschoben vnd gewist werde So söllen sy Im gelicher billicher Recht nit vor sin wenn er des begert vngeuarlich Ob aber das Je nit gesin möchte So wöllest du In doch die nächsten ladung ze gutter zit vorhin verkünden das die darufl kommen vnd sich verantwurtten mugen So söllen sy denn tun was sy denn zu tun schuldig syen Denn wir vnsern genädigen herren dem Marggrauen vmb solichs auch geschriben haben vnd dich darInne bewisen vnd tun als wir dir wol getrüwen Das wöllen wir mit willen vmb dich verdienen Geben vnd besigelt von vnser aller wegen mit Beren von Rechbergs von hohenrechbergs Ritters hoptmanns Insigel vff Mäntag nach dem hailigen Vffarttag Anno etc. liij⁰.

Ber von Rechberg von hohen Rechberg Ritterhoptman vnd gemaine gesellschafft der Ritterschafft mit sant Jörgen Schilt ju Schwaben So denn jetz by ainander gewesen sind.

Dem Strengen vnd vesten **Gerlachen von Eberstein** *Ritter* lantrichter des lantgerichtz des Burggrafthums zu Nüremberg vnserm gutten fründ.

Pap.-Orig. im k. Arch. zu Nürnberg.

S. 552, nach Nr. 444.

Gerlach von Eberstein war kaiserl. Landrichter des Burggrafthums Nürnberg i. J. 1453. Da bereits i. J. 1454 Ritter Cunrad von Eyb als Gerlach's Nachfolger erscheint, so ist er also Ende 1453 oder Anfang 1454 gestorben.

J. H. v. Falckenstein, Nordganische Alterthümer III. 26.

S. 553, zu Nr. 445.

Der Auszug aus der Klagschrift von 1523 findet sich auch abgedruckt in Joh. Dav. Koeler's „Historia Dominorum et Comitum de Wolfstein" S. 213 u. 214.

S. 556 zu Nr. 447.

Den Ritter **Erasmus von Eberstein** zu strafen wegen des grossen Schadens, den er des Stifts Klöstern und Unterthanen zufügte, bot Bischof Gottfried 1450 die Stadt Würzburg auf. Es ward der Hälfte der reisepflichtigen Bürgerschaft bedeutet, am Dienstage Praxedes auszuziehen gen Marktsteinach, wo der feindl. Ritter hausete. Man wiederholte den Zug. Zuerst zogen 374 Mann aus, denen man darauf noch 202 Mann nachsandte.

Scharold, Beiträge zur Chronik von Würzburg (1819) S. 114.

S. 552, 556 u. 643.

Die sogenannten heimlichen oder Vehm-Gerichte, auch des Heil. Reichs Freigerichte genannt, hatten sich vorzugsweise auf Westphälischem Boden erhalten und ausgebreitet. Daselbst hatten sie sich im 15. Jahrhundert eine solche Macht errungen, dass gegen ihre zuletzt unerträglich werdenden Uebergriffe und Missbräuche die Reichsstände auf Reformation drangen. Die erste wurde 1439 auf Kaiser Sigismund's Befehl durch Erzbischof Dietrich zu Cöln (als Herzog in Westphalen) vorgenommen, die zweite durch Kaiser Friedrich V. auf dem Reichstage zu Frankfurt 1442. Obwohl solche Reformationen von der höchsten Autorität des Reichs ausgegangen waren, wollten sich dennoch die Frei-Richter und Schöffen daran nicht kehren. So schreibt 1453 der Fri-Greve zu Bintheim Wynecke Passkendall an den Herzog Wilhelm von Sachsen, der vorzugsweise in dieser Zeit durch die Westphälischen Gerichte stark beeinträchtigt wurde, Folgendes:

„— — und die Reformation ist sunder Consens, Wissen und Wort oder Zulassen der Fürsten, Herren, Grafen, Freien, Edelen, Rittern, Knechten, die Stuhl-herren sind in Westphalen, die ihr Lehen von dem heil. Reiche entpfangen hand, gesatzt. Und der grosse Kaiser Karl, der diese Recht gesatzt, und Papst Leo consentirt hat, haynt den Westphäl. Herren ihre Privilegie zu bestätigen der frien Gerichte geben und gesatzt, dass kein König noch Kaiser in zukommenden Zeiten kein vorder Privilegie, Fryheit oder nuwe Recht fundiren, setzen oder bestätigen sollte, damit die Westphäl. Gerichte geschwächet etc. möchten werden. Darum Derselben uwer Cnaden Myssyven etc. unbündig erkannt worden ist, unter Königs Banne.

Müller, Reichstags-Theatrum unter Kaiser Friedr. V. I. 494.

Ja, die Dreistigkeit dieser Leute gieng so weit, dass sie sich unterstanden, ihnen eingehändigte kaiserl. Inhibitoria zurückzuweisen. Herzog Wilhelm musste sich schliesslich an den Kaiser selbst wenden, welcher darauf einige Freigrafen auf den Reichstag nach Frankfurt forderte. Die nachstehende u. A. die Gebrüder Asmus und Wilhelm und ihren Vetter Heinrich von Eberstein mit betreffende Angelegenheit liefert hierzu einen drastischen Beweis. Es standen nämlich diese Ebersteine in des Herzogs Diensten. Die zuerst genannten Gebrüder v. E. lagen um diese Zeit mit den von Bibra in Fehde, während welcher sie u. A. auch das dem Hofmarschall des Herzogs, Wilhelm Bartholomaeus von Bibra gehörige Schloss Reurieth einnahmen. Im October 1453 kam durch Unterhandlung des bei der Fehde selbst betheiligten Herzogs und des Bischofs von Würzburg eine Einigung zwischen den von Eberstein und allen von Bibra, nur den Bartholomaeus und Berld von Bibra ausgenommen, zu Stande. Als der Herzog dem Hofmarschall von Bibra, der seine Stelle für 1000 fl. erworben hatte, die Obermarschall-Besoldung zu 400 fl. entzog, erhob dieser deshalb Beschwerde beim Westphäl. Gerichte, klagend, dass ihm der Herzog trotz Verschreibung seine Rente vorenthalte, dass er ihm in Gleicherwiesen durch Raub und Brand Schaden zugefügt und das Schloss Reurieth arg beschädigt habe. Aus den im Weimarischen Archive befindlichen betreffenden Urkunden hebe ich Nachstehendes aus:

1452, Sonntag nach aller 12 Botentag (16. Juli). Bartholomäus von Bibra schreibt an den Voigt zu Coburg Burkart Schenk H. zu Thutembergka:

Ich thu euch wissen, dass beide gnädige Herren von Sachsen mir Rewrit um eine Summe Geld angesatzt und verschrieben haben, das ich dann forder meiner Hausfrauen für ihr Vermächtniss als ihr Leibgut mit Verwilligung und Verleihung meiner gn. jungen Herren von Sachsen vermacht und verschrieben han. Also hat **Asmus von Eberstein** mit Hülf und Rathe etlicher an dieser nächsten vergangenen Mittwochen (12. Juli) im Mittage und mit grosser Verrätherei meine Hausfrauen und etliche ihre Kinder ane Fehde und ohne Schulde aus dem genannten ihrem Leibgut und Sloss gestossen und das eingenommen, meiner Hausfrau und meiner Tochter die eine Witwe ist, beider Sleier und was an ihre Leibe gehört und das ir genommen und sie beraubet hat" ... und bittet „Ihr wollet das Sloss von der genannten meiner gn. jungen Herren wegen zu Euren Handen nehmen und meiner Hausfrauen und mir wieder eingeben."

<small>Mitgetheilt d. d. k. bayer. Appell.-Gerichtsrath Wilhelm Frhrn. v. Bibra in München.</small>

1453, Donnerstag nach S. Kilianstag (12. Juli). Die Gebrüder und Gevettern von Bibra: Cunz zu Senftenberg, Jorge der Aeltere, Hans, Stephan, Eckarius und Hermann, schreiben an Herzog Wilhelm von Sachsen:

Euren fürstl. Gnaden ist wohl wissentlich, wie **Asmus von Eberstein,** Voyt zu Königsberg, **sein Bruder** (Wilhelm) und Caspar von Hessburg uns lange Zeit wider Recht bekrieget, uns gebrannt, die unsern gemrt und uns das unser genommen haben, dabei die Euern, Voit, Amtlüte, Bürger und Gebauer in dem Coburger Lande, gewest sein, über grosse vollkomenigliche Rechtgebote. Als hat Euer Gnaden, auch unser gnädige Herr Markgraf Albrecht zu Brandenburg uf einem Tage zu Lichtenfels ein ganz Grund-Richtigunge uf Euer und unsers gn. H. von Brandenburg Gnaden Ausspruch beredt, betheidingt und gemacht. Und solche Richtigunge uf den Montage geschage, nahm **Asmus von Eberstein** mir, Hansen, uf den nächsten Dienstag darnach Kühe und Pferde zu Trappstadt. Also schriebe ich ihm darum und fordert das mein. Als gab er mir nicht redliche Antwort und halt mir das mein noch vor und hat mir Nichts wieder geben. So ist der genannte **Asmus** uf den Montag nach S. Kilianstage (9. Juli) mit 80 Pferden und 20 Trabanten für Osterburg*) und Henfstat gerannt und hat mir, Hansen, und meinem Bruder über 19 Swein und unsern armen Leuten in Heufstadt das ihr genommen. Da sein etliche aus Euer Herrschaft zu Coburg mit gewest, das wir unbesorgt vor yn gewest sein. Also schicken wir (zu) **Asmus** gein Rewrit, um das unser wieder zu geben und berechten die Habe, hat er uns kein Antwort wollen geben" ... und bitten, seine Vögte anzuweisen, ihnen das ihre zurückzugeben, „denn wir die Richtigunge ganz und gar stracks und ufgericht gehalten haben."

Mittels Schreibens d. d. Coburg **Sonnabend nach Francisci (6. Oct.)** theilt der Herzog Wilhelm (seinem Bruder?) mit: „Wegen der Fehde des **Asmus von Eberstein** und der von **Bibra** ist soviel gehandelt, dass wir uns ganz versehen, sie werde auch zu Stund

---

*) 1453 verkauften die Grafen von Henneberg die Voigtei Reurieth (1¼ Stunde von Themar) mit der Veste Osterburg bei Heufstedt und andere Güter den Herren von Bibra für 5500 fl. zu Mannlehn; der Burg zu Reurieth geschieht dabei doch keiner Erwähnung.

abgethan und ihre Gebrechen uf den H. u. F. zu Würzburg und uns zu Rechte und gütlich Ustrag gesatzt werden."

1453, Montag vor Dionisii (8. Oct.) meldet Herzog Wilhelm seinem Bruder, dass der Bischof zu Würzburg zwischen ihm und Heinz von Bibra zu Witzmannsberg Sühne vermittelt habe und schliesst:

„So sind wir gestern (7. Oct.) noch eins bei unserm F. von Würzburg zu Witzmannsberg gewest und haben da mit samt seiner Liebe die Fehde zwischen **Asmusen von Eberstein,** dem von Hessburg uf ein, und allen von Bibra, uszgeslossen Bartholomäus und Berlden, uf die andere Seiten ganz abgetheidingt also, dass sie aller ihrer Gebrechen uf uns Beide zu Rechte und gütlichem Ustrage, welchs wir dorin farwenden, setzen sollen."

Bald hiernach schickte Berthold von Bibra dem Herzog Wilhelm zum zweiten Male einen Fehdebrief zu, weil der Vertrag allein auf seine Vettern mit Ausschliessung seiner Person gerichtet sei (Hönn-Dotzauer, Sachs.-Coburg. Chronik I. 312). Hans und Stephan von Bibra aber, wie auch ihre Vettern Georg der Jüngere, Cunz und Cunz, Heinz, Eucharius, Hans, Hermann etc. versprachen dem Herzog Wilhelm 1455, dass sie ihrem streitsüchtigen Vetter wider ihn keine Hülfe leisten wollten, ausgenommen, was ihnen vermöge des Burgfriedens in den Schlössern und Feldern zu Bibra und Osterburg gebührte (Hönn-Dotzauer a. a. O. I. 413).

1453, Nov. 15. Procuratorium und Syndicat zu Einwendung der Appellation vor den Freigrafen.

Ich Georg Truchsess, des etc. Anthony Bischof zu Bamberg etc. Amtmann zu Lichtenfels, bekenne etc., dass ich an einem gehegten gemachten Stadt-Gerichte, das ich dann ordentlich besatzt hat, gesessen bin, do dann für mich kommen ist der Edel Wolgeborn Herr Burckhart Schencke, Herre zu Tutenberg, Voyt zu Coburg, von seinen und der erbern, vesten und ersamen weysen Hanssen Schicken, Schosser zu Coburg, Kylian Tamberg, Hauskellner zu Königsberg, und von aller andern Amptleute wegen meines gnädigen Herrn Herzogen Wilhelm's zu Sachsen etc., die solch Sachen und Ladunge berühret, **Assmus von Eberstein** von seinen und **Wilhelm,** seines Bruders, **Heinzen von Eberstein,** seines Vettern, und aller seiner Diener wegen, auch Eberhart Lebhertz und Heintz vom Sandt, des Raths, Peter Myndle und Ott Sundt, beide vss der Gemeine von des Raths und ganzen Gemeine wegen der Stadt *Coburg*, Hanss Vischbach und Gernot Forch, des Raths, von des Raths und ganzen Gemeine wegen der Stadt zu *Königsberg*, Burckhart Byren, Kindheintz, des Raths, Kindkuntz und Clas Seyffrid der Gemeine von des Raths und ganzen Gemeine wegen zu *Hilperghaussen*, Hans von Bach, Jorg Mynn, des Raths, Hans Putel und Endres Seyhtz der Gemeine von des Raths und ganzen Gemein wegen der Stadt zu *Essfelt*, und sust von aller und iglicher Inwohner und Ingesessner wegen der gemeldten vier Städt, die der Sachen gewant und zu thun gehabt haben und noch haben, und gaben für durch ihren angedingten Fürsprechen und Warner, wie dass sie Bartholomeus von Bybra gein Westfalen an die freien Stühle, nämlich gein Waltdorf und an andere Stühle doselbst der freien Grafschaft Dortmünden gefordert und geladen hätte. Nu wär wohl zu merken, das die gemeldten Person und Inwohner der vorgeschriebenen Städte sämmtlich und mit einander an solch gefordert und geladen Stet nach Nothdurft zu verantworten nicht kommen könnten noch möchten, darum ihn Allen Noth und gebührlich wäre, zu setzen ihre Procuratores und Syndicos, die solch ihr Sach mit voller Macht und mit ganzen Gewalt handelten und wandelten, zu Gewinn und zu Verluste. Nu wären sie da und hätten ganz Mogen und Macht und wollten solch Procuratores und Syndicos setzen vor Gerichte, baten mich, vorgeschrieben Richter, die ehrsamen

Leute bei mir an solchem Gerichte gesessen, zu fragen, ob sie das icht billig gethun könnten und wie sie solch Macht beweisen sollten. Also worde erkannt, dass sie das uf ihre Eide betheuern söllten, dass sie ganz Mogen und Macht hätten. Also fragt ich genannter Richter Herrn Burckhart Schencken Herrn zu Tutenberg, darnach Assmus von Eberstein und die Biederleute von den vier Städten, alle vorgeschrieben, yden besunder uf seinen Eid, den er seinem gnädigen Herrn Herzogen Wilhelm zu Sachsen etc., gethan hätt, dass sie darum sagen wollten die lautere Wahrheit, Niemand zu Liebe noch zu Leide, als sie gein Gott verantworten sollten und wollten, on Geverde. Also sagten sie yder besunder uf ihre Eide, die sie ihrem gemeldten gnädigen Herrn Herzogen Wilhelm zu Sachsen etc., gethan hätten, dass sie ganz Mogen und Macht hätten ihrer guten Freunde, solche ihre Procuratores zu setzen, inmassen ihr Brief und Procuratorium, das sie als balden offenbar lesen liessen, inhielt und ausweist. Darauf baten sie mich genannten Richter, abermals zu fragen des Rechten, wie es nu gelegen sollt. Also word erkannt in Recht, durch die Biederleut bei mir an solchem Gerichte gesessen, sie hätten solch Macht und auch der Biederlent Darlegen also gehört und vernommen, dass sie des ganze und gut Mogen und Macht hätten, ihre Procuratores und Syndicos zu setzen und constituiren und denselben Macht zu geben ihrer Sachen, inmassen ihr Procnratorium und Schrift inhielt. Darauf satzten sie ihre Procuratores und Syndicos uf ein solche Form, inmassen hienach geschrieben steht:

Wir Burckhardt Schenck zu Tutenberg, Vogt zu Coburg, Assmus von Eberstein und wir obgenannten der Räthe und Gemeine der Städt Coburg, Königsberg, Hilperhaussen und Essfelt stehen hie vor diesem gehegten Stadtgericht unsers gnädigen Herrn von Bamberg und setzen und machen zu rechten vollmächtigen Procuratores und Syndicos in der besten Form und Weise, als das ymner Kraft und Macht gehaben kann, die ehrsamen Hansen Rotharten, Richter zu Numburg, und Hausen Beringer, Schösser zu Luchtenburg, in ihrem Abwesen als ob sie gegenwärtig wären, dass sie beide oder iglicher insonderheit, sollen ganze volle Macht haben an den Sachen, als uns Bartholomeus von Bibra hat fürgenommen vor den freien Stühlen zu Dortmünden, Waltdorf, Biutheim und welche Stühle er darein zeucht, uns vor den genannten Stühlen und auch vor allen den Stühlen, die in Westphalen und in den Landen sein, keinen ausgeschlossen, zu verantworten, zu appelliren, Ihn und die Seinen wiederum zu fordern und in Samt- und in Sunderheit Alles das zu thun, zu lassen, zu gewinnen und zu verbüssen, das wir sämmtlich oder iglicher besunder selbs thun sollten, möchten oder könnten, Nichts ausgeschlossen, ohn Geverde. Die obgenannte unsere Procuratores und Syndici sollen auch volle Macht haben, von unsern wegen förder Procnratores und Syndicos zu substituiren, einen oder mehr, als dick und wie des Noth geschieht. Dieselben dann als vollkommlichen Macht haben sollen, Alles das zu thun, das diesen Zweien Macht gegeben ist. Dieselben zwen unsere obgenannten Procuratores sollen auch Macht haben, ihrer gesatzten Substituten zu widerrufen und andere zu setzen, und ln (ihnen) soll kein Macht enthalten sein, die in diesen Sachen sich gebührlich zu thun begibt, ohngeverde.

Und als die vorgeschriebenen Biederleute un also vor Gerichte Ir Procnratores und Syndicos auch obgenannt gesatzt und constituirt hatten, baten sie mich, In zu fragen, ob man ln solch Rechten Handelung und Satzunge icht billig Kundschaft gebe und were die versiegeln sollt. Word erkannt in Rechte, man gebe ln des billigen Kundschaft und die sollt auch der Richter, an solchem Gericht gesessen, versiegeln. Und an solchem Gerichte sein gesessen die ehrsamen, weisen Bürgermeistere und ein ganzer gesammter Rathe der vorgenannten Stadt Lichtenfels. Und des Alles zu wahrem Urkund und Bekenntnüsse habe ich obgenanuter Jorge Trucksess, Richter und Amtmann desselben Gerichts, mein eigen Insiegel gehangen an diesen offen Brief etc., der geben ist mit Urteiln am Donnerstag nach Martini nach Christi etc. Geburt vierzehnhundert Jahr und darnach in dem dreiundfünfzigsten.

Müller, Reichstags-Theatrum unter Friedr. V. I. 492 u. 493.

1454, April 4. Kaiser Friedrich's Inhibition an einige Freigrafen wegen unternommener Vorladung Herzog Wilhelm's zu Sachsen, wie auch einiger Dero Unterthanen an die Westphälischen Gerichte.

Wir Friedrich etc., Römischer Kaiser etc., thun uch Johann Gardenwech, der sich schribit Frey-Greve der frien Grafschaft zu Limpurg, Wilhelmen von der Sunger, der sich schribit Frey-Greff der Grafschaft zu Dortmunden und Walttorff, Wynoltem Postental (Wynecken Passkendall?, vgl. oben S. 98), der sich schribit Frey-Greff zu Brackel und Bintheim, und Johann von Salbrecht, der sich schribit Frey-Greff zu Lundenscheit in dem Suderlande, allen und uwer jedem insunderheit, dem dieser unser Brief geantwurt oder verkundt wird, zu wissen, dass uns der Hochgeborn Wilhelm Herzog zu Sachsen etc., unser lieber Oheim und Fürst, von sein und der seinen wegen mit Klag angelangt und fürbringen lassen hat, wie ihm und den sinen, nämlichen dem Edeln Conraten zu Pappenhaim, unsin und des heiligen Reichs Erb-Marschalk, Bernharden von Cochperg, Eckarien Schotten, Asam und **Wilhelmen von Eberstein,** Frizschen von Liessen, Clausen Hochen, Frizschen Horn, Balthasarn Scheiding, seinen Räthen, Amtleuten und Dienern, desgleichen den Amtleuten, Räthen und Bürgern seiner Städt zu Franken, nämlich Coburg, Königsberg, Hilpurshusen, Esevelt und Jhenen von Klag wegen Bartholomeus von Bibra, viel und merklich Beswerung und Ungebührlichkeit durch uch und Westphälische Gericht wider Recht und unser gemain Reformation zugezogen werde und bescheben. Alles über völlig und verbürgt Rechtbot und Abforderung durch sie nach Inhalt unser Reformation bescheben, dadurch er und die seinen sich bedünken, wider unser vorberührt Reformation grösslich beswert zu sein, nachdem sie den Klägern Ehren und Rechtens an billigen Enden und Stätten nie ausgegangen sein und deshalben sich von solchem euerm Fürnehmen, wider sie bescheben, an uns als beschwert beruft und geappellirt und uns darauf fleissiclichen angeruft haben; dieweil sich der obgenannt unser lieber Oheim und Fürste für sich und die seinen allezyt Ehren und Rechtens vor uns zu gestehn erboten gehabt habe und sich noch erbüt, den Klägern Ehren und Rechtens üm ihr Zuspruche vor uns zu sein und zu gestehen, dass wir solch Ladung und Process, wider sie ausgaugen, nach Inhalt unser vorgemeldten Reformation abzuthun und die zu vernichten und uch in die Peen, in derselben unser Reformation begriffen, völlig zu erkennen und zu sprechen gnadiglichen geruchten. Darum so gebieten wir uch allen obgenannten Freigrafen sammt und uwer jeden insunderheit von Römischer Kaiserlicher Macht ernstlich und vestiglichen in Kraft dieses Briefes und bei der Peen, in unser oft gemeldten Reformation begriffen, dass ihr solch Ladung und Process, die ihr also über des vorgenannten unsers Oheims und Fürsten Rechtbot, von sein und der seinen wegen bescheben, und unsir Reformation wider sie ausgehen lassen haben, unverzogenlich, nachdem und ihr mit diesem unsin Brief darum angelangt und ermahnt werdet, abthut und die Kläger um ihr Sprüche, Ehren und Recht vor uns von demselben unsim Oheim und den seinen zu nehmen wisend, wann wir ihr Ehren und Rechts mächtig sein und der Klägern, wenn sie des begehren, gestatten wellen. Wir gebieten uch auch ernstlich, dass ihr fürter in der Sach wider den vorgenannten unsern Fürsten noch die seinen nit ferner procediren noch vollefahren in dhain Weise. Vermeinten ihr aber solchs als vor stat nit zu thun, sunder redelich Ursach dawider zu haben, so heischen und laden wir uch yez alsdann und dann als yez mit diesem Briefe, auch ernstlichen gebietende, dass uwer iglicher auf den fünf und vierzigsten Tag, den nächsten nach dem Tag und ihm dieser unser Brief geantwurt oder verkundt wird, derselben Tag wir uch funfzehn vor den ersten, funfzehn für den andern und funfzehn für den dritten und letzten Rechttag peremptorie setzen und benennen, oder ob derselb Tag nicht ein Gerichtstag sein würde, auf den nächsten Gerichtstag darnach vor uns oder dem, dem wir das an unser Statt befehlen, wo wir dann zu male im Reich sein werden, selbs oder durch euer vollmächtig Anwalt und Procurator kommet und rechtlichen erscheinet. zu sehen und zu hören solch vorgemeldt Ladung und Process, wider unsin Fürsten und die seinen auch unsir Reformation ausgangen, mit Recht und Urtheil zu vernichten und abzuthun und besunder uch um uwr Ungehorsam nach unser Reformation Inhalt peenfellig zu erklären und zu sprechen oder aber rechtlichen dawider zu sagen, warum das nit sein solle. Wann ihr kommt und erscheint alsdann also oder nit nichzit destminder auf Anrufen des obgenannten unsers Fürsten, der seinen oder ihres Anwalts wird im Rechten vollefahren, als sich nach siner Ordenung gebührt. Darnach wisst uch zu richten. Geben zur Nuwenstad am vierten Tage Aprilis nach Christi Geburte vierzehenhundert und im vier und funfzigsten etc. Jahren.

Müller, Reichstags-Theatrum u. K. Friedr. V. I. 496.

1454, April 4. Kaiser Friedrich's Inhibition an Barthol von Bibra wegen der vor den Westphäl. Gerichten wider Herzog Wilhelm zu Sachsen und einige seiner Unterthanen angebrachten Klage.

Wir Friedrich etc., Römischer Kaiser etc., entbieten Bartholome von Bibra unser Gnade. Uns hat der hochgeborn Wilhelm Herzog zu Sachsen etc. von sin und der sinen wegin mit Klagen angelangt und fürbrengen lassen, wie du ihn und die sinen, nämlichen den Edeln Conradten zu Pappenheim, unsern und des heiligen Reichs Erb-Marschalk, Bernhartten von Cochperg, Eckarien Schotten, Asam und Wilhelmen von Eberstein, Balthasarn Schiding und Frizschen von Liessen, sin Amtleut, Räthe und Diener, des gleichen die Räthe und Bürger siner Städt zu Franken, nämlichen Coburg, Königsperg, Hilpurshusen und Esevelt, mit Klag von Wilhelm von der Sunger, der sich schreibet Frie-Greff der Grafschaft zu Dortmünden und Walttorff, und Johann Gardenwech, der sich schribet Frie-Greff der frien Grafschaft zu Lymburg, wider unser gemein Reformation auch über sein vorbürgt Volgebot und Abfordrung von sein und der sein wegen beschehen fürgenommen habest. Und wann dieselben, unser Fürst und die sinen, vormeinen, dass sie wider die vorberürt unser gemein Reformation mit solchen Ladungen und Processen beschwert sin, nachdem sie dir Ehren und Rechtens an billigen Enden und Stetten nie ussgangen sin, sunder sich zu Ehre und Recht an billigen Stetten volleichen erboten haben, das aber Alles von dir verachtet worden sei, darum sie sich dann an uns als beswert beruft und geappellirt und daruf flissiglichen angekert haben, nämlichen angesehen, dass unter andern sich der obgenant unser Fürst für sich und die sinen allezyt Ehren und Rechtens vor uns als Römischer Kaiser zu gestehen erboten gehabt habe und sich noch gein dir erbeut, dir Ehren und Rechtens um dein Anspruch vor uns zu sin, dass wir solch Ladung und Process wider sie ussgangen nach Inhalt unser vorgemeldten Reformation abzuthun und zu vernichten und dich in die Peen in derselben unser Reformation begriffen völlig zu erkennen und zu sprechen gnädiglichen geruchten. Darum so gebieten wir dir etc., dass du solch Ladung und Process etc. unverzogenlich etc. fallen lassest und dich Ehren und Rechtens vor uns benügen lassest etc. Geben zur Newenstadt am vierten Tag Aprilis etc. 1454.

Müller, Reichstags-Theatrum u. K. Friedr. V. I. 497.

1454, Juni 2. Schreiben Herzog Wilhelm's zu Sachsen an den Freigrafen zu Limburg auf dessen Citation in Sachen des Barthol. von Bibra contra den Herzog und Consorten.

Wilhelm etc., Herzog zu Sachsen etc., Johann Gardenwech, der sich schribt Frie-Greve zu Lympurg, als du uns für dich geheischt hast gein Limburg von Klage wegen Bartholomes von Bibra, die Er über Uns gethan habe, als du gesessen habst zu richten über Lib und Ehre unter Königes-Banne, als das din Citatio inheldet, und alsbalde dorin berürest um geldhaftige Schuld nämlich vierhundert Gülden Jahrrente, dorüber Bartholomes unser und unser Städte Verschribunge habe etc., dorin schribest du dich selbs unbeständig und vermerklich, wann du hast an der Statt, da man unter Königs Banne über Lib und Ehre richtet, kein Macht, zu richten über geldhaftige Schuld noch über Verschribunge oder Gelübde, damit man geldhaftige Schuld zu bezahlen bethuret; dann sollich Verschribunge und Gelübde wegen allein an ein Ende und uf einen Grund ihrer Ursache, das ist Geld, wann darum Billigkeit und Recht geschicht an den Enden, da sich geldhaftig Schuld hin eignet, so sind alle Glübde und Truwe deshalben gethan geledigt und ufgeloset; darum gebühret dir das zu wissen, an den Enden zu fordern, da sich das billig hin geheischt und von Recht gehört. Würde dann der Gerichts- und Rechts-Gebruch oder Usflucht gethan zu antworten nach Nothdurft oder Schulde und Pflicht halben, dorin wissen sich die Mann, den die heimliche Acht kundig ist, wohl zu halten. Wann wir fürwahr wissen, dass kein Sache, Lib und Ehr anlangende, in der Werlde so gross gesin mag, und ob das Sachen den allmächtigen Gott und den heiligen Christen-Glauben berührende antreffe, dass du das für dich zu heischen oder dorüber zu richten habst, wo der Fürste oder geordente Richter, unter dem das gescheh, darüber mächtig ist, zu richten und sich recht dorin heldet, als du selbs wohl wissen sollt. Hierin magstu wohl verstehen, dass wir uns der heimlichen Acht nach Nothdurft zu halten wissen und darfst uns damit nicht anfechten als einen, der in sollichen nicht kundig sei. Und als dann din Citatio heldet, dass wir Bartholomessen von Bibra unser Briefe und Insiegel nicht sullen haben gehalten, ihm auch das Schloss Rurid unter unser Verhengniss und Zulass sei entwehret, und setzest fürder von angewynen Brande, Morde und Raube, das ihm durch unser Gewalt und die unsern an sym Theil des Kirchhofs zu Glichen an der Wiesen geschehen sei, und forderst auch die Edeln und Gestrengen unser heimlichen Räthe, Manne und lieben Getruwen: Herrn Conradten zu Pappenheim, des heil. Röm. Richs Erb-Marschalk, unsern Hofmeister, Ern Burcharten von Cochberg, unser Gemaheln Hofmeister, Ern Eckarius Schotten, unsern Marschalk, Ritter und Fritzschen von Liessen, unsern Küchenmeister, für dich darum, dass sie uns und unsern Amtluten ein sollichs, als dir Bartholomes von Bibra geklagt hat, sullen haben gerathen und was dieselbe die Citation von Bartholomes mehrgenannten Klagen über uns und die unsern gethan mehr inheldet, . . . haben wir Alles wohl verstanden. Als sollt du fürwahr glauben, hätte Bartholomes von Bibra gewusst, dass sollich sin Klage und Fürbrengung, als du in diner Citation berührst, wären wahr und beständig gewest, er hätte die angehalten zu fordern an den Enden, do ihm das billig gebühret dann vor dir bis dass man ihm Ehren und Rechts hätte geweigert und ussgegangen; aber er weiss wohl, dass er darinnen die Wahrheit fürzubrengen so ferne hat unergangen, dass er die Ende, da man sin Handil und Gelegenheit weiss, hat geflogen und uns für dich gesucht zu fordern in Hoffnunge, uns uf Wege zu führen, dorinnen wir uns nicht verstunden zu wehren. Und du hast uss diesen Allen gründlich zu merken, dass die Sachen dir durch ihn fürbracht nicht Fehmrüge gesin mögen, diewyle die nicht zuvor an billigen Enden gesucht sind, da ihm Weigerunge zu Ehren und Recht geschehen wäre etc. Davon so begehren wir und heischen von dir etc., dass du sollich din Ladunge und Process über uns und unser Räthe gethan ganz abstellest und den oftgemeldten Bartholomes von Bibra wiesest, uns und unser Räthe, die du benennest, zu fordern, als er des nicht lassen will, vor unsern Grafen, Herren, Räthen, Ritterschaften und Landschaft unsers Fürstenthums zu Doringen etc. Gegeben zu Gotha uf Sonntag Exaudi An. Dom. M. cccc. LIV.

Müller, Reichstags-Theatrum u. K. Friedr. V. 1. 500 ff.

1454, Juni 11. Johann Gardenwech, Frye-Greve von Königlicher Gewalt der Fry-Grafschaft und frien Stuhl zu Limborch, schreibt an Kaiserl. Maj.:

. . . Und gebühret nwer Kaiserlichen Gnaden, gegen das heilige Riche und heimeliche Gerichte sulche Appellirunge nicht zuzulassen etc., wann eintheils der-

selbin verklagten Amtlute, Räthe, Diener und Bürger des Herzogen von Sachsen
etc. erwunnen und verführt sind vor anderen freien Stühlen. Fry-Greven und Gerichten und sind rechtlos, friedlos und unbequem alles Rechten, und ist damit
ein ausgerichtete Sache. Und bitten etc., dass uwer Kaiserl. Gnade die heimlichen Gerichte und frien Stühle handhaben und behalten wolde by ihrer alten
Gewohnheit, Herkommen und Herrlichkeit, als uwer Kaiserliche Gnade von Gotte
und Rechte schuldig sind. Auch als uwer Kaiserl. Gnade furder hiervon hat
thun schriben und gebieten, sulche unser Ladunge und Process abzuthun und
fürder darüber nicht zu richten etc., ensin wir sulches nicht mächtig, wann etliche
der Verklagten verurtelt und verrichtet sind, und culnabin des kein Macht, dass
wir die Todten mögen ufwecken. Und was noch von den Verklagten in dem
Gerichte hanget, die mögen sich da verantworten und mögen sich da mit Ortel
und mit Recht usszichen, als des heilgen Riches fryen heimlichen Gerichts und
fryen Stuhls Recht ist, wann yn dar vor mir kein Unrecht geschehen sall. Und
als uwer Kaiserl. Gnade uns fürder davon heischen und laden thut, an dem fünf
und vierzigsten Tage vor uwer Gnade oder dem uwer Gnade das bevelende würde
zu kommen wo uwer Gnade dann zu dem mal in dem Riche sin werden, also
allerliebster gnadigster Herre sin wir frye Greven sulcher Ladunge nicht
pflichtig nach Fryheit und altem Herkommen des heiligen Richs, der heimlichen fryen Gerichte und frier Stühle. Wann die Sachen, die gehörig und gebührlich zu richten sind in des heilgen Riches fryen heimlichem Gerichte, sich
nirgends anders gebühren zu verklären noch zu rechtfertigen, dann uf West-
phälischer Erden etc., und bitten uwer Kaiserliche Gnade, uns sulche Ladunge
zu irlassen, und lasset uns by unsern Rechten und Friheiten, wann wir darmit
begnadet und belehnet sind von uwer Kaiserl. Gnaden Vorfahren etc. Gegeben
etc. of den Dienstag nächst nach dem heil. Pfingsttag Anno M. cccc. LIV.

Müller, a. a. O. I. 502 ff.

1454. Mittwoch| vigilia corporis Christi (19. Juni) zu Weimar.
Herzog Wilhelm z. S. berichtet dem Kaiser, dass die Freigrafen
die kaiserl. Inhibition unbeantwortet gelassen, ausser dem zu Lim-
burg, aus dessen Antwort aber zu ersehen, dass er das kaiserl.
Verbot zu respectiren nicht gewillt sei; er bittet daher, schärfere
Befehle ergehen zu lassen. (Müller a. a. O. T. 504.)

1454, Aug. 16. Kaiser Friedrich's Rescript an Erzbischof
Dietrichen zu Cöln als Herzogen zu Westphalen wegen der Westphäl. Gerichte wider Herzog Wilhelm z. S. und seine Unterthanen.

Wir Friedrich etc., Röm. Kaiser etc., entbieten etc. Ditrichen Erzbischofen
zu Cöln etc. unser Gnade etc. Als wir vormals auf Klag und Anbringen des etc.
Wilhelm's Herzogen zu Sachsen etc. von wegen solicher Beswerungen, so Ihm
und etlichen seinen Räthen, Mannen. Dienern und Städten von Klag wegen Bartholomes von Bibra und ander seiner Anhanger, durch Johann Garden-
wechs zu Limpurg, Wilhelmen von der Sunger zu Dortmunden und Walt-
dorff, Wynegken Passkentale zu Pragkel und Bintheim und Johann von
Falbrecht zu Lundenscheid in dem Suderlande, Frey-Grefen als sie sich schreiben, mit Westphälischen Gerichten wider unser Königliche Reformation etc. beschehen, .. zugefügt sein sollen und auf ihr Appellation durch unser Kaiserl.
Briefe und bei sweren Penen ernstlich haben geboten, sollich Ladung und Process
etc. abzuthun etc.; hat uns der obgenannt unser Oheim und Fürst (Herzog Wilhelm) yetz aber geschrieben etc., wie wohl er von sein und der seinen wegen
sie mit denselben unsern Kaiserl. Briefen hab ersuchen lassen, solichen unsern
Geboten gehorsam zu sein, jedoch so haben sie die verachtet und vermeinen darüber noch in solichem ihren Fürnehmen wider Ihn und die seinen mit Westphälischen Gerichten zu vollfahren und zu procediren. Und als wir dann auf
unser vorgenannt Ladung zu denselben Frie Greffen um solich Ir Ungehorsam

yetz wohl hätten richten mugen, so haben wir doch das von Gnaden wegen diessmal anstehen lassen und das Recht desshalb geschoben bis auf den nächsten Gerichtstag nach Sant Martinstag schirstkünftig in Meinung, darzwischen auf den Tag der gemeinen Versammlung unser und des Reichs Kurfürsten etc., der zu S. Michelstag schirstkünftig zu Frankfurt soll gehalten werden, Raths zu pflegen, was sich in solichem nach Gelegenheit der Sachen gebühre, und darauf den obgenannten Frei Greffen yetzt in unsern Kaiserl. Briefen etc. ernstlich geboten, dass sie solicher vorgerürter Process wider den vorgenannten unsern lieben Oheim Herzog Wilhelm und dieselben seine Räthe, Manne, Diener und Städte ausgangen vor solichem endlichen Austrag der Sachen etc. nit zu gebrauchen etc., sunder die Parteien und Sachen für uns als Römischen Kaiser, Irn obristen Richter, zu weisen etc. Und darum so empfehlen wir deiner Lieb ernstlich etc., dass du auch von unser und des Reichs wegen und als Herzog in Westphalen mit den vorgenannten Frei Grefen schaffest und bestellest, dass sie solichen vorgenannten unsern Geboten und Geschäften in den Sachen gehorsam sein und gnug zu thun etc. Geben zu der newen Stadt am Freitag vor sant Oswaldstag A. D. 1454.

<small>Müller, a. a. O. I. 505.</small>

Die Freigrafen bestritten also die formale Rechtsgültigkeit der Frankfurter Reformation; und es ist nicht ausser Acht zu lassen, dass auch der Kaiser, als die Freigrafen seiner Vorladung und Befehlen nicht Folge leisteten, nicht sofort zu den durch die Reformation festgesetzten Strafen schritt, sondern die Sache nochmals auf dem Reichstage mit den Ständen überlegen wollen.

<small>S. 557, nach 448.</small>

1456. Erasmus von Eberstein's Fehde gegen Nürnberg.

Erasmus von Eberstein hat dem Rath zu Nürnberg abgesagt, vngeachtet Er von Hertzog Wilhelm zu Sachsen angewiesen worden, was Er zu Ihnen zusprechen hette, solches rechtlich auszzuführen, welches Er auch eingewilliget hatte. Er ist in ein dorff, Cost genant, so Endres Hallers Erben zugehört, gewaltthätig eingefallen mit 40 Pferden, hat fünff Man gefangen genommen vnd alles vich hinweg getrieben, vnd alsz ein Weib vmb Ire knüe gebetten, Sie auff den Todt schlagen lassen. Der Rath zu Nürnberg hat Wilhelm Löffelholz dieser vhed halben an den Bischoff zu Würtzburg abgefertiget, dieselbe ist aber endtlich durch hertzog Wilhelm zu Sachsen vertragen worden bey Marggraf Albrechts beylager mit seiner andern Gemahel Anna, Friedrich Churfürsten zu Sachsen Tochter, welches gehalten worden zu Onoltzbach den 13ten Novembris Anno 1458, dem haben von desz Raths zu Nürnberg wegen beygewohnt, Niclas Muffel vnd Hansz Koler, vnd weil Sebald Tetzel in dieser vhed desz von Eberstein diener gewest, ist er auch ausz sorgen gelassen worden.

<small>Müllner's Annalen der Reichsstadt Nürnberg II. 1227 b.</small>

1457, Aug. 12. Markgraf Albrecht von Brandenburg legt die Fehde und Zwietracht bei, welche zwischen **Asmus von Eberstein** einerseits und der Stadt Rothenburg a. d. Tauber andererseits obwaltet.

Wir Albrecht von gotes genaden Marggraue Zu Branndenburg vnd Burggraue zu Nuremberg. Bekennen vnd thun kunt offenlich mit dem Briue gein allermeniglich Als von sulcher sachen vnd vnwillens wegen So anferstanden vnd sich begeben haben Zwuschen vnsern lieben besundern **Asmus von Eberstein** an einem vnd den Ersamen weysen auch vnsern lieben besundern Burgermeistern Rate vnd Innwonern der Stat zu Rotemburg auff der Tawber am andern teil, Darumb dann der gnant Asmus Vnd mit Im Steffan Besszrer Seitz Snabel vnd Hanns Hetzel mitsampt anndern Iren knechten vnd Helffern Vnd die obgnanten von Rotenburg, gegeneinander zu vehden feintschafften vnd Zugriffen komen sein

Das wir dann von Ir beyder wegen nicht gerne gesehen, Sundern bey Iue sulchen vleis ankeret, das sie sulch sachen vnd was sich zwischen Ir zu beyderseyt dorinn ergangen vnd begeben hat volmechtiglich auff uns gestalt, gewilliget vnd zugesagt Haben Wie wir sie durch vnsern gutlichen spruch entscheiden, Das sie das von allen teilen getrewlich Halten vnd dem nach komen sullen vnd wollen an eintrag vnd genczlich an alles generde, Also vnd dorauff So scheiden vnd sprechen wir, des ersten, Das die vehde gancz ab vnd beyde obgnante teil Auch alle die Iren mitsampt allen Iren knechten Helffern Helffers Helffern vnd allen den die darunter gewannt oder verdacht sind Heymlich oder offennlich aller sulcher sachen vnd vnwillens Halben vnd alles des, Das sich Bisz auff disen Hewtigen tag. DorInn begeben ergangen vnd verlauffen Hat, nichts auszgenomen Noch Hindan gesoczt, gancz gerichtet geslichtet vnd gesonet sein vnd bleiben sullen, Das auch Hinfur kein teil gegen dem andern nicht mer In arck oder rachsal annden efern oder Rechen sol, weder mit worten oder wercken Heymlich noch offennlich In dhein weisz Vnd sullen auch dorauff alle gefangen von beyden seyten Ir sanckmusz ledig, Auch alle atzung Brauntschatzung, Dingnusz Vnd vngenallen gelt gancz abe vnd vnbeczalt bleiben Vnd die Burgen dafür ledig vnd lose sein, alle arglist vnd generde Hirlnn genczlich auszgeslossen, Des Zu vrkunde Haben wir yedem obgnanten teil. diser vnnser Spruchbrieff einen In gleicher forme Lautende. Mit vnnsern anhangendem Innsigele versigelt gegeben Geschehen zu Quoltzpach am Freitag nach Sand Laurencientage Nach Cristi vnnsers Hern gepurt Vierczehenhundert vnd In dem Sibenvndfünffczigisten Jaren.

Urk. L. k. Arch. zu Bamberg.

S. 558, Nr. 450.

1459, Nov. 17. Markgraf Albrecht von Brandenburg legt die Zwietracht bei, welche zwischen Endres Zollner zu Rymbach einerseits und **Asmus von Eberstein** andererseits obwaltet.

Wir Albrecht etc. Thun kunt offennlich mit dem brif Als von sulcher Zwitracht vnd vnwillens wegen So dann gewesen ist sich begeben vnd verlauffen hat Zwischen vnnsern besunder lieben vnd getrewen Eundresen Zollner zu Rympach eins, vnd **Asmusen von Eberstein** anders tayls In dem der itzgenant Asmus dem obgenanten Zollner ettlich sein armleut gefangen geselczt vnd Ine domit ettlich Ir Hab genomen hat das wir Zwischen beiden obgnanten partheyen sonil vleis ankert haben das sie sulcher Irer Zwitracht vnd vnwillens genczlich auff vns komen vnd gnangen sind Also wie wir sie In der gutlichkait darumb aynen vnd Zwischen Ir auszsprechen, das sie das also getrewlich halten dem nachkomen thun vnd volfurn sullen vnd wollen als sie vns das dann beiderseit glauhlich Zugesagt haben Daruff so schaiden vnd sprechen wir das Asmus obgenant, die gefangen so er dem Zollner abgefangen hat on scharczung vnd on alle entgeltnusz, auch die burgen die deszhalb verhafft sind Irer Burgschafft ledig Zelen vnd sagen sol vnd vmb die Name die er Eundresen Zollner vnd seinen armenleuten Zugefuegt hat, sol es auff vns besteen, wie wir es darumben ausprechen vnd machen werden, dabej sol es bleiben Vnd daruff so sol aller vnwille vnd Zwitracht wie sich die Zwischen Ine vnd allen den die darunder gewant vnd verdacht sind bisz auff diesen Heutigen tag begeben gemacht vnd verlauffen habenn genczlich vnd gar gericht geslicht vnd versonet sein vnd bleiben das auch kein tayl hinfur gegen dem andern nicht anden effern oder Rechen In arg oder Rachsal heimlich noch offennlich In dhein weisz, alles on arglist vnd genczlich on alles generde Des Zu vrkund Haben wir dem begerndem tayl disz vnsers spruchs einen brif mit vnserm aufgedrucktem Innsigel versigelt gegeben Geschehen zur Newenstatt an der Eysch am Samstag vor Sand Elsbeten tag Anno domini etc. Lixto.

Auf der Rückseite steht: Abschied und Spruch zwischen **Asmus** von Eberstein Endresen Zollner zu Rympach etlicher gefangenen halben etc. (die drei letzten Worte sind von anderer Hand).

Concept im k. Archiv zu Bamberg.

S. 579, 584 u. 585.

Des Herzogs Wilhelm von Sachsen Räthe und Ritterhauptlente über die von ihm dem Kaiser in dem Kriege gegen den Herzog von Burgund gestellten Truppen Hermann Lugelein, **Asmus von Eberstein** und Albrecht Criusz (s. v. E. Gesch. 586) berichten dem Herzoge, dass am Sonnabend Pauli Bekehrung (28. Januar) 1475 der Graf Ernst von Mansfeld, die Grafen von Schwarzburg und Stolberg und die Geschickten der Grafen von Honstein und Beichlingen und der Reussen, wie auch Lorenz von Schaumberg von der Franken wegen zu ihnen gekommen sei, und dass Letzterer in Aller Namen gesprochen und gesagt habe, dass der Kaiser dem Könige von Dänemark die Richtigung zwischen ihm und dem Herzoge von Burgund abschlage. Damit sie, die Räthe, nun wüssten, wie sie sich mit der Antwort zu halten hätten, wenn der Herzog Albrecht von Sachsen, der des Kaisers Schwestersohn sei, weiter (den Rhein) hinab ziehen wollte und das an sie gelangen lassen würde, so möge ihnen zur Nachricht dienen, dass die genannten Grafen etc. nur auf ¼ Jahr beschrieben seien. Obwohl es diesen schwer gefallen, sich auf die lange Zeit zu rüsten, so hätten dieselben es dem Herzoge Wilhelm dennoch zu Gefallen gethan, auf ein längeres Aussenbleiben könnten sie sich aber nicht einlassen und hofften, die Räthe würden sie wieder an die Enden, wo sie aufgenommen worden, bringen. Wenn die Räthe es für nöthig fänden, möchten sie das dem Herzoge Wilhelm berichten.

Am Sonntag Exaudi (5. Febr.) 1475 erwiderte Herzog Wilhelm seinen oben genannten Räthen: zunächst sei es ihm befremdlich, dass sich Lorenz von Schaumberg solcher Rede unterfangen habe, da er wie sie, die Räthe, sein bestallter Hauptmann sei, wozu er sich „gewilligt und begeben" habe; auch hätte er Lorenzen zu verständig dazu gehalten, nachdem er denselben, gleichwie sie selbst, durch mündliche und schriftliche Weisung dergestalt zu Hauptleuten über seine Hülfstruppen gesetzt habe, dass, sobald sie zu Herzog Albrecht stiessen, sie sich dessen Oberbefehl unterzuordnen hätten. Die Räthe sollten daher den oben genannten Grafen etc. den Heimzug nicht gestatten, vielmehr dieselben mit dem Bedeuten zum Bleiben und Gehorsam ermahnen, dass andernfalls der Herzog sie für feldflüchtig, lehn- und ehrlos halten würde. Zugleich schickt Letzterer seinen Räthen nachstehenden offenen Brief an die Grafen und deren Geschickte, und seine anderen Mannen:

Offen Ausschreiben Herzog Wilhelm's zu Sachsen an die sächsischen Grafen-Herren, Ritterschaft etc., „von ihm auf Forderung der Kaiserl. Majest. zu dem fürgenommenen Zeoge wider den von Burgund neben Albrechten Herzogen zu Sachsen etc. ausgefertigt und geschickt".

Lieben Getreuen. An uns ist gelangt, wie Ir mit den Haupt-Lüthen, von uns uch izund zugeordnet, etliche Rede habt thun lassen, Ir vernemet, wie die Keyserliche Majest. dem Könige von Dhenemarcken Richtunge zewüschen Ir und den Herzogen von Burgundien abslahe, unser Haupt-Lüte wiszende, wie etc. Herr Albrecht Herzog zu Sachszen etc. der Kayserl. Majest. angeborner Früntschafft und siner Swester Son war, und so der obgemeldte unser lieber Vedter hinabewarts sich understhen wult zu zühen und an die HauptLüte gelangte, eyn wissenn zu haben, dasz Ir von uns uff eyn virtel Jars beschrieben: wiewohl uch das einsTeils kurz der Zitt gewest were, hedt Ir uns das doch zu Gevallen gethan, kundet uch in lenger Harren uszen zu sein nicht begeben, getruwet, sie wurden uch an die Ende, da sie uch uffgenomen hedten, brengen; sagt In das, ab ferner Zeëthen an sie gelangte, in Antwurt darnach haben zu richten, uch auch in keynen Weck lenger zu harren begeben; auch betreffe das unser Landt und Lüte nicht an. wie dann die Wort derhalben verlant und nach unvern sagen an uns gelangt sindt, haben Wir verlesen etc.

Und uns wohlgedechtig zu Willen gewest, uch finden habt lassen, dasz Wir auch geneigt sind, gegen uch wieder zu erkennen, desglichen gegen die andern, von den Ir geschickt syt; aber unwer Fürnemen des umbkerens und nicht lenger zu harren haben Wir zuhören gar ungerne vernomen und versehen ye zu uch unwer herzlichen Meynunge nicht enst zu geschehn, wann Ir betracht, wie Ir mintlich und eintheils schrifftlich von uns Hermann Cunzeln (Lngelein), **Asmus von Eberstein,** Albrecht von Grimsritt (Crinsz, vgl. v. E., Gesch. 586), unsern Amptlüthen, Rethen und lieben getruwen, zu Oberschern des Zeogs geben und beuoln haben, uch nach In zu richten, darnach und sunderlich sie mit uch nach etc. Herrn Albrechten Herzogen zu Sachszen etc. ganz zu richten und zu halten, In gehorsam zu sein, als wir selber gegnwertig wern, das ir alszo angenomen, gewilligt und neben denselben unsern lieben Vedtern gezeogen sijt. Durch welchen Wegk, Eren und Gelimpffs halben wolt uch ziemen und gebüren, von siner Liebe anheymwarts zu wenden, so sin Liebe sich den Vihenden genahett und zu begynnen KriegsGescheffte komen ist, ader wie uns das, so wir eynander gewand sind, von uch, als den unsern, zeymen würde, zu thunde und geschehen zu lassen, nachdem Wir undereynander gewandt, was eyn angehet, den andern auch mit berürt. Wie wolt uch auch anstehen, Ursachen zu nennen, dasz die Keyszerl. Majest. uch solt folgen, Richtungen gegen Irer Wiederpardt uffzunemen, darinn mergliche Beswerunge were, uwernthalben zu dringen die uffzunemen, und das Gericht uszkomen, er hedts müssen uwernthalben thun etc. Solt auch uffkomen, ob es unser Land nicht betrifft, uffzubringen, uns nicht schuldig zu dynen sie, were uns eyn merglich Besweren und würden darim versperrt, dem heiligen Rich erst und darnach unsern guten Herren und Fründen nicht hülflich zu sin, so das jezige Zeëthen das heilige Riche antrifft, und belangt uns als Fürst des Richs. Hierum ist unser Beger, Ir wullet von dem fürnemen stellen und durch keynen Weck von unsern Vedtern rythen ader uch widersezig machen, so er fürder zeëthen würde, nicht mit ihm zu zeëllen. Dann das durch keinen Weck tügelich, erlich und füglich seyn will, auch unsernt halben sunderlich nicht, dadurch uff uns solt geulegt werden, Ir hedtet das Werck zu widerstehen, den Herzog verhindert. Vor solichen Gerüchte wult uns und uch hütten, so Ir uns und uch selber schuldig syt. Wo Ir aber anders denn obgemelt ersehen und uch geben werdet, würden Wir uns gegen uch als unsern Ungehorsamen halten zu Leibe und Gute. Hierum uns und uch das zu vermeiden, versehen und laszen Wir uns ganz, und Ir thut uns daran gar zu danckenmem Willen und Gevallen. Geben uff Sontag Esto mihi Anno XIV^cLXXV.

_{* Müller, Reichstags-Theatrum unter Kaiser Maximilian I. II. 97.}

S. 100 u. 601.

Die berührte Fehde war entstanden wegen einer Schaftrift in der Flur des Dorfes Niederheid. Das Nähere findet sich in N. Haas, Geschichte des Slavenlandes an der Aisch und dem Ebrach-Flüsschen (Bamberg 1819) II. 131 ff.

S. 620, vor Nr. 508.

1436, Juni 25. Spruchbrief des Markgrafen Friedrich von Brandenburg, worin u. A. auch **Karl von Eberstein** als Schiedsrichter in den Irrungen zwischen dem Bischof Johann zu Würzburg, den Herrn des Capitels daselbst „vnd allen Prelaten vnd pfaffen Irs teils" einerseits und dem Grafen Albrecht von Wertheim, Domherrn und Pfleger des Stifts zu Würzburg, Johannsen, Michel und Jorgen Grafen zu Wertheim, des Bischofs Oheimen, „ettlichen Tumherrn zum Tumstift mit namen Reinharten von maszpach Techant, Johansen von Malkus, friderich Schoder vnd Dietrich von fenyngen, ludwigen pfuczinger zu hawge Jorgen Bedenter zum Newenmünster, die Ettsten (sic) vnd den Capiteln derselben zweyer stifte vnd andern prelaten vnd pfaffheit Irs teils vnd den Burgermeistern, Rate vnd gemeyne der Stete Wirczburg vnd Ochsenfurt" andererseits designirt wird.

„Vnd umb des gantzen vnd guten getrawens willen So dann beyde obgenant teil In vns gesaczt haben Ist wol billichen das wir sie zu beyderseit redlichen vnd wol versorgen, damit vnser spruch gehalden vnd nicht verbrochen werde hirvmb so scheiden vnd sprechen wir In craft diez briffs ob ein obgenant teil vermeint, das der ander teil disen vnsern spruch an einem oder mer artickeln juuergangen sachen vberfaren hett Es weren geistliche oder werntliche vnd ein teil meint das er damit beswert würde, das sol doch kein teil gen dem andern nicht andenn efernn noch rechen In dhein weise Sunder welcher teil vermeint, das au Im versprochen wer, vnnb vergangen oder zukunftig sache wider gewonlich recht, derselb teil Sol das für vns oder vnser Söne einen brengen Alsdann sullen wir oder vnser Söne einer welcher danne bey lannde wer, ausz disen hernach geschriben newn oder cylff zu vns vordern mit namen ausz den, Wilhelm vnd Jorge Grauen zu hennberg Wilhelm Graff zu Castel Conrat herr zu Weynsperg Craft herre von hohenloch Conrat Schenck herr zu lympurg Erckinger her zu Swarczenberg vnd von Sawnszheim Jorg von Seckendorff Ritter Albrecht Truchsesz Ritter Conrat von hartheim Ritter Eberhart von Schawmberg Ritter Wilhelm marschalk Ritter Veit vom Rotenhan, Ritter Albrecht von Maspach hans kuchenmeister Jorg fuchs Swarcz Erckinger von Sawnszheim Mertein von Eybe Diez vnd Sigmund von Tüngen Jorg von Bebenburg hans Nolt von Seckendorff zu leymbach Peter von Ehenheim hans übel von Ehenheim Reinhart von hartheim hans von hartheim hans von hespurg hans fuchs zu hasfurt **karel von Eberstein** hans vnd Mathes vom Rotenhan Caspar von Bibra heincz von Tunfelt Concz von Grumbach Concz von Rosenberg zum Partenstein Balthasar von Wenckheim Apel von Steyn Concz Zolner von Riszenhausen, Kilian von vestenberg vnd Peter Zolner".

„Gescheen vnd geben zu Kitzing am Montag nach Johanis baptiste Nach Cristi vnsers herrn gepurt vierczehenhundert Jare darnach in dem Sechsvnddreissigsten Jaren".

<small>Aus dem k. Arch. zu Nürnberg Gemeinbuch Tom. III.</small>

S. 628, vor Nr. 518.

1455, Mai 28. Johann Engersheim zu Pergel verkauft 5 fl. ewige Gilt an das Gotteshaus zu Unterbibert. Onolzbach Mittwoch in den h. Pfingstfeiertagen 1455. Siegler **Lorenz von Eberstein.**

<small>Urk. im k. Arch. zu Bamberg.</small>

S. 619, nach 521.

1463, Donnerstag nach Laetare (24. März). Lorencz von Eberstein quittirt dem Markgrafen Albrecht von Brandenburg die Vergütung aller Schäden, „So er In disen kriegsleufften an pferden vnd Harnasch empfangen hat".

<small>Urk. im k. Arch. zu Bamberg.</small>

S. 629, zu Nr. 521.
Der Lehensrevers befindet sich jetzt im k. Archive zu Nürnberg.

S. 632.

Das Verzeichniss der Ritterschaft, welche der Markgraf Albrecht Achilles im Herbst 1474 „dem Römischen Kaiser zu Dienst" wider den Herzog von Burgund vor Neuss führte, ist auch abgedruckt in Jungen's Miscellanea I. 361. Ausser **Lorenz von Eberstein** waren u. A. bei dem Zuge die mit ihm verwandten Paul von Absberg (sein Schwiegersohn), Heinz von Kyndsperg (Künsberg) der Aeltere und Jorg von Wolfstein der Jüngere.

S. 648, zu „3. Karl".

Nach einer Urkunde des Markgrafen Friedrich von Brandenburg d. d. Onolzbach 28. Mai 1496 wurde **Karl von Eberstein** von Heinz Marstaller zu Bayersdorf vor d. J. 1496 erstochen; auf seinem Epitaphium ist daher zu lesen: „Ao dni. m. cccc. xciiij (nicht xcvij). a. Sontag nach etc", und der Todestag ist also nicht der 26. Febr. 1497, sondern der **1. März 1494.** Die Urkunde lautet:

Wir Fridrich vonn gotes gnadn Marggraue Zu Branndemburg, zu Stettin Pommern etc. Herczog Burggraue zu Nuremberg vnnd furst zu Rugen Bekennen vnnd thun kunt offentlich mit diesem briue gein allermeniglich, Alls sich in vnnserm Marckt Bayrsdorf Zwuschen Jheronimus von wirtzburg vnnd Bernharten von der Thann, dienern des Erwurdigen Inn got vnusers besundern lieben Herrn vnnd freundts Herrn Hainrichs Bischouen zu Bamberg vnnd Zwayen knechten Nemlich Huinczen Marstaller, vnnd Hansen Stawden ains, vnnd vnuserm Ambtman zu Guntzenhausen Rat vnnd lieben getrewen paulsen von Absperg Ritter, Auch Karlln von Ebersta in seligen, vnnd ainem des genanten paulsen knecht Gall genant anderstails ain Handel begeben hat, des der obgenant Karll von Eberstain vom leben zum tod komen vnnd der genant Gall des von Abspergs knecht etwas hart verwunt worden ist, darob die obgenanten Jheronimus von wurczburg vnnd Bernhart von der Thann mit den genanten Zwayen knechten zu frischer that daselbs zu Bayrsdorf gefencklich angenomen, vnd bishero Inn derselben gefencknus enthalten worden sein, Solcher Handel als der an vnns gelangt, vnns bedertailhalb nit lieb gewest ist, dorumb wir auch souill vleis furgewent, das der genant pauls von Absperg Ritter anch **Hanns von Eberstain** des genanten verstorben *Karls bruder* vnns fur sich vnd andere der so megenanten *Karlls von Eberstains* seligen **mutter, bruder** *(Simon* und *Philipp, s.* S. 648 u. 649) vnnd freundt die dieser Haundel berurn mag, auf vnnser gutlichs ansuchen vnnd bete bewilligt haben, gutlich von den ergangen dingen handeln zulassen. das vnns auch der genannt vnnser Herr vnnd freundt von Bamberg von obgenanter von wirtzburg vnnd der Thann seiner Diener vnnd derselben zwayer knecht wegen, auch zugelassen hat, Demnach wir auch vermer Zwuschen Ine von baiden tailn gehanndelt vnd bey yder parthey Nemlich Hern Hansen von Redbitz Thumbherrn zu Bamberg Dietzen von Thungen Hofmaister Dariussen von Hesberg Ritter Schultheissen zu vorchaim vnnd lewpolten Truchses zu Dachsbach, alls geschickten vnusers genanten freunds von Bamberg vonwegen der obgenannten seiner lieb Diener, Paulsen von Absperg Ritter vnnd Hannsen von Eberstain von irn vnnd des obgnanten Karll von Eberstains seligen mutter vnnd ander seiner bruder vnd freuntschaft vnd aller der so dieser Haundel berurn mag wegen souill erlanngt, dass ie die gemelten sachen **Karll von Eberstains entleibung,** vnnd alles anders berurnt das sich desselben Handelshalb bis auf heut datum dits briues vor Im vnnd nach der geschicht begeben vnnd verlauffen hat gentzlich Zu vnnserm gutlichen spruch gestellt, vnnd vnns mit glaublichen worten vnnd vollem gewalt ydertail fur sich vnnd sein mitnerwandt Zugesagt haben was vnnd wie wir Zwuschen Ine sprechen werden, das ir yder solchs also anemen, hallten vnnd voleziehen sollen vnnd wollen on auszug vnnd sunder alle waigrung getrewlich vnd ongeuerlich. Auf sollichs haben wir gesprochen vnnd sprechen mit vnnd crafft dits briues, das die obgenanten Jheronimus von wirtzburg vnnd Bernhart von der Thann, vnnd die genanten Zwen knecht, auch der Dritt knecht genannt Contz von Schalcken, der nachuolgenndt gein Bayrsdorff Hinein komen, vnnd auch Inn gefencklich verstrickung genomen worden ist, mitsambt irn pferden vnnd Hab auf nachuolgend vrfehd, auch betzalung irer atzung, vnnd was Zu irer enthaltung dorauff gegangen ist ongeuerlich ledig geezellt vnd gelassen werden sollen, Nemlich das ir yder vnuserm Ambtmann Zu Bayrsdorff Rat vnnd lieben getrewen Hannsen Truchsessen an vnser stat globen vnnd Zu got vnnd den Hailigen schwern sollen, das er diese gefencknus vnnd alle Handlung gegen Ime ergangen vor vnd Inn der gefencknus Hinfuran ewiglich Inn kainem argen oder vngut anden efern oder rechen soll noch woll, durch sich selbs oder yemauts von seinen wegen an vnns obgenantem Marggraue fridrichen vnnserm erben lannden lewten, vnnd vndertanen gnistlichen vnnd wernttlichen vnd Inn sunderhait nicht an den obgenanten paulsen von Absperg Ritter Hannsen von Eberstain, vnnd aunderu des genanten Karll von Eberstains seligen brudern mutter vnd freuntschaft, vnnd allen den die solchs Handels verwant oder verdacht sind. Inn kain weys wie das ymants erfinden oder erdenncken mocht getrewlich vnnd ongeuerlich, So ist auch von des obgenannten knechts wegen Haintz Marstaller genannt, der Karlln von Eberstain seligen den stich getan, alls er des selbs bekannt hat, des derselb Karll vom leben Zum tod kommen ist, den obgenanten paulsen von Absperg Ritter, vnnd Hausen von Eberstain an stat sein, seiner mutter, bruder, vnnd aunderet irer freuntschaft dieser sach vnd Handels verwant gegen irer notturfftigen Quittantzen bezalt Tawsent guldin guter Reinischer landswerung. mit denselben des obgenannten Karll von Eberstains seligen selen hail mit Stifftung einer *ewigen mesz*, vnnd *ains ewigen lichts an dem end da er begraben ligt*, vnnd aufrichten ains *stainen Crewtz Zu Bayrsdorff* da sich der Hanndel verlauffen hat, auch anndern guten wercken zusuchen, vnd zu bestellen. Wir sprechen auch vernuer Das der obgenant vnnser Herr vnd freund von Bamberg sein nachkomen, Stifft vnnd vndertan, auch die megenanten Jheronimus von wirtzburg, vnd Bernhart von der Thann seine diener. Auch pauls von Absperg Ritter, Hans von Eberstain sein mutter andere sein bruder vnnd freuntschaft, mitsambt allen vnnd iglichen, die vermelts Hanndels vnd ergangner geschichthalb wie sich die an Karlln von Eberstain seligen vnnd sunst Zwuschen den tailn, auch durch die vnnsern Zu Bayrstorff begeben oder verlauffen haben, vnnd alle die das berurn mag nichts ausgenomen genntzlich gericht gesonnt vnd verait sein, Das auch Hinfuro kain taill gein dem andern durch sich selbs noch ymauts von seinen oder irn wegen nicht anden efern oder rechen, soll mit noch on gericht, noch sonst Inn kain annder weis noch weg, wie das furgenomen oder gebraucht werden mocht alles on auszug behelff vnnd gentzlich on allerley generd, Des alles Zu warem vrkunt haben wir iglichem obgenantem tail dieser vnuser Spruchbrif ainen mit vnuserm anhangendem Innsigel versigellt thun vbergeben. Geschehen Zu Onnoltzbach am Sambstag nach dem Hailigen pfingstag Nach Cristi geburt viertzehnhundert vnnd im Sechs vnnd Neuntzigsten Jare.

Rückseite: Meines gnedigen Herrn marggraf friderichs Spruch vnd richtigung der geschicht halben Zu Beyrsdorf an Karl Eberstein selligen. Anno 1496.

Urk. i. k. Archiv zu Bamberg, sigillum deest.

Eberhard.

Eberhard.	Mangold.	Karl.	Gerlach.		
Hermann.	Lorenz.	Heinrich.	Asmus.	Wilhelm.	Peter.
Georg zu Mühlfeld.	Hans.	Simon zu Flurstedt.	Karl, † 1494.	Philipp zu Gehofen.	

S. 648.

Eberhard III. v. E. (Gesch. 274), verm. I) mit **Anna,** des Hans v. **Bach** zu Coburg Tochter; II) mit ... **v. der Tann** in der Rhön.

Karl v. E. zu Marktsteinach (v. E., Gesch. 614), † 1448, verm. I) mit N., des Iring **Zollner** v. Rothenstein zu Walchenfeld († 1406) und der Sophia geb. v. Grumbach Tochter (vgl. v. E., Gesch. 553, Anm. 83; Biedermann, C. Steigerwald, Tab. 214 u. betreff. Notiz in der Bamberger k. Bibliothek); II) mit **Margaretha,** des Karl **Truchsess v. Wetzhausen** zu Wildberg Tochter (v. E., Gesch. 617 u. 621).

1. Ehe: **Lorenz** (Gesch. 627), † 1480, verm. I) mit Elisab. v. **Schaumberg;** II) m. Marg., Karl's des Aeltern **v. Tann** (an der Altmühl) u. der Marg. v. Diemar Tochter.	1. Ehe: **Gutta** (Gesch. 553, A. 83), Hofdame z. Ansbach, verm. 1453 mit Georg v. Wolfstein.	2. Ehe: **Heinrich,** Amtmann zu Dornburg (v. E., Gesch. 643), † 1487, verm. mit **Elisabeth,** des Peter v. **Tann** (an der Altmühl) u. der Agnes Schenk v. Geyern Tochter.	
1. **Anna** (Gesch. 641); † 1527, verm. I) mit Paul v. Absberg; II) m. Sigm. v. Leutersheim; III) mit Friedr. Frhrn. v. Schwarzenberg. 2. **Elisabeth,** † vor 1515, verm. mit Konrad v. Künsberg.	**Hans,** † 1549 zu Gehofen.	**Simon,** 1501.	**Karl,** † 1494. Das Wappen seiner Mutter a. seinem Grabsteine zeigt 2 Hirschgeweihe u. soll das der v. Tann a. d. Altmühl sein.	**Philipp,** † 1554, Stammv. der Gehofen'schen Ebersteine.

In dem Stemma auf S. 145 meiner „Geschichte" ist als Vater der ersten Acquirenten von Gehofen Heinz statt Hans zu setzen. Nach Karl's 1494 erfolgtem Tode werden 1501 seine Brüder Hans, Simon und Philipp vom Herzog Georg z. S. mit Flurstedt beliehen (Gesch. 660). Simon starb vor 1510; daher kommen nur seine ihn überlebenden Brüder Hans und Philipp in dem vom Herzog Georg z. S. 1531 ausgestellten Lehenbriefe vor (Gesch. 670). Jeder der beiden Brüder Hans und Philipp v. E. hat ein Alter von ca. 80 Jahren erreicht. Die ersten Acquirenten von Gehofen aus der Eberstein'schen Familie waren also nicht Enkel, sondern Söhne des 1487 † Heinrich v. E.

S. 665.

Die 1540 † **Barbara von Eberstein,** welche bereits 1496 als Nonne des Klosters Heusdorf vorkommt (vgl. v. E., Urk. Nachtr. 16), soll nach einer Vermuthung in der alten Thuringia sacra S. 430 die Tochter des Simon v. E. gewesen sein, vielmehr aber war sie wohl die Schwester desselben, also auch der ersten Acquirenten von Gehofen Hans u. Philipp v. E.

1505, Freitag nach conceptionis mariae virginis gloriosissimae (12. Dec.) Graf Hoyer zu Mansfeld ertheilt den von Trotha einen Lehenbrief über das Dorf Zaschewitz.

Wir Hoyer Graue vnd Herre zu Mansfelt etc. bekennen, das etc. Curdt—Tilo Doctor, Friedrich, Hans, Lorentz—Tilo, Wolfgang vnd Christoff, gebruder vnd vedtern alle von Throte etc. vns etc. gebeten, sie mit diessen nachgeschreben Gütern etc. zu beleyhen. Als haben wyr etc. jhnen etc. das Dorff Zcastewitz mit Gerichte etc. gereicht etc. Zu gezeugen sein hierbey gewest die gestrengen vnd vehsten vnser **Rethe** vnd lieben getrawen Erhart von **Watzstorff**, Heinrich **thune** und **Hans von Eberstein** etc.

<small>J. Ch. von Dreyhaupt, Beschreibung des zum Herzogthum Magdeburg gehörigen Saal-Kreises (Halle 1750) II. 968. Nr. 610. v. Trotha, Vorstudien 238.</small>

Anm. Nach dem kinderlosen Absterben der Grafen Gebhard und Vollrath († 28. Nov. 1499) fiel die ganze Grafschaft Mansfeld auf die Söhne des Grafen Albrecht V. († 1484): Günther IV. († 1526), Ernst II. (auf Heldrungen, geb. 1479, † 1531) und Hoyer VI. († 1540, eifr. Katholik. Carl's V. Rath) und die Söhne des Grafen Ernst I. († 1486): Gebhard VII. († 1557) und Albrecht VII. († 1560). Da diese Grafen sämmtlich noch unmündig waren, so wurden ihnen u. A. Rudolf und Cunz von Watzdorf zu Vormündern gesetzt (s. Spangenberg, Sächs. Chronik v. 1585, S. 579). Durch diesen Rudolf v. W., welcher in enger Beziehung zu den Familien Thüna und **Eberstein** stand (s. v. E., Gesch. 653 u. Urk. Nachtr. 13) sind aller Wahrscheinlichkeit nach ausser obigem Erhard und Caspar von Watzdorf (s. Spangenberg a. a. O. 587, 589, 591, 597, 599, 604 u. 628) auch **Hans** und **Philipp von Eberstein** in die Grafschaft Mansfeld gekommen. Aus diesem Grunde wurde wohl auch der kursächs. Amtmann zu Weimar Friedrich von Thüna 1517 über den Schlossbau zu Mansfeld mit zu Rathe gezogen und 1533 als Schiedsrichter und Vermittler in den unter den verschiedenen Grafen von Mansfeld entstandenen Streitigkeiten gewählt (s. Spangenberg a. a. O. 589 u. 628). Derselbe war verheirathet mit **Ludomilla von Eberstein** und starb 1549 auf dem gräflichen Schlosse Mansfeld (s. v. E., Gesch. 649).

S. 666.

1511, Mittwoch nach Servatii (14. Mai) zu Dornburg. Ueber die Schafweidegerechtigkeit auf den Feldern des Dorfes Flurstedt streitet und verhandelt vor des Herzogs Georg zu Sachsen Amtmann zu Dornburg, Eustachius von Draxdorf der Propst zu Heusdorf Lorenz Carnifex mit den Einwohnern von Flurstedt.

Solche Vereinigung ist geschen Inn Beisein des Wirdigenn obgemelten probst Auch Claussenen Voits zu Heustorff vnnd des Erhafftigen Wolffgang Behem, Itzo schosser zu Rosla eins theils, des Erbarnn vnnd vesten **Hansen von Eberstein** vnd der gantzen Gemein zu Flurstet Anders theil).

<small>Thuringia sacra (Francof. 1737) 411. Nr. 133.</small>

In dem k. Staatsarchive zu Magdeburg (R. Mansfeld VII. Nr. 12) befindet sich (nach einer durch Herrn Geheimen Archivrath G. A. von Mülverstedt mir gefälligst mitgetheilten Notiz) eine von **Philipp von Eberstein** i. J. 1530 ausgestellte Urkunde mit seinem daran befindlichen Siegel.

S. 673.

1537, Mittwoch nach Elisabeth 21. (Nov.) Auf Befehl des Kurfürsten Johann Friedrich zu Sachsen entscheidet der Hauptmann zu Weimar Ewald von Brandenstein zwischen Christoph von Vitzthumb zu Apolda und dem Vorsteher des Klosters Heusdorf Hans Rentsch eine Grenzstreitigkeit bezüglich der Gerichte und Hutweide des dem Kloster zustehenden Dorfes Schöten.

In Beysein der Gestrengen vnd Vhesten Friederich von Hoff, Amptmann zu Kappendorff, **Hans von Eberstein** zu Gehoffen vnd Heinrich Daniel zu Flurstat*) zu sampt andern glaubwirdigen.

<small>Thuringia sacra (Francof 1737) 433 u. 434. Nr. 11.**)</small>

<small>*) Dieser Heinrich Daniel hatte nebst seinem Vater Flurstedt von den Gebrüdern Hans und Philipp von Eberstein 1531 gekauft (s. v. E., Gesch. 670).
**) In diesem Buche wird zwar S. 451 ein dem Kloster Heusdorf vom Landgrafen Albert geschenktes Weidig zu Eberstein erwähnt, jedoch irrthüm-</small>

S. 673, zu Nr. 565.

Die angeführte Quittung über 20 fl. Dienstgeld ist nach der mir vorliegenden beglaubigten Abschrift i. J. 1549 ausgestellt. **Hans IV. v. E.** starb also zu Anfang des Jahres 1549.

Ich **Phillipps vonn Eberstein zu Gehoffenn** vor mich meyne Erben vnnd Erbnehmen hiemit diesem Brieffe offentlich bekenne, das ich vonn wegen der wolgebornen Herrn Hansz Jorgen vnnd Herrn Hansz Albrecht Gebrueder vnnd von wegen der andernn vnmundigenn Irer Gnadenn Brueder alle Graffen vnnd Herrn zu Mansfeldt etc. Meyne gnedigenn Hernn, Als von dem Erbarnn Irer Gnadenn Reutmeyster Bartel wydeman Zwentzigk Gulden in Muntz Dinst Geldt vonn wegen **Hansenn von Ebersteins meynes Bruedern** Seligenn, So auff itzt nechst vergangen Osternn des itzigen Jars vortagett, laudt der vorschreybung, So Graff Hoyer von Mansfeldt Seliger meynem Brueder, seligen darüber volzogenn vnnd gegebenn, Entpfangenn, Entricht vnnd zu gutten Gnuge vorgnuget, Sage derhalbenn wolgedachte meyne gnedige Hernn, Auch obgemeltten Irer Gnadenn Reutmeyster Solcher Zwentzigk Gulden Dinst Geltt vnnd wer deshalben Qvittirens Nottürfftig hiemit gantz Qvidt frey, ledigk vnnd loesz, des zn vrkundt vnd warer bekanntnusz hab ich meynn angeborn Handtpitzschir hie zu Ende dieses Brieffs angedrucktt, Geschehen Sunntagk nach Cantate Im funffzehen Hunderten vnnd Im Neun vnnd vierzigesten Jar.

(L. S.)

Dass vorstehende Abschrifft mit dem bey hiesigen Archiv aufbehaltenen Original-Documente von Wort zu Wort gleichlautendt befunden worden, solches wird unter Vordruckung des hochfürstl. Gräfl. Mannszfeld. Regierungs Insiegels und meiner eigenhändigen Unterschrifft hiermit attestiret.

Eiszleben, den 21. Septbr. 1744.   Johann George Klinger Archivarius.

S. 673.

1538. Schadloshaltungsschein der Grafen Hoyer und Philipp zu Mansfeld über die von Niclas Schützen erborgten 600 fl., wofür sich **Philipp von Eberstein zu Gehofen** in Bürgschaft eingelassen.

Wyr Hoyer vnnd Philipps Gefettern Granen vnnd hern zu Mansfeldt etc. vor vnns vnnd in Vormuntschafft vnser Jungen vnnd vnmündigen Vettern vnnd Bruedere alle vnser erben vnd erbnehmen gegen allen diesses Brieues ansichtigen offentlichen bekennen, Nachdem sich der Erbar vnd vheste vnnser Rath vnnd lieber getrewer **Phillips von Eberstein zu Gehoffen** auff vnser gnediges Begern vnd ansynnen mit vnnd neben vnns sampt andern vom Adel gegen dem Erbarn vnnd vhesten vnnserm lieben besonndernn Niclas Schutzen zu westgreussen vor **Sechs hundert guldenn Hauptsumma** In muntz Jhehrlich mit sechs vnnd dreyssigk guldenn bestimpter wherung zuuertzinsenn vff drey Jharlang widderkeufflich als Burge vnnd selbschuldigk verpflicht vnnd verschrieben, Alles nach laut vnnd Inhalt der Hauptverschreibunge darüber auffgericht vnnd voltzogen, welche verschreibunge obgenanter **Phillips von Eberstein,** auch mit vnns versigelt hatt, Dieweil wir obgemelten Granen solche sechs hundert Gulden Hauptsumma alleine zu vnnsern Handen empfangen vnnd eingenomen, die auch fürder in vnnsern, vnnser erben vnnd herschufft scheinbarn nutz vnnd fromen gewant vnnd angelegt habenn, Darumb gereden vnd geloben wir bey vnnsern waren worten, trawen vnnd gutt. Glauben vor vnns, vnnser erben vnnd erbnehmen, bemelten **Phillips von Eberstein,** seine erben vnnd mitbeschriebene, solcher Burgkschafft vnnd selbschuldiger Verschreibunge, die ehr vnns allein zugefallen gethan, mit entrichtunge angetzeigter Heuptsumma vnnd Zinsen, auch sunst in allewege vnnd zu allenn Zeittenn ganntz vnnd gar zuentnemen vnnd schadlos tzuhalten, Alles trewlich vnnd ane gefherde, Zu wharer Vrkunde haben wir obgenanten

---

lich, denn nach S. 349, Nr. 44 schenkt dieser Landgraf i. J. 1266 dem Kloster salictum quoddam situm prope finvium quod Hilima dicitur apud villam Eberstede.

Graffen vnnsere angebornne Insigelle an diessen Brieff wissentlich thun drucken. Gescheen zu Mansfeldt auff Montagk nach Petrj vnnd Paulj nach christj vnnsers lieben Herrn Gepurt tausent fünffhundert vnnd Im Acht vnnd dreissigisten Jhare.
(L. S.)   (L. S.)

Dasz vorstehende Abschrifft mit dem bey hiesigem Archiv befindlichen Original Dokumente von Wort zu Wort gleichlautendt übereinstimmet, solches wird unter Vordruckung des hochfürst. Gräfl. Mannszfeldt, Regierung Insiegels und meiner eigenhändigen Unterschrifft hiermit attestiret. Eissleben den 21. Septbr. 1744.
Johann George Klunger Archivarius.

S. 150 u. 691.

Verhandelt Naumburg im O.-L.-Gericht den 30. Septbr. 1839 in Sachen betreffend die Forderungen der Hans von Ebersteinischen Descendenten bei dem Gräfl. Mansfeld'schen Concurse.

Uebrigens hat Liquidant, um seine Verwandtschaft mit den von Pretis nachzuweisen, einen Stammbaum producirt und dabei angeführt, dass Curt von Pretis eine Tochter Hans von Eberstein's, Namens **Anna Maria**, die Schwester Wolf Dietrich's von Eberstein, des Vaters des Feldmarschalls Ernst Albrecht von Eberstein, im Jahre 1591 geheirathet, hierauf ohne Erben verstorben sei und sodann dessen Allodial-Vermögen, mithin auch ein beim Mansfeld'schen Creditwesen liquidirten und locirten von Pretis'schen Anforderungen durch seine bald nachher ebenfalls ohne Kinder verstorbene Wittwe und Erbin **Anne Marie** geborne **von Eberstein** auf ihres Bruders Sohn, den Feldmarschall **Ernst Albrecht von Eberstein**, anno 1640 verfällt sei.

S. 700.

„Memorial des Mansfeldischen vndt Stamrischen Rentguldens."

Es hatt **Wolff Dittrich von Eberstein** Neben seinen Vettern **Hans Görgen** vndt **Hans Henrichen von Eberstein** wegen Burgschafft vor die Hochwohlgeborne Graffen vndt Herrn Herrn Hans Georgen vndt Herrn Peter Ernsten Graffen zu Mansfeltt vff den Einen anderth halb funfteill Mansfeltiszen Bergkwergks, Welchs die Herrn Graffen Christoff Stammern Seligen vndt seinen Cretitoren Cetirett vndt Abgethretten zufodern haben, welches Bergkwergk itzo Ein Ehrnuester Hoch vndt Wohll weiszer Ratt der Statt Leibzigk vorlegett vndt Ihne haben, den vber schosz, So das Bergwergk dregett, wirdt vnder die Semptliche Stamrische Cretitoren ausz getheillett, Darauff gedachte **von Eberstein** zu Ihren dbeill noch vff den Bergkwerge stehen vndt zu fodern haben vndt von den Manssfelttiszen vndt Stammeriszen Reudtgulden bezaltt werden musz vndt durch Vrttel vndt Recht In Churf. S. Appellation zu Dresten zu Erkant worden, noch vff 20000 oder 21000 fl. sich belauffen thutt vndt jarlichen vff petrij vndt paullij margk zur Naumburgk, was der Vber schosz des Rent fl. dregett, ausz gezalt wirdt durch der Stammerischen Cretitoren Curator Doctor Johann Donertt, Itzo Synticus der Statt Magteburgk, nach Iden seyne Summa sich thutt belauffen, auszgezaltt wirtt. (Orig.)

S. 145, 162, 165, 727, 738, 750.

Auszug aus der Lebensbeschreibung des Hans Christoph von Trebra zu Gehofen.

Ao. 1639 den 14. Febr.*) habe ich wegen Ernst Albrecht von Eberstein, ein Banierschen Obersten, von Haus nach Heringen begeben müssen, welcher durch die Seinigen mir das Meinige in Haus und Hof Alles verwüstet

---

*) Feldm. Baner setzte Anfang des 1639. Jahres bei Dömitz über die Elbe und marschirte mit seiner Armee von 18000 Mann über Halberstadt etc. in die Grafschaft Mansfeld auf Halle los, allwo seine Truppen den 14. Februar ankamen. Es schickte auch Baner eine Partei seiner Truppen nach Erfurt, um daselbst ein Magazin aufzurichten. (Dreyhaupt, Beschreibung des Saalkreises I. 430.)

und in die 2500 fl. Schaden zugefüget, ich für mich nach Heringen 3 Monat bei der fürstl. Witbe aufhalten müssen, mein Weib und Kinder zu Cannenwurf sich erhalten. — Den 29. Nov. (1642) als die Weimarischen und Hessischen Völker in diese Lande kommen, habe ich auf Parola und Erhaltung meiner zeitlichen Wohlfahrt in Leib und Leben mich nach Frankenhausen zu dem G.-Major Eberstein über die Hessischen Völker begeben müssen, da denn mit Betrauung, wenn ich ihm die Eberstein'schen Güter nicht lassen wollte, er mich und meine Kinder an Leib und Leben aufs äusserste verfolgen wollte, wie er denn auch 3 Compagnien nach Gehofen abordnen wollte, so mein Haus und Hof zu Gehofen aufs äusserste ruiniren sollten etc., habe ich demselben meine Güter um 8000 Thlr. lassen müssen etc. und hat diese Sache Niemand so sehr getrieben, als des Ebersteins Mutter, sein Vetter Hans Georg von Eberstein und Hartmann von Gehofen.

S. 161, 738, 750.

Schreiben des Hans Christoph von Trebra an den Oberaufseher Joh. David Fischer, worin er berichtet, wie ihm der Generalmajor von Eberstein den Hackenhof etc. abgezwungen.

Man pflegt in gemeinem Sprüchwort zu sagen, nulla calamitas sola. Solches befinde ich bei mir in der That und Wahrheit. Nachdem Gott der Allmächtige wegen unserer überhäuften Sünden nun eine lange Zeit etliche Jahr Deutschland mit seiner Kriegsruthe heimgesucht, auch also, dass viel stattliche Länder verwüstet etc. Wann denn dieses grosse Unglück die Grafschaft Mansfeld auch häufig betroffen unter Andern auch ich vor meine Person sehr viel gelitten, indem der hessische Generalmajor Ernst Albrecht von Eberstein sich dieser Oerter genähert und sein Quartier in dem Stolberg'schen zu Roszla genommen, auch sein Vetter Hans Georg von Eberstein beneben meinem Vettern Wolf Christoph und Hans Wilhelm sich zu demselben verfüget, darauf den 27. Nov. gedachter Hans Georg von Eberstein von Roszla aus an mich geschrieben, demnach sein Vetter der Herr Generalmajor meine Güter noch haben wollte, als sollte ich ein Wehrmann mir zum Beistande nehmen, gleichergestalt er auch thun, oder in ein solche Wehr zahlen wollte, ich möchte seiner Parole trewen. Weil ich aber den Tag zuvor mich von Frankenhausen nach Kindelbrücken zu meinem Sohn Hans Caspar von Trebra begeben, ist gedachter Generalmajor den 28. Nov. nach Frankenhausen in des Landhauptmanns Hartmann von Gehofen Haus kommen und meinen Eidam Georg Friedrich von Görmar vor sich fordern lassen, welchen er gefragt, wo sein Schwiegervater sei. Darauf er gesagt: „ich weiss nicht anders, er sei zu Heringen bei Ihrer fürstl. Gnaden". Hat darauf gedachter Hr. Generalmajor Eberstein gesagt im Beisein seines Vettern: „Ich weiss wohl, dass er in Kindelbrücken bei seinem Sohn ist", und sei sein ernster Wille, mir zu schreiben, dass ich mich heutigen Tages zur Handlung nach Frankenhausen verfolgen sollte, in Verbleibung dessen wolle er mich und die Meinen, ja auch so mir zugehörig, an Leib und Leben verfolgen, auch dermaleins seinen Kindern in einem Testamente hinterlassen, nach seinem Tode die Meinen ufs äusserste zu verfolgen, ich sei itzo in seiner Gewalt, er wollte es bei der Kron Frankreich und Schweden verantworten, welches mein Eidam ad referendum angenommen und alsbald zu mir nach Kindelbrücken kommen und Alles mir wohl referiret. Wann dann nicht allein meine und aller meiner Kinder Wohlfahrt bei dem itzigen statu hierinnen periclitiret, habe ich also mich aus Rath meiner Kinder wider meinen Willen meinem Adversario entgegen ufmachen müssen. Kamen hierauf am 29. Nov. Hartmann von Gehofen, Landeshauptmann, Hans Georg von Eberstein, Oberster-Lieutenant und Herr Elias Augustus Löffler, gräfl. schwarzb. Rath, zu mir mit dem Vorbringen, ich wüsste mich zu erinnern, dass ich ein gut Theil der Eberstein'schen Güter, und sonderlich den Hackenhof genannt, inne hätte, er auch der Herr Major nie nicht im Sinne gehabt, dass die Güter von ihme hätten alieniret verbleiben sollen, daher er gute Macht hätte, solche ohne Geld zu sich zu nehmen und Rechnung hierüber zu fordern. Als sollte ich eine Specification von mir stellen, wollte er mir solche Güter baar zahlen, dass ich damit zufrieden sein könnte. Darauf ich zur Antwort gegeben, ich sähe, dass die Handel geschwind angegriffen wäre, und weil ich die brieflichen Urkunden nicht bei Händen, wolle mir der Hr. 14 Tage Zeit geben, solche bei Händen zu schaffen, und möchte der Hr. Generalmajor eine Person hierin zu tractiren hinterlassen, verwundere mich auch sehr, dass er solcher Güter, so zwar seinen Voreltern gewesen und von Menschengedenken andern Leuten verkauft worden, sondern auch der Hackenhof, praetendire, da doch gegenwärtiger sein Vetter Hans Georg von Eberstein kurz verwichener Zeit gegen mir gedacht, dass er den Hackenhof nicht begehre, der durch meine Vormunde ao. 1600 von dem von Lichtenhayn erkauft und von dem Oberaufseher-Amt durch Specialbefehl von dem Herrn Oberaufseher Herrn Jacob von Grünthal in die 20 Jahre beliehen worden. Ferner bin ich auf die Güter, so mir von kurf. Durchl. zu Sachsen durch Commissarien, so Abraham Esaias Schlegel Ao. 1611 von Wolf Dietrichen, als des Generalmajors Vater, erkauft auch beliehen, fället mir also schwer, solche Güter abzutreten, verhoffe, er werde seine Postulata fallen lassen und mein Freund, mit welchem ich meines Wissens niemals in Ungut zu thun gehabt, verbleiben. Darauf sind die Abgefertigten benehen meinen Beiständen, als mein Eidam Georg Friedr. von Görmar, M. Nicolai, Pfarrer zu Gorschleben, zu gedachtem H. Generalmajor in des Landeshauptmanns Hans gegangen und meine Resolution dem Hrn. Generalmajor anbracht. Darauf sie wieder kommen mit dem Bericht, er der Herr Generalmajor wolle keine Dilation verstatten, er wolle die Güter haben, oder wolle mich und die Meinigen an Leib und Leben verfolgen, auch meine Güter aufs äusserste verheeren und aber vorige Formalia gebrauchet, auch darneben gedacht, die Güter, so ich von Schlegeln hätte, wären kein richtiger Kauf mit seinem Vater sel. gewest, sondern ein Scheinkauf, derowegen er auch ein Revers von gedachtem Schlegel in Händen, auch zu dem Ende sei Schlegel in solche Güter gesetzt, den Hackenhof an sich zu bringen; weil aber Schlegel solches nicht effectuiren können, wäre solcher Kauf auch Nichts. Wann denn also kein ander Mittel gewesen, mein und der Meinen Leben zu salviren und dass das Meine nicht vollends ganz verbrannt werde, als habe ich eine Designation der Ebersteinschen Güter, so ich in Posess habe, von mir gestellet (und darneben zu verstehen gegeben, dass ich wegen ihrer kurf. Durchl. zu Sachsen unterschiedener scharfer Edicta und sonderlich dessen, so den 9. Februarii instehendes Jahres ausgangen, die Gewähr, weil er wider dieselbe zur Zeit diene, nicht thun könne), welches sich mit den 7246 fl. 20 gr., so ich noch in Rechnung und der Arrestsache bei den sämmtlichen Ebersteinschen zu fordern, in Summa uf 24746 fl. 20 gr. belaufe, ohne den Kriegsschaden sieder dem Prager Friedensschluss, so sich uf 10700 fl. beläufet. Auf diese Specification seind die Abgesandten wieder zu dem Herrn Generalmajor gangen und alsobalden seine Resolution wiederbracht, dass er entsonnen sei, vor alle meine Forderung an solchen Gütern 5000 Thlr. baar auszuzahlen, wo ich wolle etc., habe ich etc. mich dahin erkläret, dass ich semel pro semper 17000 Thlr. nehmen wolle, hat doch solches bei ihme Nichts verfangen wollen etc., hat er sich doch endlich erkläret, 8000 Thlr. künftigen Ostern solchermassen anszuzahlen, als nämlich 6400 Thlr. baar und 1600 Rthlr. an den Rath zu Frankenhausen Anweisung zu thun, wie auch solches der Contractus hierbei etc. besaget. Datum Gehofen den 16. Januar 1643.

Hans Christoph von Trebra.

Wie schlau der von Trebra das Unrecht seinerseits auf andere Schultern zu wälzen sucht!

S. 1094 und Beigabe, Epitaphium und Waffen-Denkmal des Feldmarschalls E. A. v. E.

Auf dem marmornen Epitaphium sowohl als auch auf dem Waffen-Denkmal des Feldmarschalls v. E. ist irrthümlich auch das Wappen der von Bibra mit angebracht. Der Vater des Feldmarschalls hatte nämlich von Johannetta v. Eberstein zu Ginolfs, mit deren jüngstem Bruder Georg Sittig i. J. 1600 die fränkischen Vettern ausstarben, ausser mehreren Ahnentafeln auch ein Register über die Eberstein'schen Güter zu Ginolfs ausgehändigt erhalten, auf dessen erstem Blatte Georg v. E. der Aeltere zu Ginolfs i. J. 1551 die Wappen seiner Ahnen hatte sorgfältig malen lassen (vgl. v. E., Gesch. 433 ff.). Diese Nachrichten hat man, der wirklichen Verhältnisse unkundig, bei Anfertigung von des Feldmarschalls Ahnenprobe mitbenutzt, dabei den genannten Georg für einen Bruder des 1554 † ersten Acquirenten von Gehofen Philipp v. E. (der des Feldmarschalls Urgrossvater war) gehalten und deshalb als des Letzteren Vater auch jenes Georg's Vater, den 1497 † Georg v. E. zu Mühlfeld gesetzt, der mit Dorothea von Bibra vermählt war.

Die Namen und Wappen der Ahnen des Feldmarschalls v. E. und Gemahlin, welche deren in der alten Kirche zu Gehofen aufgestellt gewesenen marmornen Epitaphien zeigten, sind:

a) des Feldmarschalls:

1. v. Eberstein, 2. v. Stammer, 3. v. Lauterbach, 4. v. Ossa,
5. v. Trotha, 6. v. Hoym, 7. v. Schindeln, 8. v. Gablenz,*)
9. v. Bibra, 10. v. Feldheim, 11. v. Landeron, 12. v. Einsiedel,
13. v. Breitenbauch, 14. v. Marnhold, 15. v. Hoberg, 16. v. Periss.

b) der Feldmarschallin:

1. v. Ditfurth, 5. v. Münchhausen, 9. v. Schönborn, 13. v. Langen,
2. v. Haxthausen, 6. v. Quernheim, 10. v. Niesen, 14. v. Barsen,
3. v. Bardeleben, 7. v. Reden, 11. v. Friesenhausen, 15. v. Haselhorst,
4. v. Oeynhausen, 8. v. Kersenbrock, 12. v. Amelunxen, 16. v. Kanne.

Unter den Statuen standen folgende Verse:

a) auf der ersten Platte:

In Jesu hab ich funden Mensch { Jesus } *Gerechtigkeit und Leben,*
Dann Jesus hat für meine Sünd { } *sich in den Tod gegeben.*
Durch Jesum bin ich Gottes Kind, ein HimmelsErb der Gnaden,
Dann Jesus hat des Vaters Zorn auf sich geladen.
Mit Jesu kann ich über Welt, Tod, Höll und Teufel siegen,
Dann Jesus hilft durch seine Kraft mir seinen Ritter kriegen.
In Jesu will mit Freyden ich aus diesem Grabe gehen,
Bey Jesu mit der Engelschaar zur Rechten Gottes stehen.

b) auf der zweiten Platte:

Das beste HimmelsKleinod ⟩ Jehova ⟨ *ist göttlich Dreyfaltigkeit,*
Das höchste Gut die Ewigkeit. *die dreifach Einigkeit.*
Dies ist die Kraft, so mich erhielt in mancherlei Gefahr;
Dies ist der Trost, so mich erquickte, wenn ich in Nöthen war;
Dies ist das Licht, so mich geführt zum Himmel, seinen Knecht;
Dies ist das Kleinod, so da ziert mein ritterlichs Geschlecht.
Drum lob ich dieses Kleinod mir, göttlich Dreifaltigkeit,
Drum ehr ich dieses höchste Gut, die dreifach Einigkeit.

---

*) Aus der Reihenfolge, in welcher auf dem marmornen Epitaphium die Wappen Gablenz und Einsiedel angebracht sind, geht hervor, dass bei dem Befestigen der 16 kleinen Wappen, welche auf dem Waffen-Denkmal des Feldmarschalls das Eberstein'sche Wappen umgeben, ein Irrthum vorgefallen ist, da unmittelbar nach dem Wappen der v. Ossa zuerst das der v. Gablenz, dann erst das der v. Einsiedel folgen muss.

— 120 —

Unter dieser befand sich nachstehende Inschrift:

Anno 1665

hat der hochwohlgebohrne Herr **Ernst Albrecht von Eberstein** Ritter, Dero zu Dänemark, Norwegen Königl. Majs. bestallter GeneralFeldMarschall, Gouverneur Dero Vestungen und Milice in denen Fürstenthümer Schlesswig Hollstein, Droste der Herrschaft Pinneberg. auch Obrister zu Ross und Fuss. auf Gehoven, Neuhaus und Passenbruch Erb- und Gerichtsherr, auch Inhaber der Aemter Leinungen und Mohrungen, Ihm, seiner Herzliebsten und geliebten Kindern dieses Epitaphium zum Gedächtniss auffführen lassen.

Ahnenproben des General-Feldmarschalls Ernst Albrecht von Eberstein und seiner Gemahlin Ottilie Elisabeth geb. von Ditfurth.

Ernst Albrecht v. Eberstein.	Wolf Dietrich v. Eberstein	Hans v. Eberstein	Philipp v. Eberstein	Georg v. Eberstein / Dorothea v. Bibra
			Anna v. Trotha	Friedr. v. Trotha / Maria v. Breitenbauch
		Catharina v. Stammer	Heinr. (Christoph?) v. Stammer	Heinr. v. Stammer / ... v. Feldheim
			Anna v. Hoym	... v. Hoym / ... v. Marnhold
	Elisabeth v. Lauterbach	Berthold v. Lauterbach	Berthold v. Lauterbach	Nicol v. Lauterbach / Anna v. Landskron
			Marg. v. Schindel	Heinr. v. Schindel / ... v. Hoberg
		Sabina v. Ossa	Wolf v. Ossa	... v. Ossa / ... v. Einsiedel
			... v. Gablenz	... v. Gablenz / ... v. Periss
Ottilie Elisab. v. Ditfurth.	Anton v. Ditfurth	Hans v. Ditfurth	Heinr. v. Ditfurth	Hans v. Ditfurth / Anna v. Schönborn
			.... v. Münchhausen	... v. Münchhausen / ... v. Langen
		Margar. v. Bardeleben	Hermann v. Bardeleben	... v. Bardeleben / ... v. Friesenhausen
			..... v. Reden	... v. Reden / ... v. Haselhorst
	Catharina v. Haxthausen	Anton Wolf v. Haxthausen	Hans v. Haxthausen	Rud. v. Haxthausen / Cath. v. Niesen
			Lucia v. Quernheim	Hilmar v. Quernheim / Anna v. Barsen
		Anna Maria v. Oeynhausen	Falco Arnd v. Oeynhausen	Arnd v. Oeynhausen / Anna v. Amelunxen
			Cathar. v. Kersenbrock	Gerlach v. Kersenbrock / Catharina v. Kanne

Die Grosseltern der Anna von Trotha, verm. mit dem 1554 † Philipp von Eberstein zu Gehofen, waren Andreas von Trotha, verm. mit Barbara von Osterhausen, und Wolf von Breitenbauch, verm. mit Anna von Hüseler (vgl. Thilo von Trotha, Vorstudien zur Geschichte des Geschlechts von Trotha S. 143 u. König. Adelshistorie II. 288 u. 1105, wo aber Christine v. O. für Barbara v. O., Melchior v. Brb. für Wolf v. Brb. u. Martha v. H. für Anna v. H. gesetzt ist. Ueber die Ahnen der Barbara von Osterhausen ist noch nachzusehen König u. a. O. I. 699 u. 697). Die Schwester von Philipp's v. E. Gemahlin: Elisabeth von Trotha war verm. mit Christoph von Hünercke auf Scopau (König a. a. O. II. 1105). Ueber die Ahnen der Mutter der Feldmarschallin v. E. geb. von Ditfurth findet sich das Nähere bei König a. a. O. I. 298 und Hattstein, deutscher Reichsadel III. Suppl. 121 u. 122.

S. 1094.

1708, Sept. 3. Inventar über des sel. Hrn. General Feld-Marschalls Ernst Albrecht von Eberstein hinterlassene Briefschaften.

Demnach der Hochwohlgeborne Herr Hr. Christian Ludwig von Eberstein, Königl. Maj. und Churfürstl. Durchl. zu Sachsen hochbestalter Obrist-Wacht-Meister zu Ross, Hoch. Fürstl. Anhalt. hochverordneter OberberghauptMann etc. Auf Gehofen, Neuhauss und Passenbruch Erb- und Gerichts-Herr, auch Inhaber der Gräfl. Mansfeld. Aemter Leimungen und Mohrungen etc., Mein hoher Patron, mich zu Ende unterschriebenen Not. Publ. Caes. so wohl schrift- als mündlich am 15. Aug. a. c. ersuchet, dass ich die von Seinem höchstSel. Hrn. Vater, dem Weyland auch HWgborenen und höchst respectirten Herrn General FeldMarschall Tot. Tit. Ernst Albrecht von Eberstein hinterlassene und in 4 verschlossenen Kasten verwahrt gehaltene Schriften und briefl. Urkunden, treufleiss. durchsuchen und über die notablen Originalia (weil vermuthlich viel importante und hochansehnlicher Ebersteinischen Familie sehr zuträgl. sein müssen) ein richtiges Verzeichniss aufrichten möchte; Als habe mich ohne Bedenken ganz willig darzu gefunden; Und meiner Pflicht desto besser nachzukommen, auch allen Verdacht gegen die Abwesenden respect. Interessenten zu vermeiden, bin ich in Gegenwart Hrn. Johann Schortmanns d. Th. Cand. und des Hrn. Schichtmeisters Mallini aus Strassberg ad hunc actum in specie vermöge nachgesetzten Juramenti annoch verpflichtet worden:

Juramentum.

Ich Johann Friedrich Grützmann, Römischer Kayserl. Maj. öffentl. Notarius schwöre zu Gott dem Allmächtigen einen leibl. Eid, dass ich bei der mir durch diese Vereidung anvertrauten Durchsuchung einiger von des Weyland Herrn FeldMarschalls Ernst Albrechts von Eberstein hohen Excell. hinterlassene Briefschaften alle Treue und möglichste Sorgfalt dermassen anwenden will und werde, dass ich solche gesamte Briefe aufs treufleissigste und genaneste durchsuchen, die Originalia treulich sondern, richtig aufschreiben und von allen gesamt nichts entwenden oder von abhanden kommen lassen, auch darbei allenthalben mich dergestalt erweisen werde und will, wie einem treuen und redl. Notario gebühret und eignet treulich sonder gefährte. So wahr mir Gott helffe durch Jesum Christum unsern Herrn, Amen.

Darauf in Gottes Namen zu dem Werk selbst geschritten, Und wiewohl keine Schlüssel zu den besagten 4 Kasten vorhanden gewesen, so haben wir doch mit zweien dererselben zum Eröffnen keine grosse Mühe gehabt, massen wir solche nur mit den Händen aufgerissen, und an dem einen ist kein Schloss einmal zu sehen. Die andern beiden aber sind mit grosser Gewalt durch einen Büchsenmacher aus Sangerhausen aufgebrochen worden; dabei dann nicht unerinnert lassen kann, dass nach solcher Eröffnung bey dem ersten Anblick man wohl angemerket, wie in allen Kasten die meisten Paquete zerrissen und schon lang zuvor durchsuchet gewesen. Habe also solche genau zu durchsuchen gleich den Anfang gemachet und die ausgesonderten documenta in nachfolgendes richtiges Verzeichniss bracht:

Verzeichniss vorgedachter schrifl. Urkunden, darbei zu gedenken, dass die Nummern allzeit zum Anfang der Schrift gesetzet.

Paquet I.
Wegen der bei Röm. Kayserl. Maj. gehabten Dienste.
1) Eine Bescheinigung des von Röm. Kayserl. Maj. empfangenen Assignation-Zettels über 8000 rthl., so dem Sel. Hrn. General Feldm. von Eberstein haben sollen gezahlet werden de Ao 1656. 2) Röm. Kayserl. versichernde resolution, dass Sr. Excell. der Hr. General FeldMarschall wegen der rückständigen Gelder hinkünftig bezahlet werden solle de Ao 1655. 3) Röm. Kayserl. Mayt. zur Feld-Marschall-Lieutenants-Charge Bestallungs-Briefe in rothbuntes türkisches Papier eingenähet de Ao 1648.

Paquet II.
Wegen Königl. Dänischen Affaires.
1) Bescheinigung eines empfangenen Assignationzettels über 12600 rthlr. de Ao. 1665. 2) Des Königs in Dänemark RathsErholung bei Sr. Excell. des Weil. Hrn. Generals Feldm. von Eberst. wegen manquirender Kriegs-Gelder de Ao. 1662. 3) Königl. Mandat, da dem Hrn. Gen. Feldtm. das Commando über die Königl. Trouppen gegeben wird in Dänischer Sprache de Ao 1657. 4) Königl. Dänische Diplomata und Patenta (in rothbunte türkisches Papier eingenähet) der General-FeldMarschalls-Bestallung, wie auch des Drosten über die Herrschaft Pinneberg de Ao 1657. 5) Königl. resolution das Gut Friederichshof genannt aus zu bieten und an den Meistzahlenden zu veräussern, auch als dann solch Kauf-pretium an den Hrn. Gen.Feldm. von Eberstein wegen seiner rückständigen Gelder zu liefern de Ao. 1662. 6) Cssion-Recess des Königl. Guts Friedrichs-Hof an den Hrn. General-FeldMarschall de Ao 1663. 7) Quittung des Hrn. Oberjägers Christoph Claudi über empfangene 2500 rthlr. vor das Gut Friedrichshof, welches dem Hrn. Gen. FeldMarschall cediret wurde de Ao. 1663. 8) Hrn. Claudi Anschlag und Specification des Viehes und anderer Sachen zum besagten Gut gehörig. 9) Vidimirte Copia der Erklärung der Süder-ditmarsch Landschaft wegen des von Königl. Maj. anerbotenen Friederichs-höfischen Guts, dass Sie nämlich solches an sich zu handeln nicht vermögen Ao 1662. 10) Hrn. Christ. Claudi Königl. Mieth-Brief des Diecksandes de Ao 1664. 11) Hrn. Christ. Claudi erlangte Freiheit- und Königl. Erb-Verschreibung der Baustette Friedrichsstett genannt, nebst einem noch besondern Platz de Ao. 1655. 12) Königl. Bescheid wegen eigener Pfandung des jährl. vermltheten Landes an den Oberjäger Claudi de Ao 1657. 13) Königl. Consens auf den zwischen Hrn. Christ. Claudi und Hrn. Christ. Grafen zu Rantzau getroffenen Mieth-Contract des Guts Friedrichshof Ao. 1661. 14) Königl. Maj. zu Dänemark allergnädigst ertheilter Abschied und Erlassung der hochmeritirten Charges des weil. Hrn. General-FeldM. hoher Excell. de Ao. 1665. 15) Königl. Dänische Assignation über 6000 rthl. restirender Gage de Ao. 1658. 16) Erb-Kauf-Recess über 30 Stück Marschlandes die Beckhöfe genannt à 15300 rthl. in specie zwischen Ihr. königl. Maj. als Käufern u. Hrn. Jerem. Sehestedte Verkäufern geschlossen de Ao 1639. 17) Revers des Hrn. Emanuels Taxera, dass Er gegen Wiederempfahung der vorgesetzten 5000 rthl. die Obligation und den Königl. Original-Kauf-Brief über die Beckhöfe wiederum extradiren will de Ao. 1671.

Paquet III.
Wegen Churfürstl. Sächs. Dienste.
1) Ein Schreiben von dem Hrn. Oberanfscher Selmnitz aus Eisleben des Inhalts, dass Er von Churf. Dchl. befehliget, dem Hrn. Gen. Feldm. seine aufgewachsene Besoldung abzutragen de Ao. 1672. 2) Ein Schreiben des Fürsten von Weimar, darinnen gebeten wird, dass der Hr. Gen. Feldm. von Eberstein mit seiner Schuldforderung noch ein wenig in Ruh stehe de Ao. 1647. 3) Hrn. Phil. Christ. von Pretiss Stallmeisters-Bestallung bey Hertzog Joh. Wilhelm zu Sachs. Ao. 1623. 4) E. Schein etlicher Quittungen von Hrn. Philip, dass

dem Hrn. Gen.Feldm. von Eberstein durch den Rentmstr. Böttcher einig rückständige Besoldungs-Gelder gezahlet de Ao. 1667.

Paquet IV.
Wegen gehabter Hessischen Bestallung.
1) Des Weiland respect. Hrn. General-Feldm. von Eberstein bei Sr. Durchl. dem Landgrafen zu Hessen erlangte General-Lieutenants-Bestallung de Ao. 1646. 2) Des Weil. Hrn. Gen.Feldm. Ober-Amtmanns-Bestallung der Grafschaft Niedda Ao 1646. 3) Des Durchl. Landgr. Mandat an Hrn. Gen.-Feldm. der mit Gewalt weggenommenen Oerter zu recuperiren de Ao. 1646. 4) Des Hrn. Gen.Feldm. von Eberstein ehemalige Capitulation als Obrist bei den Hessen Ao. 1636. 5) Des Hrn. General-FeldMarschalls von Eberstein vormals erlangte General-Majors Bestallung Ao 1642. 6) Ebendesselben verlangte und erlangte vormalige Abschied als Majors de Ao 1634. 7) Hrn. Gen.FeldM. erlangter Pass von dem Herzog zu Braunschw. und Lüneburg, da ihm als ehmal. Obristen und Gefangenen wiederum nach den Hessisch. Trouppen zu reisen vergönnet wurde Ao. 1638. 8) Hrn. Gen.Feldm. ehemals bekommene Obristen Bestallung von der Durchl. Landgräfin zu Hessen Amalien Elisabeth. 9) Lehens-Anwartungs-Brief von dem Hrn. Landgrafen zu Hessen Georgen an den Hrn. Gen.Feldm. von Eberstein ausgestellet Ao. 1644. 10) Ein Schein des verlornen Bestallungs-Revers von Ihr. Durchl. dem Landgrafen zu Hessen Ao. 1647. 11) Hrn. Landgrafen Ludwigs Vergleich mit dem Hrn. Gen.Feldm. wegen rückständiger Gage, daran gedachte Sr. Excell. 1500 fl. fallen lassen Ao. 1662.

Paquet V.
Wegen Königl. Schwed. Affaires.
1) Des Weiland Hochwgb. Hrn. Gen.Feldm. von Eberstein hinterlassenes Memorial de Ao. 1675 nebst einigen in rothbuntes Papier zusammen genäheten Königl. Schwed. Briefen, daraus gedachter Sr. Exc. respect. Lieben Kinder ersehen möchten, dass Sie bei der Cron Schweden noch Gelder zu praetendiren. 2) Quittung über das Schwedische Satisfactiongeld, so der gesamte Adel und dero Unterthanen zu Gichofen abgetragen de Ao 1648.

Paquet VI.
Von Obligat. und Schadloshaltungsscheinen, die Hrn. Grafen zu Stolberg und Mansfeld betreffende.
1) Vidimirte Copie der Gräfl. Mansfeld. Obligation über 1500 Goldfl. an Heinrich Rüxleben de Ao. 1551. Davor Hrr. **Philipp von Eberstein** und Hanss von Trebra aus Gichofen sich in Bürgschaft gesetzt, nebst angehängter Cession Nominis ejusdem de Ao 1587.
2)—25) Obligat. und Schadloshaltungsscheine der Grafen von Mansfeld, ausgestellt 1535 bis 1564. Bürgen: Hans, Christ. und Volckmar von Pretis.

Paquet VII.
Von allerhand Contracten, Quittung etc.
1) Hrn. **Hanss Ernst von Eberstein** Obligation über 30 rthl., so Er von dem Hrn. General-Feldm. von Eberstein erborget de Ao. 1663. 5) **Caspar Rudolfs von Gerssdorff** Vergleich mit seiner verwitweten Fr. Schwiegertochter und dessen ausgestellte Vollmacht an Hrn. Gen.Feldm. von Eberstein zu Verkaufung seines Guts Restrop de Ao. 1661 Fol. 3. 8) Frauen Margareth Jud. von Stammer und Hrn. Rudolph Sigism. Fuchsens hinterlassener Erben Transaction-Recess wegen eines Legati de Ao. 1661. 9) Ignatii Freiherrn von Weixs grosse prostitution und ausgestellter notabler Revers, als Er sich mit des respect. Hrn. Gen.FeldtM. von Eberstein Fr. Tochter der verwitweten Asseburgin öffenl. Sponsalia celebriret und nachgehends mit einer andern in seiner Jugend ihm Verlobten sich trauen lassen de Ao. 1660. 10) Der hwgb. Fr. **Hedwig Lucien von Eberstein** verwitweten Gerssdorffin getroffene Vergleich mit ihrem Hrn. Schwiegervater wegen ihrer zugefallenen weibl. Gerechtigkeiten und ihres sel. Hrn. Gegenvermächtniss Copia de Ao. 1661. 11) Des Hrn. Gen.Feldm.

von Eberstein iemals aufgerichtete Ehestiftung de Ao. 1638. 12) Dispositio Generosissimi atq. Excellentissimi Dni. Dn. Parentis Ernesti Albrechti d'Eberstein inter Liberos de Ao 1669. 13) Alia Dispositio Generosissimi Dni Parentis d'Eberstein inter Liberos quoad Bona Fendalia de Ao. 1669. 14) Quittung und Erlassung der Vormundschaft, so die Behrischen Erben an ihr resp. Hrn. Curatores den Hrn. Gener.Feldm. von Eberstein und Hrn. Ludwig von Wurm ausgestellet de Ao. 1663. 18) Cession und Kauf-Contract der Schrenkischen Erben als Verkäufern und Hrn. **Hans Heinrich von Eberstein** Käufern über besagte 2 Hufen Landes zu Gehofen de Ao. 1628. 21) Ehestiftung Hrn. **Heinrich's von Eberstein** und Fr. **Elisabeth von Stammern** de Ao. 1591. 24) Hrn. Gener. Feldm. von Eberstein mit der Stadt Frankenhausen getroffene Accord über prätendirte Tractamentgelder de Ao 1639. 25) Quittung des Hrn. H. L. Spiegels über 4000 rthl., so der Hr. Gen.Feldm. von Eberstein wegen Sigism. Levin Bocken von Wülffingen auf das Rittergut Neuhaus und Passbruch gezahlet Ao 1659. 28) Kauf-Contract zwischen Hrn. Gen.Feldm. von Eberstein Käufern und Fr. Marg. Stapels Verkäuf. über ihr zu Pinneberg gelegenes Haus á 600 rthl. de Ao. 1660. 29) Doctimentum, dass der Hr. Gen.-Feldm. das Mohrungische Bergwerk allein an sich gehandelt und ein Hüttenwerk unter Mohrungen aufgerichtet Ao. 1673. 30) Obligation der Kindelbrückischen Erben über 100 rthl. an Hrn. Gen.Feldm. von Eberstein zu bezahlen de Ao. 1639. 31) Contractus Emtionis et venditionis eines Schiffes, so der Hr. Gen.Feldm. von Eberstein an den Schiffer Heinrich Benecken in Lübeck verkaufet vor 600 rthl., davon 200 rthl. gleich erleget de Ao 1661. 32) Depositenschein über 2600 rthl., so zu Bezahlung Adam Christophs von Gehofen Ehegelder dem Amtmann zu Leimingen in Verwahrung gegeben Ao. 1661. 34) Quittung über 4000 rthl. Ehegelder, so der Hr. Obrist Wülffen von dem Hrn. Gen.Feldm. empfangen Ao. 1660. 35) Quittung Hrn. **Wilh. E. von Eberstein** über 300 rthl., so Er gegen Abtretung seines an dem Oldislebischen Rittergütlein habenden parts empfangen Ao. 1665? 43) Besoldungs-Abrede Sr. Durchl. des Hrn. Landgr. zu Hessen mit dem Hrn. General-Maj. von Eberstein de Ao. 1642. 45) Verzicht Fr. **Hedw. Luc. Groten**, dass sie wegen ihres Antheils an dem Gut Friedrichshof 500 rthl. will fallen lassen de Ao. 1675. 48) Commission von Ihr. Churfürstl. Dchl. zu Sachsen an den Herzog Ernst zu Gotha, so der Hr. Gen.Feldm. auf sich genommen de Ao. 1666. 49) Obligation Hrn. Thomas Grothen über 200 rthl., so er dem Hrn. Gen.Feldm. von Eberstein noch restiret de Ao. 1664.

Paquet VIII.
Von allerhand Contracten, Vergleichung etc.

1) Vidimirte Copia einer Obligation über 300 rthlr., so Hr. Ludw. Hund von dem Hrn. Gen.Feldm. erborget de Ao. 1669. 2) Verzicht Heinrichs von Germar hinterlassener Erben wegen einiges Anspruchs an dem Bockischen Gute, dafür sie von dem Hrn. Gen.Feldm. von Eberstein mit 1000 fl. contentiret worden de Ao. 1660. 4) Kaufverschreibung der Herren **von Eberstein** über den zu Kinderbrücken gehabten Weinberg Ao. 1609. 6) Ehestiftung des Hrn. Thomas Grothen und Fr. H. L. von Gerssdorffin geb. von Eberstein de Ao. 1663. 8) Obligation des Hrn. Drosten Anthon von Ditforth über 1200 thl. Spec., so ihm der Hr. Gen.Feldm. geliehen Ao. 1610. 9) Cession Hrn. Anthons von Ditforth wegen 2000 rthl. Capital und 2800 Zinsen bei dem Hrn. von Bortfelden ausstehend, an den Hrn. Gen.Feldm. von Eberstein de Ao. 1638. 14) Quittung Fr. Marien Witzleben über 175 fl. Stammer'scher Rentgelder, so ihr wegen ihrer Schwester Söhne von Hrn. **W. D. von Eberstein** gezahlet de Ao. 1610. 15) Verzicht Fr. Catharinen von Wülffen geb. **von Eberstein**, dass sie an dem vor 3000 rthl. zugeschlagenen Gute Friedrichshof 500 rthlr. will fallen lassen de Ao. 1675. 16) Quittung Hrn. Rentmstr. Böttchers über die von Hrn. Gen.Feldm. abgetragenen Präsentgelder Ao. 1667. 17) Schein über 30 rthl. von der Gräfin von Mansfeld de Ao 1635. 22) Vidimirte Copia der Transaction über die Ebersteinische Rittergüter darunter der Hackenhof und die von Schlegeln besessenen begriffen, zwischen Hrn. Gen.Feldm. von Eberstein und den von Trebra aufgerichtet Ao. 1642. 27) Obligation Hrn. Wilh.

Grothens über die von Hrn. Gen.Feldm. von Eberstein erborgten 3000 rthl. de Ao. 1667. 28) Revers Hrn. **Anthon Albrechts von Eberstein** über die 4000 rthl., so er zu seinem Antheil von den Beckhöfen erhoben und baar empfangen dergestalt, dass er solche Summa einsten wieder an Lehen zu wenden und zu ersetzen sich obligiret de Ao. 1671. 29) Quittung über 47 rthlr., so das Amt Leimnungen zu der Kreis-Völker Unterhalt gezahlet Ao. 1676. 30) Cession Hrn. **Anthons von Ditfurth** wegen 3000 rthlr., so dem Hrn. Gen.Feldm. von der Wulffenbüttel'schen Landschaft zu bezahlen, er auch 2000 rthlr. empfangen Ao. 1655. 32) Instruction und Vollmacht, so der Hr. Gen.Feldm. von Eberstein dem Hrn. Obrist Lieutenant von Wülfen aufgetragen wegen praetendirender 7000 rthlr. bei Ihr. Durchl. dem Herzog zu Hessen Ao. 1662. 35) Obligation der Stadt **Wiche** über 75 rthlr. Ao. 1639. 38) Losungs und gütl. Vergleichs vidimirte Copia der 3 Brüder Hrn. **Anthon's**, **Frantz** und **Ernst Ludwig's von Ditfurth** wegen ihres väterlichen angefallenen Lehens-Erbtheil. 39) Assignation-Schein Hrn. **Anthons von Ditfurth** an die Fürstl. Braunschweig. Landschaft Wolfenbüttel über 4476 rthlr., so er seinem respect. Hrn. **Schwiegersohn** schuldig worden de Ao. 1649. 47) Permutations-Vergleich 2 Kirchstühle zu **Reinsdorf** zwischen dem Hrn. Gen.Feldm. und dem von Benning Ao. 1653. 48) Schein derer von Hrn. Gfm. an Hrn. **von Wülffen** extradirten documenten des **Reinsdorfischen** Rittergnts. 49) Erbkauf-Contracts Copia wegen des **Trebraischen** Ritter-Lehnguts zu **Gehofen**, so der Hr. Gen.Feldm. von Eberstein vor 15000 fl. an sich gehandelt Ao. 1662.

Paquet IX.

Von Vergleichen, Contract-Quittung etc.

1) Getroffener Vergleich derer Hrn. von Eberstein und des Hrn. von **Trebra** wegen des streitig gewesenen **Harrasischen** Lehenguts zu **Gehofen** Ao 1631. 3) Adjudication-Abschied und Liquidation wegen des Hrn. **Heinrich's von Eberstein** Güter zu **Gehofen** nebst der Unterthanenpflicht-Abstattung de Ao. 1631. 6) Revers Hrn. Heinrichs von Stöcken in Holstein wegen des von Hrn. Gen.Feldm. empfangenen Königl. Original-Kaufcontracts über das **Beckdörfsche** Gut, so er gegen Wiederbezahlung der aufgenommenen 5000 rthlr. restituiren will de Ao. 1675. 7) Pinnebergisches Decretum wegen adjudicirung 24 Morgen Herrenfelder Ländereien de Ao. 1666. 8) Vollmacht Hrn. Clemsteius von dem Hrn. von Gersdorf wegen des Guts **Restrup**, dass er solches mit Consens des Hrn. Gen.Feldm. losschlagen und seine Creditores befriedigen solle Ao. 1662. 9) Churfürstl. Sächs. Consens in getroffenen Kauf des Hrn. von **Wülffingen** über das Haus **Passbruch** de Ao. 1629. 13) Quittung Hrn. D. Schildens über die vom Hrn. Gfmarsch. wegen des sel. Hrn. Oberstlieutenants von Eberstein abgetragene **Frankenhausensche** Schuldpost Ao 1669. 32) Obligation Hrn. **Anthon Albrechts von Eberstein** über empfangene 200 rthlr., so er sich an seines respect. Hrn. Vaters Erbschaft wollte decurtiren lassen de Ao. 1671. 34) Obligatio Hrn. **Anthon Albrechts von Eberstein** über die von seinem höchstanrespect. Hrn. Vater entlehnete güldene Kette à 35 Lothen, so er um 200 rthlr. bei dem Hrn. von Urfahren versetzet Ao. 1672. 42) Ehestiftung Hrn. **Adam Christ. von Gehofen** und des weil. Hwgb. Hrn. Gen.Feldm. von Eberstein Fr. Tochter Fr. **Magdalenen Ottillien von Eberstein** de Ao. 1662.

Paquet X.

Privat-Acta.

1) Privat-Acta **Christoph Stammers** prioritätische Gläubiger betreffende wider die Hrn. Grafen zu Mansfeld de Ao. 1630, allwo die Hrn. von Eberstein ebenfalls mit interessirt sein. 4) Privat-Acta der Hrn. von Eberstein und Hrn. **Schlegels** unterschiedl. Sachen contra die von **Trebra** betreffende darbei auch einige Documenta inseriret.

Dass nun diese gegenwärtige Specification, nachdem ich über 14 Tage nach einander bei solchem Durchsuchen derer von oft gedachten Weiland hochwohlgebornen Herrn General Feldmarschall von Eberstein hoher Excell. hinterlassene und mir requirirtem Notario anvertrauten Schriften meinen grössten Fleiss angewendet, richtig und unverfälscht sei, auch kein einziges document von grösserer importance, als welche ich ausgesuchet und hier specificiret, unter denen übrigen Schriften zu befinden, kann ich mit Bestande der Wahrheit kraft dieses attestiren etc. So geschehen zu Neuhaus d. 3. Sept. Ao. 1708.

(L. S.)   **Johann Friedrich Grützmann**
Imper. Autor. Notar. Publ. ad hunc Actum legitimo modo requisitus ac rogatus in fidem.

P. S. Dass der hochwohlgeborne Herr Oberberghauptmann **Christian Ludwig von Eberstein** mir unterschriebenen Notario Sechs Reichsthlr. vor meine gehabte Mühe, diese Specification der Briefschaften aufzurichten, baar bezahlet, erkenne ich mit unterthänigem Dank und wird kraft dieses hiermit bescheinigt Actum ut supra.   **Joh. Friedrich Grützmann** Not. Publ. Caes.

S. 1104, zu „1. Sophia Elisabeth".

„Es war der Herr Hauptmann von Óbschelwitz auf der Reise nach Thüringen und pernoctirte zu Reinheim, als des folgenden Tags seine Frau Gemahlin ganz gesund wollte in die Chaise steigen, bekam sie einen Mann zu Gesicht, welcher wegen übertandener Hauptschwachheit sehr miserabel aussah, darüber bekam sie einen Schauer und wurde von Stund an auch an dieser Schwachheit krank und starb. Wellen nun der Vater sein verstorbenes Töchterlein zu Weinheim ohnlängst hatte begraben lassen, so machte er durch seine Soldaten, wellen er zu Weinheim im Quartier lag, die Anstalt, dass dasselbe in der Stille wieder ausgegraben und nach Reinheim bei seine Frau Mutter gelegt werde; also ist dieses Fräulein einmal gestorben und zweimal begraben."

zu sehen ich gedacht

Hier ruhet in Gott die wohlgebohrne Frau **Sophia Elis:** von Óbschelwitz, gebohrne von Eberstein, so gebohren in Thüringen auf dem Schlosz Gehofen 1662 den 20. April; vermählt an den Wohlgebohrnen herrn Johann Baltasar henrich Óbschelwitz ao. 1682 den 13. Aug. Hat in der Ehe gezeuget 6 Söhne und 2 Töchter, wovon schon eine Tochter durch einen seel. Tod vorhergegangen, die aber hierher neben ihre Frau Mutter ist gebracht worden. Ihres Alters 31 (33?) Jahr 5 Tag.

Meine Mutter mich geliebet

Hier ruhet in Gott das wohlgeb. Fräulein **Dorothea Elisabetha** von Óbschelwitz, so geboren zu Wiebelsbach bei Otzberg ao. 1693 den 12. Juni. Im Quartier zu Weinheim ao. 1694 den 12. Mai selig entschlafen und allda beigestellt, 1695 von ihrem herrn Vatter wieder ausgegraben worden und neben ihre seelige Frau Mutter in die Reinheimer Kirche gelegt worden, ihres Alters 1 Jahr.

Böckh's Handschr. v. 1750 in d. grhrzgl. Hofbibliothek zu Darmstadt.

S. 223 u. 1138.

1727, März 14. Die Gebrüder von Eberstein schliessen mit dem Grafen Jobst Christian zu Stolberg einen Vertrag ab wegen des Gross-Leinungischen Hüttengrabens.

Zu wissen, dass zwischen dem hochgebornen Grafen und Herrn Herrn **Jobst Christian Grafen zu Stolberg** etc. an einem, denen sämmtlichen Hoch- und Wohlgebornen Herren Gebrüdern von Eberstein Nachfolgendes abgehandelt und geschlossen worden. Es bewilligen nämlich hochgedachte Ihro hochgräfl. Gnaden etc. denen gesammten Herrn Gebrüderen von Eberstein zum Behuf einer in **Gross-Leinungischer Jurisdiction** und Grenze neu anzulegenden **Kupferhütte**, den jetzigen gangbaren Mühlgraben zu riesschen und (durch) den Gross-

Leinungischen Müller Platzen vor wenig Jahren zugezogenen Graben durch Dero Questenberg. Amts-Jurisdiction bis an den Drebsdörfer Furth wiederum zu heben und zu solchem Hüttenwerke einigen Gefallen und bestermassen nach zu gebrauchen etc. etc. Dahingegen versprechen Hoch- und Wohlgeborne sämmtliche Herrn Gebrüder von Eberstein von diesem Wasser Riesch und Graben an die hochgräfl. Kammer zu Rossla etc. alljährl. 6 thlr. als einen beständigen Grabenzins zu entrichten und Ostern 1728 G. G. damit den Anfang zu machen. Die Fischerei etc. in sothanem neuen Graben bleibet Ihro hochgräfl. Gnaden privative etc. Und ist zu dessen steter Festhaltung dieses von ihnen allerseits eigenhändig unterschrieben und mit ihrem respective hochgräfl. und adl. Petschaften bezeichnet worden. Rossla den 14. Martij 1727.

Jobst Christian Gr. zu Stolberg.   **E. F. Gr. von Eberstein.**
           Wolff Dietrich von Eberstein.
           Anthon Gottlob von Eberstein.
           August Christian Wilhelm von Eberstein.

S. 1131 u. 1181.

1714, Dec. 11. Christian Ludwig von Eberstein auf Neuhaus quittirt über die von seiner Schwiegertochter Maxmiliane geb. von Büring eingebrachten 1000 Thlr. Heirathsgut.

Dass die hochwohlgebohrne Frau, Frau **Maximiliana von Eberstein**, gebohrne **von Büring** meine hertzgeliebte Frau Schwiegertochter, die meinem Sohn, Ihrem Eeherrn, Dotis loco in meine lehngüther einzubringen versprochene tausend thaler mir dato richtig bezahlet und dass ich solche zu Wiederbezahlung deren zweitausend thaler, welche ich von meinem Herrn Schwager, dem Königl. Pohln. und Churfürstl. Sächs. würkl. geheimbten Etats und Cabinets Rath herrn Graffen Görgen von Werthern erborget und meines seel. Herrn Brudern des **Domherrn von Eberstein** Erben auf Ihre Rittermühle zu Gehoffen geliehen, angewendet, wirdt hiermit bescheiniget etc. Neuhauss den 11. Xbr. a⁰. 1714.

(L. S.)   **Christian Ludwig von Eberstein.**

S. 1181.

Drei Urkunden, den Zehnten zu **Löhnberg** betreffend.

I. **1720, Juni 10.** Von Gottes Gnaden Wir Wilhelm Fürst zu Nassau, Graf zu CatzenElnbogen, Vianden und Dietz, Herr zu Beylstein etc. Nachdeme **Doctor Johann Ulrich von Gülchen** die ihme gegen Erlegung einer gewissen Summa Gelds antichretici überlassenen **Löhenberger Zehnten** an unsern Ober-Jägermeister **von Eberstein** wieder abzutreten gewilliget, dieser auch in den mit gemeldtem von Güllich errichteten Contract und alle angefügte Conditiones zu treten sich jetzt und mehrmalen erboten und schriftlich reserviret hat: Als geben Wir hiermit und in Kraft dieses dazu unsere gnädige Einwilligung und sein zufrieden, dass unser Ober-Jägermeister gedachten Zehenten zu sich nehme, wann vorher das bereits von Doctor von Gühlicken darauf geschossene Geld ihnen refundiret und sodann in den völligen Contract und dabei stipulirte Conditiones eingetreten werde. Urkundlich unserer eigenhändigen Unterschrift und anbei gedruckten fürstl. Signets. So geschehen Dillenburg den 50. Junij 1720.
    Wilhelm F. z. Nassau.   (L. S.)

II. **1720, Juli 15.** Weilen der kaiserl. Kammergerichts Advocatus und Procurator Herr Dr. **Johann Ulrich von Gülchen** zu Wetzlar bei beiderseits hohen Herrschaften die unterth. Anzeige gethan eie, was gestalt er den **Zehenten zu Löhnberg** jure antichretico an sich gebracht und wirklich in Possession genommen, auch auf Abschlag der Kaufsumme einige Gelder bereits bezahlet, die vorigen Inhaber dieses Zehenten aber sich anheischig gemacht, durch Wiederbezahlung des Kaufschillings, welches den 15. Juli a. c. geschehen sollte, erwähnten Zehenten wieder an sich zu bringen, woraufl Herr Dr. von Gülchen sich

auch erklärt, von dem Kauf abzustehen. Demnach aber auf den von vorige Inhabern selbst angesetzten Termin die Kaufgelder nicht erfolgt und also sich ihres Rechtes verlustig gemacht, als wird dickbemelter Herr Dr. von Gülchen bei dem Kauf des Zehenten oder aber der dazu bestellte Administrator Herr Schwenck hiermit kräftigst manutenirt. Sodann hat sich derselbe künftighin nicht allein des bis hierhin schon eingeführten Heues, sondern auch der bevorseiendcn Frucht-Zehenten anzumassen, worüber er dann die behörige Zehenthebern anzurufen und bei Amt wie Herkommens in Pflichten zu nehmen etc. hat. Publicatum Löhnberg den 15. Julij 1720.
Von beiderseits hohen Herrschaften committirter F. Grüter.

III. **1721, Apr. 29.** Ich zu End Unterschriebener bekenne hiermit: Demnach Tit. Hr. Dr. **Johann Ulrich von Gülchen**, des kaiserl. Kammergerichts Advocatus und Procurator, den **Löhnberger Zehenten**, welchen Ihro hochfürstl. Durchl. von N.-Dillenburg, vermög eines den 15. April 1720 aufgerichteten Antichretischen Contracts ihme unter gewissen Conditionen überlassen, wegen einiger damalen vorgekommener Bedenklichkeit an **Mich** resigniret, höchstged. Ihro hochf. Durchl. auch unter d. 10. Junij d. a. dero gndste. Approbation und Concession Mir darob ertheilet, und aber berührte Bedenklichkeiten nunmehro cessiren, mithin ged. Hr. D. J. U. v. Gülchen den Zehenten mit eben denen Conditionen von vorm Jahr bedungen und ausgemacht worden, wieder zu übernehmen und die stipulirte Gelder nämlich 4660 fl. —, baar davor auszuzahlen zugesaget; dass ich solchennach mein durch obbenannter hochfürstl. Concession vom 10. Junij 1720 erlangtes jus Antichreticum an mehrbesagten Hrn. Dr. von Gülchen, seine Erben und Nachkommen hinwieder cediret und transportiret, cedire und überlasse es auch ihm hiermit kraft dieses, als in bester Form immer geschehen kann und mag, also und dergestalt, dass er nun oftged. Zehenten zu Löhnberg und was darzu gehöret, nach dem hochfürstl. Antichretischen Contract hinfüro von nun an äussern, nutzen und gebrauchen möge nach seinem Gefallen und Belieben ohne männigl., auch Mein und der Meinigen Hinderung oder Eintrag. Ich gelobe und verspreche auch, da derselbe, wiewohl wider Vermuthen, einiger von dem sel. Hrn. v. **Bühring** herrührender Schulden halber angefochten werden sollte, dass ihm alsdann wie ohne dem Rechtens und billig ist, zu vertreten, zu gewähren und schadlos zu halten. Dessen zu Urkund habe ich diese Cession eigenhändig unterschrieben und mit Meinem angebornen Petschaft bedrucket. Dillenburg den 29. April 1721.
(L. S.) **Carl FreyhErr von Eberstein.**

S. 1182.

Schreiben des Joh. **Karl** Friedr. von Eberstein an seine Schwestern **Charlotte** (in Gross-Leiningen) und **Christiane** (in Harzgerode).

Hertzliebste Schwester Charlotte und Christiane. Ew. beyderseits Schreiben habe gestern zu recht erhalten und Euer Wohlseyn daraus mit vielem Vergnügen ersehen. Gott erhalte Euch beständig dabey und lasse es Euch iederzeit nach Wunsch ergehen. So habe dann nicht ermangeln sollen, die verlangte Briefschaften Euch hierbey zu überschicken, als 1) die disposition, 2) den Extract Protocolli, wie meine seel. Eltern die Erbschaft des seel. Hrn. OberStallmstrs (von Bühring) angetreten; die verlangte Abschrift aber des Vergleichs, welcher vor dem Tode des seel. von Bürings gemacht worden, worinnen Euer Meynung nach die disposition aufgehoben worden und die Erbschaft der Frau Mutter überlassen worden, habe ich mein Tage nicht gesehen und sind mir selbiges solche Böhmische Dörfer, als Euch diese Disposition ist, es ist auch hier kein Mensch, der etwas sein Tage davon gehöret hat, ich habe auch die Frau Gross-Mama darüber gefragt etc., kann sie also nicht schicken; wisst Ihr also davon, so bringet sie an den Tag. Wann ich was davon wüsste, so thäte ich nicht wie ein ehrlicher Mensch, wann ich sie zurücke hielte, ihr werdet Euch also darum bemühen, dass Ihr sie bekommt. Den Vergleich mit der Gross Frau Mutter habe ich nicht hier, der ist in Wetzlar, also ich in Zeit 14 Tagen selbst hinreisen werde, alsdann soll ich nicht ermangeln, ihn sogleich zu überschicken, ihr werdet Euch also bestmöglichsten Raths darüber einholen, mir aber mit ehesten Eure resolution darüber einsenden, damit meine messures darüber nehmen kann. Der Vergleich mit der Frau Grossmutter betreffend, so ist selbiger auf nichts anders gericht, als auf die disposition, worin' sie statt der Früchte, Wiesen und Wein jährlich 200 fl. bekommen soll, nebst der freien Wohnung in den **Eichen** oder zu **Lehnberg.** Dieser Contract macht die vorhergemachte disposition mehr gültig, weilen sich Niemand gegen dies Vermächtniss zu beschweren hatte, als die Grossmutter, weilen Ihr die Hälfte des Hrn. **von Bühring's** Verlassenschaft wäre zukommen. Da aber nun dieselbe nicht allein Ihren Willen darein gegeben, sondern auch die disposition unterschrieben, auch nach des Hrn. Oncle Tod sich noch auf eine geringere Alimentation zusetzen beliebet, so ist ja diese disposition iederzeit in ihren Würden geblieben und hat sich kein Mensch sonsten darüber zu beschweren und was noch mehr, meine Eltern sind ja nur durch mich dazu gelanget, derowegen Wir zu halten schuldig seyn, was Hr. von Bühring seel. verordnet hat. Ich practendire nichts, als die Billigkeit mit sich bringet; werdet Ihr mich überweisen, dass es Unrecht, so kann Euch versichern, dass mir es einerley, denkt Ihr es auszumachen, ich bin es wohl zufrieden und stelle es in Euern Willen, ob Ihr eingehen wollet oder nicht; meinet Ihr es durch den Richterl. Spruch auszuführen, dieses soll mir viel lieber seyn, als wenn Ihr mir die 1000 Thlr., welches jeder Schwester 500 fl. trägt, accordiret und dabey glaubt, ich practendire, was unrechtmässig sey, ich hatte ja nicht nöthig, Euch dieses anzubieten, wann es nicht aus besonderer Liebe gegen Euch thäte, es könnte mir's ja kein Mensch verdenken, dann das Hembt einem näher als der Rock ist; es ist nicht einer in Wetzlar sondern drey, welche es über sich nehmen wollen und keinen Heller verlangen, wenn sie es nicht gewinnen, also dass es mich ja gar nichts kostete, wann ich es auch verlöre. Ihr werdet sagen, der Vater hat die Erbschaft in uxorio nomine angetreten, dieses kann mich aber im Geringsten nicht praejudiciren, Er hätte Sie auch im Namen des Kaysers antreten können nach des von Bühring's Tod, so kommt es darauf nicht an, sondern auf dieses, was der Eigenthumsherr verordnet hat, in Summa, es stehet bey Euch, ich denke, dass ich thue, was ein Bruder thun kann und wird; ich sage nichts, als dieses, verdammet ist der Pfennig, welchen ich unrechtmässiger Weise von Euch so wohl, als von iedem Menschen practendire. Ihr könnt nun daraus nehmen, welches ihr wollet, ich lasse mir Alles gefallen, seyd nur so gut und gebt mir Eure resolution baldigst, die Hrn. Oncles werden Euch schon einen guten Rath geben, befragt Euch nur dabey, ich übersende Euch auch sogleich ein eingeholtes factum darüber hierbey, auch zugleich einen Auswurf derer noch auf dem Gut. **Eichen** haftenden Schulden, das Gut **Lehnberg** hat mein Vater in seinem Wittberstande verkauft an den Hrn. Doctor **von Gülchen** und glaube schwerlich, dass dabey etwas zu machen ist. Uebrigens versichere, dass ich bis in das Grab alstets beharre, nach unterthänigster Empfehlung an den gnädigen Hrn. Oheim und Frau Tante, sowohl in Harzgeroda als Grossleinungen meiner liebsten Schwestern getreu aufrichtiger Bruder **C. v. Eberstein.** -

P. S. Meine Schwester (d. i. **Amalia**) ist nicht hier, sie ist nach Cleve zu ihrem Hrn. Schwager d. Hrn. GhRath daselbst gereiset. Frau GrossMama macht Ihr Compliment etc.

S. 1181 u. 1185.

Beilagen zu vorstehendem Schreiben Karl's v. E.

I. **1719, Jan. 9.** Johann Karl Friedrich's von Bühring Testament (disposition).

Im Namen der heiligen hochgelobten und unzertrennl. Dreifaltigkeit Amen. Nachdem dem grossen Gott nach seinem unerforschl. Rath und Willen gefallen, mich **Johann Carl Friedrich von Bühring** mit einer langwierigen Krank- und Schwachheit des Leibes heimzusuchen, dass fast dem Tode um die Schuld der Natur zu bezahlen, mehr als dem Leben scheine näher zu sein, ich bin auch desfalls meinem gnädigen Gott in kindl. Gehorsam zu folgen willig und bereit, da aber nicht wissen kann, wie Gott über mich gebieten möge, als habe ich mit diesen wenigen Zeilen meinen letzten Willen und Verordnung mit guter und reifer Ueberlegung wohlbedächtig, freiwillig und ungezwungen wegen meiner von mir selbst herkommenden und acquirirten Güter und Habseligkeiten, worüber ich vollenkommen Macht und Gewalt habe zu disponiren, Folgendes setzen wollen, Als 1. befehle ich vor allen Dingen meine mit Christi theurem Blute erlösete Seele in die grundlose Gnade und Barmherzigkeit des grossen und allgewaltigen Gottes, den Leib aber der Erden und will, dass der Christl. Gebrauch, ohne den geringsten Pracht des Abends mit zwanzig Fackeln beigesetzet und von denen Hrn. Hofbedienten, so alle meine guten Freunde gewesen, nach seiner Ruhestätte getragen werde, und soll der verblichene Körper, nachdem er aufgelöset, länger nicht als drei Tage, wo er entseelt, stehen bleiben und nach der Beisetzung des Morgens darauf das Grab wieder zugemacht, auch mit keiner parentation, Leichpredigt oder Tenuer Musique Beunruhigungen gemacht werden. Weilen nun aber die **Einsetzung** eines **Erben** das Fundament einer **disposition** und letzten Willen ist, so setze ich hiermit zu einem **UniversalErben** ein über meine Verlassenschaft, sowohl beweglich als unbeweglich oder sich selbst bewegende eigenthümliche Güter und Habseligkeiten, soviel ich solche anjetzo würkl. besitze, meinen vielgeliebten Hrn. Schwager Carl von Eberstein und meine auch vielgeliebte Schwester, die von Eberstein geborene **von Bühring**, in specie aber **seinen ältesten Sohn**, wann ihn Gott damit begnadiget oder die darauf folgende undmehr, weilen er mir mit Consens seines nunmehro sel. Hrn. Vaters zugesagt und versprochen, wann Ihm Gott mit einem Sohn beschenken sollte, durch solchen und zwar allezeit den Ersten meinen sonst mit mir untergehenden Geschlechtsnamen **von Bühring** fortzuführen und fortzupflanzen; es verspricht auch mein Hr. Schwager von Eberstein und Frau Schwester von ihren eigenthüml. Gütern so viel hieran zu wenden, dass der **Zehnte zu Lehnberg** und das **Gut in den Eichen** folgends bezahlt und frei gemacht, beide zusammen behalten oder conserviret und Nichts davon veräussert werde, ingleichen sollen sie mit ausdrückl. Beding verpflichtet und obligiret sein, **meiner lieben Frau Mutter** die Wohnung und den Genuss des Hofes, gleichwie sie es bei mir bishero gehabt und es die Ehre erfordert, so lange sie lebt und unverheirathet bleibet ruhig geniessen zu lassen. Weilen sie aber Alters halber und wegen mangelnder Kräfte die Direction des ganzen Hofes und vielen Gesindes nicht wie sonst mehr führen kann, als soll ihr zu ihrer Aufwartung ein Kammermädchen, der Jäger, ein Knecht, eine Viehmagd, zwei Pferde, etl. Kühe und Ziegen (so allein von ihr dependiren sollen) gehalten, gelassen und verpfleget werden, wie dann zu ihrer eigenen und derenselben Unterhaltung mein Hr. Schwager und Frau Schwester von Eberstein jährl. zehen Malter Korn, fünf Malter Gerste, zwanzig Vier Malter Hafer, vier Meste Erbsen, ein Achtel Waizen, zwei Mesten Linsen, drei Mesten Hirschen, vier Meste Lein, zwanzig Vier Pfund Flachs, zwei Ohme Wein zu ihrem Trank, auch nach ihrem Belieben ein mehrers, ingleichen benöthigtes Stroh und Brennholz zu geben, auch die Schliefwiese, die Schuhmacherswiese im Taufwinkel unter der Schiffwiese gelegen, den neuen Garten und den Baumgarten, in welchen man durch die Thüre des neuen gehet, zu ihrer Nutzung und disposition einzuräumen versprechen. Auch hat meine liebe Mutter die Jagd und die Fischerei zu ihrer Verpflegung zu geniessen. Noch legire und vermache ich an die hiesige Armen 100 Thlr. und an die Reformirte Kirche 200 Thlr., zu welchen 300 Thlr. die 150 Thlr., so Ihro Hochfürstl. Durchl. meine mir sonst allezeit gewesene gnädigste Fürstin und Frau mir noch schuldig, und die mir noch ausstehende Besoldung genommen werden soll, womit ich diese meine disposition oder letzten Willen im Beisein meiner herzgeliebten Frau Mutter, meines Hrn. Schwagers und Frau Schwester in Gottes Namen schliesse, welche alle dreie, sonderlich letztere, im Fall, da ihr lieber Mann vor meiner Frau Mutter versterben und sie sich wieder verheirathen sollte, mir mit einem Handschlag, selbigen unverbrüchlich zu halten, versprochen, und zu dessen Bekräftigung nebst meiner noch bei gutem Verstand eigenhändigen Unterschrift und Untersiegelung mit unterschrieben und untersiegelt. So geschehen auf Dillenburg den 9. Januar im Jahr 1719.

(L. S.)   Johann Carl Friedrich von Bühring.
(L. S.)   Wittib von Bühring geborne Lübottin.
(L. S.)   Maximiliane von Eberstein geborne von Büring.
(L. S.)   Carl von Eberstein.
(L. S.)   Johann Henrich Tilemann als ein erbetener Zeuge.
(L. S.)   Johann Henrich Arendorff als ein erbetener Zeuge.

Nachdem Hr. OberStallmeister von Bühring mich als Notarium ersuchet, diesen seinen letzten Willen nebst den obigen Zeugen zu unterschreiben, so habe solches nebst Beisetzung des Notarii Insiegels hiermit unterschreiben wollen. Dillenburg, 11. Januarij 1719. Christianus Fischer Not. Caesar. publ. etc.

II. Extractus Protocolli, Dillenburg den 30. Januarii 1720.

Herr Ober.Jägermeister von Eberstein uxorio nomine declarirete per Memoriale ad Serenissimum. dass Er seines sel. verstorbenen Hrn. Schwagers, des allhier gewesenen Ober-Stallmeisters Herrn von Bühring Verlassenschaft cum beneficio legis et Inventarii antreten oder dessen Erbe darin sein wolle; bate solches ad Protocollum zu nehmen und ihme dessen beglaubigten Schein zu ertheilen.

Resolution.

Ist diese Declaratio Aditionis haereditatis cum beneficio legis et inventarii uxorio nomine factu ad protocollum genommen worden, und weilen nunmehro die Nothdurft ein Inventarium legale erfordert, wird der Herr Ober-Jägermeister von Eberstein darüber aus sein, dass solches binnen 6 Wochen verfertiget werde.

(L. S.)   Fürstl. Canzelei daselbst.

III. Factum.

Die von dem sel. verstorbenen Herr Obrist-Stallmeister von Büring den 9. Januarii 1719 gemachte disposition kann zwar als ein förmliches Testament an und vor sich selbsten nicht bestehen, indem (1) dessen noch lebende Frau Mutter in sothanem Testament, wenigstens quoad legitimam titulo institutionis honoriret und zu einer Erbin eingesetzet werden sollen, so aber nicht geschehen, sondern allein der gleichfalls sel. verstorbene Herr Ober-Jägermeister von Eberstein mit seiner Frau Gemahlin zu Universal-Erben eingesetzet und dagegen der Frau Mutter nur ein Gewisses zu Dero Unterhalt verordnet worden. Nebst dem auch (2) diese dispositio mit dem legitimo numero testium nicht versehen, auch (3) unio contextu ac actu nicht vollnzogen, sondern theils den 9., theils aber den 11. Januarii 1719, und zwar (4) von denen Erben selbsten mit unterschrieben worden, so haben auch (5) die instituirte Erben sothanes Testament ohnverbrüchlich zu halten versprochen, und ist in so weit diese disposition mehr pro contractu als pro testamento zu halten. Nachdem aber diese Disposition (a) per querelam inofficiosi testamenti niemals von der Frau Mutter impugniret worden, diese action auch (b) post lapsum quinque annorum praescribiret und also nunmehro vorlängst erloschen, die Frau Mutter auch ferner (c) voluntatem defuncti filii agnosciret und (d) als der Herr Ober-Jägermeister von Eberstein judicialiter die Anzeige gethan, dass derselbe diese Büringische Verlassenschaft cum beneficio legis ac inventarii antreten wolle, nicht allein Nichts dawider obmoviret, sondern auch (e) den 13. Febr. 1720 einen sichern Vergleich dieser Verlassenschaft halben getroffen, so muss es respectu Matris allerdings hierbei gelassen werden. Es entstehet aber hierbei eine andere Frage, ob nämlich vigore dieser Büringischen Disposition nicht der älteste von Ebersteinische Herr Sohn oder bei dessen Abgang derjenige, welcher solchem nachfolget, diese Büringische Verlassenschaft exclusis fratribus ac sororibus reliquis zu praetendiren habe, zumalen wann sich derselbe erkläret, den Geschlechtsnamen von Büring fortzuführen? Hierbei nun bin ich der Meinung, dass diese Frage ex mente Disponentis officinative zu erörtern seie propter verba expressa dispositionis: in specie aber seinen ältesten Sohn, wann ihn Gott damit begnadiget etc. Es können auch die übrige Ebersteinische Kinder diese Büringische Disposition weder, propter defectum solennitatum noch in andere Wege impugniren, weilen ihre verstorbene Eltern solche agnosciret und mediante hac dispositione zu der Büringischen Verlassenschaft gelanget, derowegen auch die hinterlassene Ebersteinische Kinder als deren Erben die facta Parentum praestiren und es bei denjenigen, was der mehrerwähnte Obrist-Stallmeister von Büring sel. verordnet, bewenden lassen müssen.

Herborn den 21. Fbr. 1740.   Johann Ludwig Wiederholdt.

IV. 1) Wird das Gut **Elchen** auf 16000 fl. nämlich den fl. à 30 Albus gerechnet; 2) von dieser Summa wären die annoch darauf haftende Schulden nämlich das Hospital Attendorn abzuziehen, sodann 8500 fl. Capital, 1500 fl. Interesse. Herr Doctor Schram hat Güter davon wegschatzen lassen 1500 fl. Diese Summa abgezogen von den 16000 fl. bleibt 9500 fl. Hierbei ist aber zu considerieren, dass wer Geld hat, diejenigen Güter, welche vormals davon versetzet worden, vor die Hälfte des Werths wieder einzulösen, einen ansehnl. Theil daran profitiren kann, wenigstens hat er die Hälfte profit, wer es aber nicht selbsten bewohnen kann, hat schlechten Vortheil daran, indem es sich niemalen verinteressiren thut.

S. 1182.

Aus dem Tauf- und Sterbeprotocoll der Stadtkirche zu Dillenburg.

Laut der auf hiesiger Pfarr sich befindlichen Urkunden hat Weyl. Hr. Oberjägermeister **Carl von Eberstein** in zwo Ehen fünf Söhne erzielet. Von seiner ersten Gemahlin geborner **von Büring** sind ihm zween Söhne geboren. Der erste **Wilhelm Carl**, so den 29. Apr. 1718 das Tageslicht erblicket, ist den 6. Xbris desselben Jahres wieder gestorben und den 12. ejusd. in hiesiger Stadtkirche begraben worden. Der zweite Sohn aus erster Ehe, welcher dermalen in Königl. Preussischen Diensten als Lieutenant stehet, ist den 4. May 1719 geboren und den 8. ejusd. getauft worden und hat den Namen **Johann Carl Friedrich** bekommen. Taufzeugen waren Hr. Carl Friedrich von Büring, fürstl. Nassau Dillenburgischer Ober-Stallmeister, und die damalige Frau Oberhofmeisterin Frau von Vollmar.

Von der zweiten Gemahlin Frau **Wilhelmine** geborne **von Quernheim** war der erste Sohn **Wilhelm** den 22. 7br. 1722 geboren, aber den 28. May 1724 wieder gestorben und den 30. ejusd. in hiesiger Stadtkirchen begraben. Der zweite Sohn kam an diese Welt den 9. 9bris 1724, ist den 14. ejusd. getauft und **Carl Christian** genannt worden und hat zu Pathen gehabt des damals regierenden Fürsten Christians hochfürtl. Durchl. hochsel. Andenkens und dessen Frauen Gemahlin Frauen Isabellen Charlotten geborne Princessin von Nassau Diez hochfürstl. Durchl. Und der dritte Sohn letzter Ehe, welcher den 19. 9br. 1725 geboren worden, hat den 25. ejusd. die h. Taufe und bei derselben den Namen **Ludwig Ernst Carl** empfangen, wobei als Zeugen gestanden Hr. Ernst von Quernheim, Herr Carl von Nordeck und dessen Gemahlin Frau Louise geb. von Quernheim.

Dieses Alles habe auf Begehren eigenhändig unterschrieben und mit meinem gewöhnl. Petschaft bekräftiget.

Dillenburg den 16. Junij 1750.

(L. S.)   Salomon Morf, Ober-Consistorial-Rath und Oberprediger hieselbst.

Dass vorstehender Tauf- und Sterb Protocolls Extract von dem Hrn. Ober-Consistorial-Rath und Oberpfarrer Morf eigenhändig ge- und unterschrieben, auch besiegelt worden, solches wird mittelst Beidruckung des grösseren Ober-Consistorial-Insiegels hiermit attestiret. Dillenburg den 22. Junij 1750.

Fürstl. Oranien Nassauisches Ober-Consistorium hierselbsten. B. v. Wülcknitz.

S. 1181.

1725, Nov. 23. Zu Vormündern der Kinder des am 3. Nov. 1725 zu Dillenburg verstorbenen Oberjägermeisters Karl von Eberstein werden ernannt der Graf Ernst Friedrich von Eberstein und die respect. Mutter und Grossmutter. (Orig., vgl. auch die Urkundl. Nachtr. I. Heft S. 35.)

Von Gottes Gnaden Wir Christian Fürst zu Nassau, Graf zu Catzenelenbogen, Vianden vnd Dietz, Herr zu Beylstein etc. Urkundten vnd bekennen hiermit. Nachdem der Weyland Veste Vnser Lieber Getrewer OberJägerMeister **Carl von Eberstein** dieses Zeitliche am 3. hujus gesegnet vnd auss Erst und Anderer Ehe Kinder hinderlassen, zu deren Vormundschafft bey Vnss desselben Aeltester Bruder herr **Ernst Friedrich Graff von Eberstein**, so dann die respective **Mutter** und **Grossmutter** sich geziemend gemeldet und vmb Confirmation vnd Bestättigung nachgesucht, Dass Wir solche nach von obrigkeitlichem Ambts vnd Landesfürstl. Obrigkeit wegen Wohlermelten Herrn Graffen als nächsten Vätterlichen Anverwandten über die vier Kindter Erster Ehe, Nahmendlich **Johannetta, Amalia, Carl** vnd **Christiana** zum tutore ordinario vnd die Mütterliche GrossMutter Frauen **Judith**, so in erster Ehen den von Büring gehabt, alss Tutricem Legitimam, so dann über die Kinder anderer Ehe, mit Nahmen **Dorothea Henrietta, Carl Christian** vnd den vor wenigen Tagen gebohrnen filium posthumum **Ludwig Ernst Carlen** den vorermelden Patruum zum tutore honorario, vnd zwar dergestalt, dass ohne denselben in Wichtigen Sachen nichts vorgenommen werde, so dann die Mutter **Wilhelmina Charlotta** gebohrne von Quernheim auch als Tutricem legitimam hiermit verordnet und confirmiret haben also vnd dergestalt, dass die Mutter letzter Ehe secundis nuptiis et seto Vellejano zufurderst renuncyre, sie allesambt vormundtschaftl. Pflichten leisten, ein ordentliches Inventarium aller ausserhalb Sachsen hier im Reich vorhandenen Verlassenschafft des Seel. defuncti fertigen lassen, denen Kindern beyderley Geschlechts, wie auch besagten Ihren Güthern getrewlich fürstehen, verwahren In- vnd ausserhalb Rechtens vertretten vnd beschirmen, in Ihren eigenen Nutzen davon nichts verwenden, hiernächst vmb all Ihre Verwaltung richtige Rechenschafft thun, vnd wann diesse Kinder zu Ihrem rechten Alter kommen, Ihnen diesselbige güther zustellen vnd lieffern vnd sonsten alles ins Gemein thun, handeln, als getrewe respective Ehren vnd ordentlichen Vormündern, Mutter vnd GrossMutter, zu denen Allen Wir das gnädige Vertrauen haben, Von Rechts Wegen zu thun, zu handlen und zu lassen gebühret, bey Verpfändung aller Ihrer Haab und güther. Dessen zu Mehrern Bekräftigung haben Wir Vnsser Fürstlich Siegnet hierunter Wissentlich drucken lassen vnd Vnss Eigenhändig vnderschrieben. So geschehen Dillenburg den 23ten Novembris 1725.

Christian Fürst zu Nassau.

S. 1181.

1740, Dec. 10. Vergleich zwischen Graf Friedrich von Eberstein in Vollmacht seines Vaters Ernst Friedrich Grafen v. E., als Vormund für die Kinder 1r Ehe des Ober-Jägermeisters Carl von Eberstein einerseits und deren Stiefmutter, der in 2r Ehe mit dem kurmainz. Oberstlieut. Philipp Ludw. Gottfr. von Guttenberg wiedervermählten Frau Wilhelmine Charlotte Philippine geb. von Quernheim, andererseits über Ehegelder etc.

Kund und zu wissen sei hiermit, denen es zu wissen von Nöthen, dass nachdem sich einige Process und Zwistigkeiten wegen der von der hochwohlgeborenen Frauen Frauen Wilhelminen Charlotten Philippinen von Guttenberg geborenen von Quernheim an ihren vorigen Eheherrn, dem hochfürstl. Dillenburg. Ober-Jägermeister Herrn Carl von Eberstein gezahlten Ein Tausend Thaler Ehegeldern und vermög Vergleichs do Dillenburg den 16. Febr. 1726 ihr jedoch ohne praejudiz der Kinder erster Ehe von deren Herrn Vormünder Herrn Herrn Ernst Friedrich, des heil. Röm. Reichs Grafen von Eberstein, Sr. königl. Maj. in Polen und Churfürstl. Durchl. zu Sachsen Kammerherrn und Gesandten an die ChurRheinische Höfe, zugestandenen und ihr bis daher verinteressirten Ein Tausend Thaler Wiederlag, so sie aus der

Verlassenschaft ihres sel. Eheherrn verlanget, ereignet, endlich die Sache mit Zuziehung ihres jetzigen Eheherrns und Beistands Herrn Herrn Philipp Ludwig Gottfried von Guttenberg, Churfürstl. Mainz. Kammerherrn und ObristLieutenant, und Herrn Friedrich Grafen von Eberstein, Churfürstl. Mainz. Obristwachtmeister, als Gevollmächtigten seines Herrn Vaters zu folgendem ohnwiderruflichen Vergleich gediehen, dass Erstlich Herr, Vormünder derer Kinder erster Ehe Herr Graf von Eberstein nach baarer Bezahlung der zweijährig verfallenen Interessen à 200 rthl. einen Wechsel von Ein Tausend Thaler als ihre eingebrachte Ehegelder in Leipzig auf zukünftige Ostermess 1741 zu zahlen, von sich stelle und ihr Frauen Wilhelminen Charlotten Philippinen von Guttenberg geborne von Quernheim oder auf ihre Ordre ohne alle Difficultät zur Verfallzeit gezahlet werde. 2^{tens} weil ihr die 1000 thlr. Gegenvermächtniss oder Wiederlag wegen der Kinder Erster Ehe ihres sel. Eheherrns Herrn Carls von Eberstein bis daher difficultiret worden, so hat man sich dahin verglichen und ausgerechnet, was ihren eigenen mit ihm erzeugten drei Kindern dermaleinst von diesen 1000 rthl. zukäme, und beträgt also solches 428 rthl. 51 Xr., über welche vierhundert zwanzig acht Thaler 51 Xr. Herr Vormünder Graf von Eberstein gleichfalls ihr einen Wechsel zukünftige Leipziger Michael Messe 1741 in Leipzig zu zahlen; und dass solcher auch ohne alle difficultät zur Verfallzeit gezahlt werde, geben solle. 3^{tens} Herr Vormünder Graf von Eberstein den Ueberrest der 1000 rthlr. Gegenvermächtniss, welches austrägt fünfhundert siebenzig Ein Thaler 39 Xr. jährlichen mit 5 p. c. so lang sie lebt verinteressire und von halben zu halben Jahren die Interessen mit 14 rthl. 24 Xr. abtrage und ihr bezahle. 4^{tens} die von Michael 1740 bis Ostern 1741 tragende 50 rthl. Interessen künftige Ostern 1741 auch richtig, wie auch 25 rthl. Interessen künftige Michael 1741 verfallen, Herr Vormünder Graf von Eberstein bei Verfliessung des Termins zahle. 5^{tens} Sobald die Zahlung derer beeden Wechsel geschehen, obligirt sich Frau Wilhelmine Charlotte Philippine von Guttenberg geborne von Quernheim, nicht allein ihres sel. Eheherrn Quittung über die von ihr empfangenen 1000 rthlr. Ehegeld bei Empfang der 1000 rthlr. des ersten Wechsels originaliter getreulich auszuantworten, sondern auch bei Bezahlung des 2ten Wechsels à 428 rthlr. 51 Xr. eine General-Quittung der aus der Verlassenschaft ihres sel. Eheherrns Herrn Carls von Eberstein ihr gezahlten Gelder samt dem Original des Vergleichs de dato Dillenburg den 16. Febr. 1726 von sich zu geben und Herrn Grafen von Eberstein ohne alle Widerred zuzustellen. Wie denn nun die Sache obbeschriebener Massen seine Richtigkeit erhalten, Herr Vormünder Graf von Eberstein nicht allein die verfallene Interessen mit 200 rthlr. baar abgetragen, auch die Wechsel, einen von 1000 Thlr. und einen von 428 rthlr. 51 Xr., in Leipzig zu zahlen von sich und ihr Frau Wilhelminen Charlotten Philippinen von Guttenberg gebornen von Quernheim durch seinen Herrn Sohn Herrn Obristwachtmeister Grafen von Eberstein zu Handen stellen lassen und alle vorgeschriebene Punkte ohne alle difficultät zu erfüllen sich engagiret, als werden hiermit und kraft dieses alle process und Zwistigkeiten, jedoch mit dem ausdrücklichen Vorbehalt, dass die Wechsel und Interessen zur Verfallzeit richtig und baar bezahlet werden, auf ewig aufgehoben und vergessen, und versichert man sich beiderseits einer künftigen guten Freundschaft. Urkundlich sind dieser Vergleich zwei gleichlautende aufgesetzt von beederseits Contrahenten Beistand und Gevollmächtigten unterschrieben und mit ihren angebornen Petschaften besiegelt und jedem Theil ein Original zugestellt worden, alles treulich sonder Gefährde. Mainz den 10. Decbr. 1740.

(L. S.)   **Wilhelmina Charlotta Philippine v. Guttenberg, geb. v. Quernheim.**

(L. S.)   **Philipp Ludwig Gottfried von Guttenberg** als Beystand von meiner Gemalin Wilhelmine Charlotte Philippine von Guttenberg geborne von Quernheimb.

(L. S.)   **Friedrich Graff von Eberstein** als Gevollmächtigter Meines Herrn Vatters Herrn Ernst Friedrichs Graffen von Eberstein.

— 135 —

S. 1182 u. 1185.

1741, Febr. 11. Revers des Fähndrichs Carl von Eberstein über den zwischen ihm und seiner Schwester Amalia von Aussen nebst deren Gemahl geschlossenen Kaufvertrag bezüglich des vom mütterlichen Grossvater v. Büring ererbten Gutes Eichen.

Kund und zu wissen sei hiermit männiglich, sonderlich denen es vonnöthen, dass heut zu End gesetzten Dato zwischen mir dem Fähndrich **Carl von Eberstein** als Verkäufern an einem und zwischen meinem vielgeliebten Hrn. Bruder **von Aussen** und Frau Schwester **Amalia von Aussen** gebornen **von Eberstein** am andern Theil ein aufrichtiger, beständiger und unwiderruflicher Erbkauf abgeredet, behandelt und nachfolgender Gestalt beschlossen worden: Nämlich Ich Carl von Eberstein verkaufe für mich, meine Erben und Nachkommen und als Cessionarius meiner beiden vielgeliebten Schwestern in Sachsen **Charlotte** und **Christine von Eberstein** mein und meiner soeben erwähnten Fräulein Schwestern Erbantheil und Anforderung an dem adeligen Haus zur **Eichen** mit allen zugehörigen Recht und Gerechtigkeiten, Wohnhaus, sammt allen übrigen Gebäuden, Mühle, Hütten und Hammer, Gärten, Wiesen, Ackerfeldern, Haubergen und Waldungen, Höfen, Zinsen und Gefällen oder wie die sonsten Namen haben mögen, gesucht und ungesucht allerdings also und dergestalt, wie solches Herrn Oberstallmeister **von Büring** sel. verkauft und übertragen worden, benebenst dem Inventario an Vieh und noch 5½ Kuxen unsers Antheils am Baudenberg, wovon die übrigen 3 Kuxen denen beiden Kindern des Hrn. Käufer und Fr. Käuferin geschenket sind, obgedachtem meinem Hrn. Bruder und Fr. Schwester, ihren Erben und Nachkommen um und für 6500 fl. rhein. Währung, jeden ad 30 alb. gerechnet, dergestalt zu bezahlen, näml. 1000 fl. alsobald zu Ausgab, inmassen geschehen etc., die übrigen 5500 fl. aber sollen von Dato an jährl. mit 200 u. 30 fl. ad 30 alb. gerechnet, verpensionirt und sothane Interesse jährl. bis zu gänzlicher Zahlung der totalen Summe (wovon die Ankündigung nicht ehender bis zu Ende des am Kaiserl. Kammergericht zu Wetzlar mit denen Reichmännischen Erben zur Wilden rechtshängiger Processus, auch falls derselbe binnen Jahr und Tag zu Ende gehen sollte, dennoch nicht auf einmal geschehen, sondern alsdann von Dato an in 3 Jahren auf 3 gleiche Termine abgetragen werden soll etc.) an mich Verkäufern ohnfehlbar entrichtet werden etc. Und da 2tens dieser Kaufcontract sich auf eine Cession von unsern Fräulein Schwestern **Charlotte** und **Christine von Eberstein** sich beziehet, selbige aber noch nicht bei Handen, so verspreche ich Verkäufer selbige Herrn Käufern und Frau Käuferin so bald als möglich in rechtskräftiger Form einzuliefern etc. Hiernächst 3) übernehmen wir Käufere alle auf dem Gut Eichen haftende rechtmässige Schulden aus dem unsrigen zu bezahlen, ausgenommen die vorgedachte Reichmännische Prätension und die von denen Frau Gräfinnen zu Hachenburg etwa zu machende Forderung, wie auch, wenn die Frau Grossmutter wegen des mit unserm sel. Hrn. Vater errichteten Vergleichs und darinnen ihr jährlichs versprochenen 200 fl. eine Prätension formiren wollte, welcher wegen Hr. Verkäufer die rechtliche Eviction insbesondere zu leisten verspricht etc. Sodann 4tens versprechen wir Käufere unserer Frau Grossmutter von **Büring** freie Wohnung zu geben, nicht weniger selbige jährlich für 50 Rthlr. bis an ihr Lebensende etc. zu verpflegen etc. etc. So geschehen in Eichen den 11. Febr. 1741. **Carl von Eberstein.**

S. 1182 u. 1185.

1770, Dec. 24. Revers Seitens der Vormünder der v. Wendtschen Kinder gegenüber von deren Oheim Joh. Carl Friedr. Frhrn. von Eberstein zu Tilsit in Betreff der bisher durch des Letzteren Güte genossenen Antheilnahme an der Ausbeute aus der (durch Erbrecess de 1721 § 8 zu einem Familienwerk gestifteten) Leinungischen und Mohrungischen Kupferhütte.

Demnach die verstorbene Frau Landräthin und Drostin **Dorothea Agatha Henrietta von Wendt** geborne **von Eberstein** nach ihrer Verheirathung mit dem gleichfalls verstorbenen Herrn Landrath und Drosten **Carl von Wendt** zu Papenhausen nicht allein bis an ihr Lebensende, sondern auch nachhero gedachter Herr Landrath und Drost von Wendt und nach dessen Ableben dessen hinterlassene Kinder, namentlich 1. **Charlotte Agatha**, 2. **Friderica Juliana**, 3. **Carolus Friderich**, 4. **Simon Augustus**, 5. **Juliana Amalia**, 6. **Louise Christine**, 7. **Maria Anna Dorothea** und 8. **Franciscus Wilhelmus von Wendt** bis ao. 176. von einem 7. Theil Ausbeute des Leinungischen und Mohrungischen Hüttenwerks mit participiret haben, solches aber, da gedachtes Hüttenwerk nach denen von Ebersteinischen pactis familiae, besonders nach dem zwischen dem sel. Grossvater derer jetzt benannten von Wendt'schen Kinder, dem Fürstlich Nassau-Dillenburgischen Ober-Jägermeister Hrn. **Carl Freiherrn von Eberstein** und dessen sämmtlichen Herren Gebrüdern errichteten und im Oberaufseher-Amt zu Eisleben confirmirten Erbrecesse de ao. 1721 § 8 lediglich zu einem Familien-Werk gemacht worden, wenigstens nach der Verheirathung der Frau Landräthin und Drostin von Wendt schon cessiren und nicht mehr geschehen sollen, hingegen der Herr Oncle derer von Wendt'schen Kinder, der Königl. Preuss. Herr Major **Johan Friederich Freyherr von Eberstein** in Tilsit aus besonderer Liebe gegen die von Wendtischen Kinder geschehen lassen will und sich dahin gütigst declariret, dass was selbige bis und mit ao. 176 von gedachtem 7ten Theil dieses Ebersteinischen Berg- und Hütten-Familien-Werks einmal gezogen haben, ihnen verbleiben, auch dieserwegen auf keine Art eine Nachrechnung oder Forderung als etwas zu viel oder Widerrechtliches gehoben zu haben, jemals gemacht werden solle: Als erkennen wir die bestellte Vormünder derer von Wendtischen vorerwähnten unmündigen Kinder, dieses gütige Betragen gegen dieselbe nicht allein mit allem Dank, sondern renunciiren auch vor sie, ihre Erben und Erbnehmen auf alle fernere Antheilnehmung oder Ansprüche an oberwähntem Leinungischen und Mohrungischen Berg- und Hüttenwerke, welches denen Herren von Eberstein zugehöret, hiermit und kraft dieses wohlbedächtig mit Begebung aller daran zu praetendirenden Gerechtigkeiten auf ewig etc. So geschehen Detmold den 24. Decembr. 1770.

(L. S). Frhr. von dem Brinck, von   (L. S.)   W. Kessner, von
    Wendt'scher Kinder Vormund   Wendt'scher Kinder Vorm.

S. 29 u. 1186.

In Betreff der Ritterbürtigkeit des altadeligen Geschlechts Eberstein liess sich der kursächs. Hof- und Justicienrath Wilhelm Frhr. von Eberstein von dem kursächs. Ober-Hofmarschallamte folgendes Attest ausstellen:

Wappen (die Mohrin blau gekleidet und mit dem Zopfe versehen).

Dass das **altadelige Geschlecht***) **von Eberstein**, dessen Wappen in seinen Farben, Schild und Helmen hiezuvor ausgemahlt sich befindet, in hiesigen ChurSächss. Landen als ritterbürtig und landtagsfähig jederzeit anerkannt worden; Solches wird unter Vordruckung des ChurFürstl.Sächs. OberHof-MarschallAmts grössern Insiegels andurch bezeuget. Dresden, am 6. Februar 1794. Sr. ChurFürstl. Durchl. zu Sachsen bestallter Erster HofMarschall etc.

(L. S.)   *Melchior Heinrich von Breitenbauch.*
                 Gottlob Heinrich Meisel.

---

*) Ausser diesem reichsritterl. Geschlechte und den Grafen von Eberstein gab es noch eine von den eben genannten Familien wohl zu unterscheidende, in der Nachbarschaft der Burg Everstein bei Holzminden begütert gewesene adlige Familie v. E., welche das Drostenamt der niedersächs. Grafen v. E. bekleidete und das Marschallamt des Stifts Corvey innehatte; und wahrscheinlich hatten auch die Ebersteine, welche Vasallen der Herzöge von Bayern waren (Nr. 137 u. 144 meiner „Geschichte"), einen besonderen Stammvater.

S. 1186, zu Nr. 3.

Nach einer Seitens des General Robert Baron von Eberstein zu Potsdam unter dem 20. Oct. 1879 mir zugegangenen Berichtigung ist des Obersten Karl v. E. hinterlassene Tochter Charlotte erst nach d. J. 1826 gestorben:

„Vor Kurzem fand ich in Ihrer Familiengeschichte und zwar Seite 1186 eine Notiz in Betreff der Schwester **Charlotte** Ihres Grossvaters, welche dort als im Jahre 1823 zu Königsberg verstorben bezeichnet wird, wogegen ich im Sommer 1826 mit meiner damals jungen Frau in Tilsit eine Visite gemacht und in ihr eine stattliche Dame gefunden."

S. 209 u. 1199.

Amalie Freifrau von Eberstein starb am 2. April 1874 zu Cassel und wurde am 5. ej. m. zu Auleben neben ihrem Vater, gewesenen Kirchenpatron von Auleben, beigesetzt. Die Todesanzeige steht in der Norddeutschen Allgem. Zeitung, Jahrg. 1874, und lautet:

Selig sind, Die in dem Herrn entschlafen; sie ruhen aus von ihren Mühen und von ihren Sorgen, und ihr Wirken — weil in Gott gethan — folgt ihnen nach in alle Ewigkeit.

Am 2. d., Abends ½8 Uhr, entschlief sanft nach kurzem Krankenlager meine innigst geliebte Frau **Amalie Freifrau von Eberstein**, geb. Stockmann, was tiefbetrübt anzeigt

Kassel, den 7. April 1874.

L. **Ferd. Freiherr von Eberstein**, k. pr. Ingenieur-Hauptmann a. D., zugleich in dem Namen seiner Söhne

Alfred von Eberstein, Referendar, **Adolf von Eberstein**,
Botho von Eberstein, k. pr. Cadet, und **Eberhard von Eberstein**.

We are such stuff as dreams are made of,
And our little life is rounded with a sleep. —
Temp. A. 4, Sc. 1.

S. 1207.

Die Urkunde v. J. 1187 ist auf einen langen, schmalen Pergamentstreifen geschrieben. Das Original hat Wilhelmus für **Willehardus**. In der Original-Urkunde von 1197 finden sich die Namen „**Ditherus, Albertus, Gerhardus et Bodo de Eberstein**" ebenso wie bei Schannat.

Seite 421, Zeile 31.

In der k. Bibliothek zu Bamberg befindet sich ein „Verzeichniss, was die Edlen und Ehrnvesten **Wolff Dieterich** und **Jörge Sittig von Eberstein** Gebrüdere zum Ginolffs dem etc. Bischofen zu Würzburg und Herzogen zu Franken etc. zu Rittermannlehen machen wollen". Darin heisst es: „An Wiesen, viij Acker Wiesen an einem stucke nechst am Hause, ist verreint; xxx acker auch an einem stucke hinder dem Dorffe, stost vf das waszer, ist auch verreint; ij acker In der Sündernahe an Martin hergenheim, Ist verreint; ij acker neben der Viehtrift, Ist auch verreint." Hiernach sind im Lehenreverse von 1581 die 30 Acker hinter dem Dorfe und die 2 Acker in der Sündernahe ausgelassen worden.

S. 633, 638 ff. u. 641.

1478 kommt **Lorenz von Eberstein** mit Darius von Hessberg als Vormund **Karl's von Tann** (des Thomas v. Tann a. d. Altmühl Sohn) vor. — Lorenzens v. E. Gemahlin **Margaretha von Tann** erhielt nach ihres Mannes Tode wegen dessen Verdienste von Markgraf Albrecht Achilles 1484 die Verwaltung des Amts Hoheneck lebenslang, wenn sie ihren Wittwenstuhl nicht verrücken und darauf sitzen bleiben würde. — Lorenzens Tochter **Elisabeth**, verm. mit Ritter Konrad von Künsberg, Ganerben auf dem Rothenberg, kaufte am Montag nach St. Gilgentag 1514 als Wittwe für sich und ihre Erben von Weiprecht von Tann (a. d. Altmühl) das Schloss Tann nebst Zubehör (eichst. Lehen) für 2200 fl. rhn. Bei diesem Kaufe waren zugegen: Hans von Seckendorf, Sigmund von Hessberg zu Neuhaus und der Amtmann zu Cadolzburg.

Notizen in der k. Bibliothek zu Bamberg.

S. 1132.

Christian Ludwig von Eberstein und dessen Gemahlin **Eleonore Sophie** geb. **Herrin von Werthern** wurden in das Eberstein'sche Erbbegräbniss zu Rotha beigesetzt. Auf ihren Särgen befanden sich folgende Wappen.

I. auf dem Sarge Christian Ludwig's:

a. väterl. Seits: **von Eberstein, von Lauterbach, von Stammer, von Ossa, von Trotha, von Schindel** und **von Landskron**;
b. mütterl. Seits: **von Ditfurth, von Haxthausen, von Bardeleben, von Oeynhausen, von Münchhausen, von Quernheim, von Schönborn** und **von Niesen.**

II. auf dem andern Sarge:

a. väterl. Seits: **von Werthern, von Ponickau, von Einsiedel, von Schönberg, von Brandenstein, von Miltitz, von Carlowitz** und **von Haugwitz**;
b. mütterl. Seits: **von Hessler, von Witzleben, von Burckorsrode, von Hagen, von Marschall, von Possern, von Bendeleben** und **von Carpe.**

Die Vorwelt starb. — Nach wenig Jahren
Sind wir als Wandrer nicht mehr hier.
Bald sagt man auch von uns: sie waren,
Und unsre Nachwelt stirbt wie wir!

And ere a man has power to say, 'behold',
The jaws of Darkness do devour it up,
So quick bright things come to confusion.

Register
der hauptsächlichsten Personen-Namen.

A.
v. Absberg 69. 73. 93. 94. 111. 113.
v. Amelunxen 119. 120.
v. Asseburg 123.
v. Auerbach 79.
v. Aussem 135.
Ayd 49.

B.
v. Bach 100. 113.
v. Bamberg Bischöfe 6. 20. 25. 93. 111.
Baner 116.
v. Bardeleben 119. 120. 138.
v. Barsen 119. 120.
v. Bastheim 84. 85.
Bauer 7.
Baumgartner 17.
v. Bayern Kurf. 8.
Bayr-Lochauser 17.
v. Bebenburg 110.
Ilebeim 6. 22—24. 78.
v. Behr 124.
v. Beichlingen Gr. 108.
v. Bemmelburg 91.
v. Bendeleben 138.
Beneke 121.
v. Berkoch 84.
v. Berlichingen 2. 5. 13. 14. 18. 20.
Bernecker 21.
v. Bertermle 85.
v. Bibra 98—105. 110. 119. 120.
v. Bodenhausen 82.
Bock v. Wülflingen 124. 125.
v. Bodensohe 91.
v. Bose 94. 95.
Böttcher 123. 124.
v. Brandenburg Markgr. 6. 20. 21. 25. 90. 92—96. 99. 106—111.
v. Brandenstein 114. 138.
v. Braunschweig Herz. 125.
v. Breitenbuch 119—121. 130.
v. Brende 84. 85. 88.
v. d. Brück 130.
v. Buchenau 5. 86.
v. Buches 89. 91.
v. Burchardrode 85.
v. Burckersrode 138.
v. Burgund Herz. 108. 111.
v. Büring 127. 128 ff.
Byren 100.

C.
v. Carlowitz 138.
v. Carpe 138.
v. Carsbach 91. 92.
v. Castel Gr. 110.
Claudi 122.
v. Cöln Erzb. 93. 105.
Contzen 10.
v. Crailsheim 91.
Crinss 108.

D.
v. Dänemark König 108. 122.
Daniel (Thangel) 114.

v. Delningen 6. 78.
v. Deutschland Kaiser 4. 9. 98. 102—105. 122.
v. Diemar 113.
Dietz fl. 8. 9. 80.
v. Ditfurth 119—125. 130.
v. Domles 87.
v. Döring 89.
v. Dorfelden 89.
Drack 8.
v. Draxdorf 114.
Dürnlein 69.

E.
v. Eberstberg 83. 88.
Ebner 82.
v. Ehenheim 110.
v. Eib 93. 94. 97. 110.
v. Einsiedel 119. 120. 138.
Erla 54. 55. 65. 66.

F.
v. Falbrecht (Salbrecht?) 102. 105.
v. Fechenbach 92.
v. Feldheim 119. 120.
v. Feyningen 110.
Fischer 61. 62. 117.
v. Fischborn 92.
Fliegreiss 92.
Flock 8. 53—56. 64. 65. 73.
v. Freiberg 97.
v. Friesenhausen 119. 120.
v. Fuchs 6. 8. 65. 70—75. 93. 110. 123.

G.
v. Gablenz 119. 120.
Gail 111.
Gartenweg 102—105.
Gehauf 7. 9.
v. Gehofen 117. 124. 125.
v. Germar 117—114. 121.
v. Gersdorf 123—125.
v. Geyer 6. 75.
Geyger 22.
Graf 39. 42. 47. 57.
Gral (Uratz?) 85.
Grobel 55.
v. Grotha 124.
Grübel 82. 85.
v. Grumbach 110. 113.
Grüter 123.
Grützmann 120. 126.
v. Grünthal 118.
v. Gölchen 127—129.
de Guipen 86.
v. Guttenberg 133 ff.

H.
v. Hachenburg Gr. 135.
v. Hagen 138.
Haller 34—38. 106.
v. Hartholm 110.
v. Hanau Gr. 89.
v. Hässler 121. 138.
v. Haselhorst 119. 120.

v. Haugwitz 138.
v. Haxthausen 119. 120. 138.
Heckel 22.
v. Heldrit 84.
Henn 56—62.
v. Henneberg Gr. 15. 81. 91. 99. 110.
v. Herbsfeld 85.
v. Hessberg 99. 100. 110. 111. 138.
v. Hessen Lgr. 82. 123—125.
Heussen 34. 38.
v. Heytingsfeld 85.
v. Hirmelshausen 85.
Hirsvogel 43.
v. Hoberg 119. 120.
Hoedin 89. 91.
v. Hohenberg 86.
v. Hohenlohe 110.
v. Honstein Gr. 81. 108.
v. Hopfgarten 90.
v. Hoym 119. 120.
v. Hund 124.
v. Hünecke 121.
v. Huraheim 93.
v. Hutten 1. 5. 6. 11. 16. 39. 52. 65. 74. 90. 91.

K.
v. Kanne 119. 120.
v. Kauffungen 94. 95.
Kettel v. München geu. 39. 43. 47.
Kerling 59.
v. Kersenbrock 119. 120.
Kessner 137.
Kisellinger 91.
Knopf 39.
v. Knörringen 91.
v. Kochberg 102—104.
Koler 27. 32. 33. 47. 106.
Kopfinger 7.
v. Kotwitz 94. 96.
Kramer 6. 7. 9.
Krell 65.
Kress 82.
Küchenmeister 110.
Kühn (Kürn) 69 ff.
v. Kundorf 85.
v. Könsberg 111. 113. 138.

L.
Landeswere 85.
v. Landkron 119. 120. 138.
v. Langen 119. 120.
v. Lauer 83. 84. 86.
v. Lauter 21. 26.
v. Lauterbach 119. 120. 138.
v. Lauterslieim 93. 95. 113.
v. Liessen 102—104.
Lochner 7.
Löffelholz 106.
Löffler 117.
Lubot 131.
Lugelein 104.

M.
Mainz Bisch. 6. 20. 25. 81.

v. Malkos 110.
v. Mausbach 91. 92.
v. Mansfeld Gr. 103. 113—116.
v. Marnhold 119. 120.
v. Masbach 86. 110.
Marquart 27. 31.
Marschalk 110. 138.
Marschalk v. Ostheim 83.
Marstaller 111.
Meckenlorrn 17.
Merckel Z. 17.
v. Militiz 138.
v. Milz 18.
Morf 132.
Mudel 106.
Mühlstetter 8.
v. Mülverstedt 114.
v. Münchhausen 119. 120. 138.

N.

v. Nassau Gr. 99.
v. Nassau Fürst 127. 128. 132. 133.
v. Neylsberg 80.
v. Niesen 119. 120. 138.
v. Nisika G. 2. 65. 69—79.
v. Nordeck 132.
Nordeck 80. 81.

O.

Odhelmer 5 ff.
v. Oebschelwitz 126.
v. Oesterreich Herz. 50. 60. 71.
v. Ooynhausen 119. 120. 138.
v. Ossa 119. 120. 138.
Osiander 80.
v. Osterhausen 121.
v. Ostheim 84.

P.

v. Pappenheim 102—104.
Paakental 99. 102. 105.
v. Peris 110. 120.
Peter 52.
Pfauu 42.
Pfanamus 31. 35.
Pöner 7—9.
v. Ponickau 138.
v. Possern 38.
Potleja 64. 65.
v. Protis 110. 122. 123.
Preuss 8.
Pürkel 56—61.
Pusch 44. 49.
Putel 100.

Q.

v. Quernheim 119. 120. 132 ff.

R.

v. Rantzau Gr. 123.
v. Rechberg 95. 97.
v. Reden 119. 120.
v. Redwitz 111.
Reichenau 135.
Reltvogel 56.

Reschbaber 53. 75.
Richter 27. 32. 33. 37.
v. Riedesel 80.
Renss v. Plauen 91. 95.
v. Rosenbach 91.
v. Rosenberg 5. 6. 15. 22. 39. 41. 42. 50. 52. 57. 69. 72. 73. 110.
v. Rotenhan 110.
Rothenbucher 53.
v. Rothenkolben 85.
Ruthmund 17.
v. Rüdigheim 6. 31. 32. 65. 92.
Rumer 15. 53. 62—68.
v. Rüxleben 121.

S.

v. Sachsen Herz. 88. 89. 91. 93 bis 106. 108. 113. 114. 122. 124.
vom Sand 100.
v. Saunsheim 110.
v. Schalcken 112.
Schau 35. 37.
v. Schaumberg G. 62. 108. 110. 113.
Schenk 85.
Schenk v. Geyern 95. 113.
Schenk v. Limburg 110.
Schenk zu Tautenberg 100. 101.
Schlegel 118. 124.
v. Schindeln 119. 120.
Schlüchtern Kloster 88. 90—92.
Schoder 110.
v. Schönberg 138.
v. Schönborn 119. 120. 138.
Schott 102—104.
v. Schütz 115.
Schütz 8. 59.
Schürstab 7. 9.
Schutzbor gen. Milchling 91.
v. Schwarzburg Gr. 103.
v. Schwarzenberg 110.
Schwenk 123.
Schweutendorfer 27. 32. 33. 37.
v. Sebestedt 121.
v. Seilbits 5.
v. Seckendorf 93. 94. 110. 138.
Seldner 55.
v. Seinnitz 122.
Senslager 34. 47.
v. Sickingen 2. 10. 12—15. 79.
v. Solms Gr. 92.
v. Späth 5.
v. Spiegel 121.
v. Stammer 110. 119. 120. 123 bis 127. 138.
Stark 42.
Staude 111.
v. Stein 90. 97. 110.
Steinbach 50.
v. Sternberg 84. 95.
v. Stöcken 125.
v. Stollberg Gr. 108. 126.
Straube 55. 56.
Strümpf 59.
v. der Sunger 102—105.

T.

v. Tann 111. 113. 138.
v. d. Tann 6. 52. 81. 91. 113.
v. Tannenberg 85.
Tetzel 29. 43. 106.
v. Thuna 114.
v. Thüngen 5. 6. 20. 32. 34. 62. 73. 90. 111.
Thurnmeyer 42. 44.
v. Trebra 116—118. 125. 125.
v. Trier Kurf. 10. 80.
v. Trotha 113. 119—121. 138.
Trubenbach 89.
Truchsess G. 34. 36. 37. 86. 106. 111. 113.
Trumer 52.
Tucher 30.
v. Tunfeld 110.

U.

v. Urfahren 125.
v. Usigheim 85.

V.

v. Vesteuberg 110.
v. Vitzthumb 88. 89. 114.
Voit v. Salzburg 35—38. 52. 68—78.
v. Vollmar 132.

W.

v. Wallenrod 91.
v. Watsdorf 114.
Wegerer 68.
Weller G. 33.
v. Weinsberg 110.
Weiss 82.
v. Welz 133.
Welser 39—43.
v. Wendt 136.
v. Wenkheim 110.
v. Wertheim Gr. 8. 10. 31. 75—81. 110.
v. Werthern Gr. 127.
v. Werthern 138.
v. Weybers 72.
v. Wiesenthau 94.
v. Wildberg 81. 85.
v. Witzleben 124.
Wofloern 17.
v. Wolfstein 111. 113.
v. Wülckuitz 135.
v. Wulffen 121. 125.
v. Wurmb 124.
v. Würtemberg Herz. 5.
v. Würzburg 111.
v. Würzborg Bisch. 6. 9. 20. 23. 83—86. 100. 110. 138.

Z.

v. Zedwitz 62.
Zobel 73.
v. Zollner 107. 110. 113.
Zollner 49.
v. Zürcher 15. 50. 68.

www.ingramcontent.com/pod-product-compliance
Lightning Source LLC
Chambersburg PA
CBHW020054170426
43199CB00009B/279